GOLDMANN
Lesen erleben

Buch

Spätestens seit den aktuellen Diskussionen und Berichten in den Medien sollte klar sein, dass zu viel Fleisch auf dem Teller ungesund ist, den Klimawandel beschleunigt und noch andere unschöne Folgen wie Massentierhaltung und Regenwaldabholzung hat. Doch welche Schlüsse zieht man als Verbraucher aus alledem? Muss man gleich ganz auf Fleisch verzichten? Ist das nicht genussfeindlich, überkorrekt oder gar ungesund? Reicht weniger Fleisch nicht schon aus, oder ist das halbherzig und inkonsequent? Und – egal ob es um Fleisch, Milch oder Eier geht – gibt es überhaupt einen ethisch vertretbaren Weg, Tiere für unser Essen zu produzieren und zu nutzen? Wie schlimm sind die Folgen unserer Ernährungsweise wirklich?

Da selbst der interessierte Konsument kaum unterscheiden kann zwischen Fakten, Halbwahrheiten und bloßen Mythen, macht sich Andreas Grabolle auf den Weg zu den verschiedensten Experten, um sich ein eigenes Urteil bilden und mit gutem Gefühl essen und genießen zu können.

Autor

Andreas Grabolle ist Biologe, Klimaexperte, Wissenschaftsjournalist und – inzwischen – Veganer. Der Verfasser des Buches *Pendos CO_2-Zähler – Die CO_2-Tabelle für ein klimafreundliches Leben* lebt mit Frau und Tochter in Berlin. Mehr zum Autor und zum Buch unter
www.kein-fleisch-macht-gluecklich.de

Andreas Grabolle

Kein Fleisch macht glücklich

Mit gutem Gefühl essen und genießen

GOLDMANN

Die Ratschläge in diesem Buch wurden vom Autor und vom Verlag sorgfältig erwogen und geprüft, dennoch kann eine Garantie nicht übernommen werden. Eine Haftung des Autors bzw. des Verlags und seiner Beauftragten für Personen-, Sach- und Vermögensschäden ist ausgeschlossen.

Verlagsgruppe Random House FSC-DEU-0100
Das für dieses Buch verwendete FSC®-zertifizierte Papier *Classic 95*
liefert Stora Enso, Finnland.

1. Auflage
Originalausgabe September 2012
Wilhelm Goldmann Verlag, München,
in der Verlagsgruppe Random House GmbH
© 2012 Wilhelm Goldmann Verlag, München,
in der Verlagsgruppe Random House GmbH
Umschlaggestaltung: Uno Werbeagentur, München
Umschlagillustration: © FinePic
Redaktion: Manuela Knetsch
Satz: Uhl + Massopust, Aalen
Druck und Bindung: GGP Media GmbH, Pößneck
KW · Herstellung: IH
Printed in Germany
ISBN 978-3-442-17316-7

www.goldmann-verlag.de

Für dich

Inhalt

Vorwort von Sarah Wiener 9

Mr und Mrs Rumpsteak 11
Fleischlust, Ökos und Gewissensbisse

Mein eigen Fleisch und Wurst 25
Steinzeitessen, Affen und Gehirnwachstum

Bauernopfer 40
Von Mastställen, Schlachthöfen und dem Tod
auf der Weide

Ist Fleischessen böse? 96
Philosophen, Schmerzen, Speziesismus

Von Aal bis Zander 132
Gefischt oder gezüchtet, gequält oder gesund?

Schrot und Horn 162
Freud und Leid von Jägern und Gejagten

Inhalt

Vegetarier sind Mörder!? 185
Über Hähnchen, Hennen, Tierbefreier und
ein Kuh-Altersheim

Schwein gehabt 220
Seuchen von Tieren, Keime im Essen und Antibiotika
im Stall

Erde, Wasser, Feuer, Luft 248
Über Klimaschweine, Ressourcenmangel und Hunger

Risiken und Nebenwirkungen 296
Dicksein, Darmkrebs, Diabetes

Wir können auch anders 313
Von Mängeln, Milch und Veganismus

Die Wahl der Qual 356
Ein vegetarischer Metzger, Käferlarven und
Konsequenzen

Wie die Karnickel 374
Rezepte für eine grüne Woche

Nachwort 389
Dank 390
Literaturhinweise 394
Sach- und Namensregister 408

Vorwort

Wieder einmal mache ich mir Gedanken zum Thema Fleischkonsum. Sie, liebe Leserin, lieber Leser, tun das offensichtlich auch, ob zum ersten oder wiederholten Male. Sonst hätten Sie dieses Buch wahrscheinlich nicht aufgeschlagen. Und wie wir machen sich immer mehr Menschen Gedanken dazu. Der Vegetarierbund verzeichnet stetig Mitgliederzuwächse, in Fernsehshows diskutieren mehr oder weniger prominent besetzte Runden über Tierhaltung und selbst in der Provinz-Kneipe fällt die Servicekraft nicht gleich in Ohnmacht, wenn man nach vegetarischen Gerichten fragt.

Meine Restaurants sind bekannt geworden für eher deftige österreichische Küche. Die Zutaten dafür stammen in den allermeisten Fällen direkt vom Erzeuger. Beim Fleisch achten wir auf art- und wesensgerechte Haltung, dabei bevorzugen wir alte Nutztierrassen. Was weniger bekannt ist: Meine Köche und ich legen auch viel Wert darauf, attraktive vegetarische Gerichte anzubieten. Das sehe ich nicht nur als Angebot an Gäste, die ohnehin auf Fleisch verzichten. Unser Anspruch ist es, die fleischlosen Alternativen so köstlich zu gestalten, dass selbst ganz »eingefleischte« Karnivoren zur Pflanzenkost verführt werden.

Ich halte nichts davon, den Menschen mit erhobenem Zeigefinger Vorträge darüber zu halten, wie sie ihr Leben gestalten und was sie essen oder nicht essen sollen. Das soll jede und jeder selbst entscheiden. Wovon ich sehr viel halte, ist, die Leute darüber zu informieren, woher ihr Essen kommt und welche Ressourcen dafür verbraucht wurden. Besonders bei Fleisch. Denn auch Sarah Wiener schneidet sich kein gleichnamiges Schnitzel aus den Rippen. Ich weiß, dass dafür ein Kalb gestorben ist und ich kann

Vorwort

Ihnen sagen, wo das Kalb aufgewachsen ist und geschlachtet wurde. Mir ist klar, dass ich nicht jeden Tag ein Wiener Schnitzel essen kann, wenn ich möchte, dass die Kühe und Kälbchen ein anständiges Leben haben. Auch nicht, wenn ich ausschließlich Bio-Fleisch verwende. Wenn man dieses Buch gelesen hat, versteht man auch ziemlich genau, warum. Andreas Grabolle schildert seine Entdeckungsreise durch die Fleischproduktion und alles was damit zu tun hat angenehm nüchtern. Er braucht auch gar nicht zu skandalisieren, denn die Zahlen und Erlebnisse sind auch so schon schockierend genug. Er setzt sich jedoch nicht nur mit der Tierhaltung und Schlachtung auseinander, sondern beleuchtet unser aller Verhältnis zu Fleisch ausgehend von seinen eigenen Erfahrungen und im Gespräch mit zahlreichen Experten verschiedenster Disziplinen.

Es ist ja eine Binsenweisheit, dass wir nicht mehr so viel Fleisch essen sollten. Doch wie kommen wir dahin? Wie überzeugen wir die Leute, dass es beim Essen um Genuss geht und nicht darum, sich möglichst billig möglichst viel Masse zuzuführen? So wie besonders köstliche vegetarische Gerichte mein Anreiz sind, doch das Schnitzel mal Schnitzel sein zu lassen, ist dieses Buch Andreas Grabolles Weg, Sie zur Reflexion Ihrer Haltung in Sachen Fleisch zu bewegen. Folgen Sie ihm also unvoreingenommen, lassen Sie sich zum Denken in die unterschiedlichsten Richtungen anregen, probieren Sie neue Verhaltensweisen aus. Und wenn Sie das Buch ausgelesen haben, überlegen Sie sich, wen Sie gerne als nächstes zum Nachdenken anregen würden. Verschenken Sie das Buch, verbreiten Sie damit Wissen um die Herkunft unserer Nahrung und Impulse für neue Gewohnheiten. Denn sich Gedanken darüber zu machen ist der erste Schritt in Richtung eines nachhaltigeren Konsums.

Sarah Wiener

Mr und Mrs Rumpsteak

Fleischlust, Ökos und Gewissensbisse

Für die westfälische Verwandtschaft war es viel einfacher zu akzeptieren, dass ich schwul bin, als dass ich kein Fleisch mehr esse.

Ein Freund

Heute ist Weltvegetariertag. Ich sitze im Steakhaus – als Vegetarier. Nicht um ein Transparent zu entrollen, sondern um Fleisch zu essen. Mein erstes Rumpsteak nach langen Jahren. Als Erfahrung für mein Buch – ich will schließlich wissen, worüber ich schreibe – und weil ich nach 13 Jahren vegetarischer Ernährung einfach Lust darauf habe. Mir ist klar, dass zu viel Fleisch auf dem Teller ungesund ist und die industrielle Tierhaltung den Klimawandel beschleunigt sowie weitere unschöne Folgen für Tiere, Umwelt und Menschen hat. Doch wie schlimm sind diese Konsequenzen wirklich, und welche ziehe ich persönlich aus alledem? Ist eine strikte Abkehr vom Fleisch nicht genussfeindlich, überkorrekt oder gar ungesund? Reicht weniger Fleisch zu essen aus, oder ist das halbherzig und inkonsequent? Und vor allem: Kann es in Ordnung sein, für ein leckeres Essen empfindungsfähige Lebewesen zu quälen oder zu töten, und gibt es einen ethisch vertretbaren

Mr und Mrs Rumpsteak

Weg der »Tierproduktion«? Nach vielen Jahren zwischen Versuchung (Thüringer Bratwurst) und Verzicht bin ich auf der Suche nach einer Ernährung, die meine Ansprüche an Geschmack, Gesundheit und Gewissen erfüllt. Und seit meine kleine Tochter mitisst, muss ich auch für sie verantworten, was auf den Tisch kommt.

Ich warte jetzt auf »Mrs Rumpsteak«, das sind 180 Gramm Rindfleisch – die Damenportion. Die 250-Gramm-Herrenportion »Mr Rumpsteak« hat sich mein Gegenüber Steffi bestellt. Sie liebt Fleisch. Ich auch, nur verkneife ich es mir, mehr oder weniger. Das wäre für Steffi undenkbar. Als befreundete Kollegin hat sie sich bereit erklärt, sich während meiner Erkundungsreise durch die Kultur und Unkultur des Fleisches mit mir bei gemeinsamen Mahlzeiten über unsere Erfahrungen auszutauschen. Wir wissen nicht, wo das enden wird. Werde ich wieder guten Gewissens zum Fleischesser und sie Veganerin? »Wenn das Buch fertig ist«, schätzt Steffi, »werde ich ein bisschen weniger Fleisch essen und du ein bisschen mehr. Du hast ja mal gesagt, du bist eigentlich ein verkappter Fleischfresser.« Ich kann mir vieles vorstellen. Vielleicht werde ich ja keinen Fisch mehr essen, dafür aber wieder gelegentlich Geflügel.

»Ich muss nicht jeden Tag Fleisch essen«, sagt Steffi. »Aber nach drei Tagen ohne Fleisch bekomme ich schlechte Laune.« Das kenne ich auch. Dann esse ich Fisch. Genau genommen bin ich also gar kein Vegetarier, auch wenn ich mich bisher als solcher gefühlt habe. Ich unterstelle Fischen einfach, dass sie weniger Empfindungen als Vögel und Säuger haben. Zumindest besitzen sie keinen Neocortex, also keine hoch ent-

Mr und Mrs Rumpsteak

wickelte Großhirnrinde oder etwas Vergleichbares, das bei den anderen Wirbeltieren (neben Fischen sind das Amphibien, Reptilien, Vögel und Säugetiere) für eine bewusste Wahrnehmung sorgt. Zudem glaube ich, dass tierische Proteine, also Eiweiße, für die menschliche Ernährung wichtig sind, weswegen ich neben Fisch reichlich Eier und Milchprodukte esse. Wenn ich ganz ehrlich bin, ist mein Fischessen eher ein fauler Kompromiss. Da ich Fleisch vermisse, will ich nicht auch noch auf Fisch verzichten.

»Heute gab's im Büro zu Mittag Fisch«, berichtet Steffi. »Kein Mensch hatte Gräten auf seinem Teller, ich ungefähr zehn. Die Entscheidung Fisch oder Fleisch würde mir nicht schwerfallen.« Ganz oben auf Steffis Favoritenliste steht Wurst. »Ich kann mich dran erinnern, dass wir früher zum Fleischer gegangen sind und mir 'ne Bocki oder Wiener in die Hand gedrückt wurde. Das war für mich das Allergrößte. Ich bin noch heute ein leidenschaftlicher Wieneresser. Ausnahme sind die Biowiener im Büro, die aussehen wie abgeschnittene Finger. Da verpasst du echt nichts. Das ist, wie wenn du in Leberwurst beißt.«

Ich bin mir noch nicht sicher, ob ich möchte, dass meine Tochter eine ebenso leidenschaftliche Fleisch- und Wurstesserin wird wie Steffi. Bislang gab es bei uns zu Hause nie Fleisch. Aber letzte Woche habe ich für meine Tochter Biohühnchenbrustfilet gekauft, ein sündhaft teures Stück, 7 Euro für 250 Gramm. Sie hat es wieder ausgespuckt. Ich solle es doch beim nächsten Mal pürieren und ihr unterjubeln, schlägt Steffi vor. Das käme mir seltsam vor – ihr Fleisch zu geben, wenn sie es nicht mag. Ich muss mehr da-

Mr und Mrs Rumpsteak

rüber erfahren, ob Fleisch für Kinder wirklich wichtig ist. Steffi jedenfalls hat aufgrund der fleischlosen Ernährung echtes Mitleid mit meiner Tochter. »Ich kenne kein Kind, das nicht gerne Leberwurststulle isst. Ich frage mich, ob sie irgendwann sagen wird: ›So, jetzt könnt ihr mich mal, ich nehme mein Taschengeld und gehe zu McDonald's.‹«

Fleischfreund

Meine eigene kulinarische Prägung entspricht der Zeit, in der ich aufwuchs. Die Küche meiner Mutter erschien mir international: türkischer Pilaw, japanischer Lauch, italienischer Salat und englischer Farmerauflauf. Sie war es aber wohl nur dem Namen der Gerichte nach. Geschmacklich blieb das Essen ziemlich deutsch. Alles war lecker, und alles war fleischhaltig. Es gab auch Gemüse, das kam meist aus der Konserve (»das famose Zartgemüse aus der Dose«), seltener vom Wochenmarkt – aus Zeitgründen. An gänzlich fleischlose Hauptgerichte, außer natürlich Fisch, kann ich mich nicht erinnern. Da ich Fleisch so gerne aß, machte meine Mutter selbst zum Gulasch noch Hackbällchen. Einzig Hasenbraten mochte ich als Kind nicht essen, weil ich Hasen so süß fand. Dann versteckte ich mich vor dem Essen. Warum ich nach gutem Zureden schließlich mitgegessen habe, weiß ich nicht mehr. Die Argumente meiner Mutter würden mich jedenfalls heute brennend interessieren.

Alles hat seine Grenzen

Kaninchen zu essen bringt auch Steffi bis heute nicht übers Herz. Sie hatte nämlich mal ein eigenes, als sie klein war. »Das war ganz knuffig. Irgendwann war es weg, es hieß, es sei gestohlen worden. Einen Tag später gab es Entenbraten, und der hat mir sehr gut geschmeckt. Jahre später hat mir meine Oma erzählt, der Entenbraten, den ich so gemocht hatte, sei mein Kaninchen gewesen.« Steffi ist noch immer ein wenig empört. »Ich habe mein eigenes Kaninchen gegessen.« Bei aller Fleischlust gibt es für sie offenbar gewisse Grenzen. Kalbsleberwurst oder Kalbfleisch kauft Steffi nicht mehr, obwohl sie das früher sehr gerne mochte. »Das Tier wurde einfach nur geboren, um eine Wurst zu werden.« Auch exotische Tiere wie Krokodile mag sie nicht essen. »Daraus macht man Handtaschen«, sagt sie und lacht. »Ich habe mal Känguru probiert, danach hatte ich ein ganz schlechtes Gewissen.« Selbst Wildtiere, die inzwischen oft in Gehegen gehalten werden, sind für sie keine Fleischlieferanten. »Reh und Hirsch gehören in den Wald und nicht auf den Teller«, befindet sie. Steffi behagen beim Fleischessen eher die klassischen Nutztiere. Sie ist als Kind mit den Sorten Schwein, Rind und Geflügel aufgewachsen. Das ist für sie normal. Die isst man.

Das Alter von Schlachttieren

Entgegen einer weitverbreiteten Annahme werden nicht nur Kälber, sondern die meisten Nutztiere zur Fleischproduktion schon im Kindesalter geschlachtet – bevor sie geschlechtsreif werden. Die meisten Masttiere in konventionellen Haltungsverfahren erreichen maximal 6 Prozent ihres biologisch möglichen Lebensalters. Bei ökologischen Mastverfahren leben einige Nutztierarten etwas länger. Tiere, die zur Zucht oder für die Milch- oder Eiproduktion genutzt werden, erleben ihre Geschlechtsreife natürlich. Man schlachtet sie, wenn sie etwa 20 bis 40 Prozent ihres biologisch möglichen Alters erreicht haben.

Nutztiere	Übliches Schlachtalter (Prozentsatz des biologisch möglichen Lebensalters)	Alter der Geschlechtsreife	Biologisch mögliches Lebensalter
männliche »Legehennen«	0 Monate (0%)	5 Monate	5–7 Jahre
Masthühner	0,9–1,2 Monate (2%)		
Legehennen	14–18 Monate (23–30%)		
Truthennen (Puten)	3,2 Monate (2%)	5–6 Monate	15 Jahre
Truthähne (Puter)	4,6 Monate (3%)		

Enten	1,6 Monate (2%)	5–7 Monate	7–10 Jahre
Gänse	5,8–6,9 Monate (5–6%)	10–12 Monate	9–12 Jahre
Mastschweine	6 Monate (5%)	6–8 Monate	10 Jahre
Zuchtsauen	30–36 Monate (25–30%)		
Mastkälber (Weißfleischkälber)	5–6 Monate (2%)	6–10 Monate	25 Jahre
Mastrinder (Jungbullen)	18 Monate (6%)		
Milchkühe	48–60 Monate (16–20%)		
Milchlämmer (»Osterlämmer«)	0,5–6 Monate (0–4%)	7 Monate	12 Jahre
Mastlämmer	6–8 Monate (4–6%)		
Zuchtschafe	60 Monate (42%)		
Ziegenlämmer	6–8 Monate (4–6%) (z. T. schon ab 1,2 Monaten)	4–9 Monate	12 Jahre
Milchziegen	60 Monate (42%)		
Kaninchen	1,6 Monate (1%)	3–5 Monate	10 Jahre

Karnismus

Die amerikanische Sozialpsychologin Melanie Joy nennt eine solche Einstellung Karnismus, abgeleitet von dem lateinischen Wort für Fleisch. Es ist die Weltanschauung, die bestimmt, welche Tiere wir essen und welche nicht. Der Karnismus sorgt dafür, dass wir keine Tiere vor uns sehen, wenn wir Schwein, Rind oder Huhn essen. Dagegen sind die meisten von uns bei der Vorstellung, Hund, Meerschwein oder Wal zu essen, angewidert oder moralisch empört, obwohl diese Tiere in anderen Kulturen ganz selbstverständlich auf dem Speiseplan stehen oder zu anderen Zeiten auch bei uns gegessen wurden. Angeblich war in Bayern Hund beliebt. In Westdeutschland hat man das Schlachten von Hunden und Katzen erst 1986 verboten. Joy wunderte sich irgendwann darüber, wie es ihr überhaupt gelang, Tiere zu essen, obwohl sie sich wie viele andere Menschen ernsthaft um Tiere sorgte und nicht wollte, dass sie leiden. Im Karnismus fand sie die Erklärung, warum wir noch nicht einmal über diesen Widerspruch nachdenken, denn es handelt sich dabei um ein unsichtbares Wertesystem. Unser Glaube, dass das Essen von einer Handvoll Nutz- und einiger anderer Tiere ein natürlicher Zustand sei, verschleiere, dass wir in Wirklichkeit eine Wahl träfen. Solange wir uns dieses Systems nicht gewahr würden, glaubt Joy, gebe es keine freie Wahl.

Auch ich habe meinen Hunger auf Fleisch die längste Zeit meines Lebens als etwas Natürliches betrachtet und sah keinen Grund, darüber nachzudenken. Noch mit Anfang 20

Karnismus

Was macht den Unterschied zwischen Schwein und Hund? Man kann beide essen oder es sein lassen.

war ich bei meinen Freunden für meinen großen Appetit auf Fleisch bekannt. Womöglich war ich sogar stolz darauf. Wenn es nicht gerade um Innereien ging, war ich alles andere als wählerisch. Besonders mochte ich argentinisches Corned Beef, gepresst in goldfarbene Dosen, sowie Frühstücksfleisch, eine Art Leberkäse, ebenfalls in Dosen gezwängt. Öffnete man das Blech ringsum mit dem beigefügten Schlüssel, quoll einem, wie lecker, »delikate Jelly« entgegen. Gern briet ich mir auch am Lagerfeuer, längs auf einen Stock gespießt, die bleichen weichen Würste aus eng verschnürten Großpackungen. So geschehen vor allem im Urlaub in Neuseeland – mit fast 120 Kilogramm Fleischverbrauch pro Kopf und Jahr eine der größten Fleischesser-Nationen. Ein paar freundliche »Kiwis«, also Einheimische, überließen uns einmal beim Zelten enorme Restmengen an Fleisch und Fisch. Die fehlende Kühlmöglichkeit setzte unserer Völlerei leider ein schnelles Ende. Andere Gründe, Fleisch nicht zu essen, gab es zu dieser Zeit für mich nicht. Ich fand's lecker. Der Begriff »politisch korrekt« existierte noch nicht, und das hätte ich damals auch sicher nicht sein wollen.

Ökofeind

Viele Jahre lang war alles »Ökige« für mich total uncool. In der fünften Klasse wurde von mir und anderen ein Schüler als »Bio-Bobo« verlacht, weil seine Eltern ihm ausschließlich pflanzlichen Aufstrich aufs Schulbrot gaben. Er war Vegetarier. Heute erstaunt es mich, dass bereits in den frühen Achtzigern der Begriff »Bio« kursierte, wenngleich ganz offensichtlich negativ besetzt. Ich hatte über 20 Jahre später die Gelegenheit, mich bei jenem Klassenkameraden für die Hänseleien zu entschuldigen und stolz zu berichten, dass ich nun selbst Vegetarier sei. Nur konnte sich das damalige Opfer an den Spottnamen gar nicht mehr erinnern, und Vegetarier war er auch nicht mehr.

Nach einer kurzen Periode gesteigerten politischen Interesses bezüglich Waldsterben, Atomkraft und Wettrüsten durchlief ich eine längere moralische Lotterphase, verstärkt durch gleichermaßen postpubertäre Kumpane. Müll wurde bewusst nicht getrennt, sondern am liebsten im Lagerfeuer verbrannt. Wem unser Konsum von reichlich Dosenbier missfiel, war als

Öko verdächtig. Als uns ein Bekannter wegen unseres großzügigen Verbrauchs an Bierdosen der Energievergeudung be-
schuldigte, fand er seine Hausschuhe erst nach langer Suche
zwischen den im Restmüll entsorgten Dosen wieder.

Mein Bio

Erst mit Beginn meines Biologiestudiums wurde ich Ökos gegenüber toleranter. Ich traf mich sogar mit einigen von ihnen
zu irischen »Volxtanzabenden« in alternativen Studieren-
dencafés. Damals kostete ich auch erstmalig Grünkernbratlinge, gegrillt von einem jungen vegetarisch lebenden Ökopär-
chen. Warum man diesen den Vorzug vor echten Frikadellen
geben sollte, entzog sich mir allerdings. Rein geschmacklich
kann ich heute meine Skepsis noch immer nachvollziehen.
Grünkernbratlinge bleiben für mich irgendwie suspekt. Sie
können tatsächlich gut schmecken, dennoch haftet an ihnen für mich noch das freudlos-fade Latzhosenhafte, das ich
früher mit Vegetariern verband. Im Laufe der nächsten Jahre
wurde ich selbst immer »ökiger«. Mein damaliger alternativer
Höhepunkt: bei einer Anti-Tropenholz-Demo mit Rastazöp-
fen auf dem Boden zu sitzen und zu pseudoindianischem Ge-
trommel in das raunende Gesinge einzustimmen: »The Earth
is our mother, we will take care of her«. Das war mir selbst
damals schon bald zu viel des Guten.

Mr und Mrs Rumpsteak

Angst vor Bioläden

Wie wohl etliche andere Nichtfundamental-Ökos hatte auch ich damals in den Neunzigern beim Besuch von Bioläden das Gefühl, fremd zu sein, vielleicht sogar prüfend beobachtet zu werden, ob ich denn dazugehöre oder doch einen Lidl-Einkauf im mitgebrachten Umweltsack verberge. Überredet von einer Freundin, wurde ich trotz derlei Vorbehalte Mitglied in einer Food-Koop, bei der ich einen monatlichen Beitrag zahlte und dafür teure Biolebensmittel einkaufen durfte. Biogemüse war damals tatsächlich noch klein und verschrumpelt und das Brot bröselig oder gar im Blumentopf gebacken. Ein Jahr lang habe ich das so gehandhabt, immerhin ohne Putz- oder Thekendienste – auch das soll es gegeben haben.

Das eigenartige Gefühl des Fremdseins in Bioläden trat bei mir noch Jahre später auf, auch in Reformhäusern, deren Daseinsgrund ich nie wirklich verstanden habe. Als Vegetarier war ich jedoch gezwungen, mir dort fluffige Tofuwürste zu kaufen, die zumindest aussahen wie Fleischwurst, sowie pflanzliche Brotaufstriche, die »Wie Leberwurst« hießen und bei denen selbst die kleinsten Verpackungen binnen weniger Tage den Kampf gegen den Schimmel verloren. Doch all das tat ich ja »für die Tiere«, zumindest die warmblütigen, die ich nicht mehr essen, sondern achten wollte.

Gewissensbisse

Mr und Mrs Rumpsteak sind gut gewesen, aber nicht so sensationell, wie ich es mir nach all den Jahren des Verzichts vorgestellt hatte. Wenigstens habe ich nach dieser Fleischmahlzeit kein schlechtes Gewissen – Steffi dagegen schon. Anscheinend wirkt durch unser Gespräch die Betäubung bei ihr nicht mehr so richtig, von der Melanie Joy spricht. Joy sagt, wir betäubten uns selbst, um beim Fleischverzehr eine gedankliche Kluft in unserem Bewusstsein aufrechterhalten zu können. In Interviews mit Fleischessern und Schlachtern hat sie immer wieder erfahren, dass die Menschen die Realität ausblenden müssen, wenn sie es beim Essen oder bei der Arbeit mit toten Tieren zu tun haben. Unser erlernter Karnismus blockiere geschickt das Mitgefühl für das Tier. Joy sieht darin Parallelen zu anderen ausbeuterischen Wertesystemen wie etwa Sexismus oder Kolonialismus, in denen eine »andere« Gruppe für die eigenen Interessen ausgenutzt wird. Dies geschieht, indem man der anderen Gruppe grundlegende Rechte abspricht, also Gemeinsamkeiten verleugnet und Unterschiede in der Intelligenz, Empfindungsfähigkeit oder dem Lebenswert unterstellt.

Steffi findet die Frage, wann wir es für gerechtfertigt halten, Tiere zu töten, spannend und schrecklich zugleich. »Wenn ich bei einem Tiertransport diese Nasen rausschauen sehe, denke ich, jetzt müssen die für mein Schnitzel sterben. Dann esse ich auch erst mal ein, zwei Tage kein Fleisch. Und wenn man ehrlich zu sich ist, muss man sich eingestehen, dass man sein Schnitzel nicht isst, um satt zu werden, sondern weil es gut schmeckt.« Steffi ist sich im Moment nicht sicher, ob sie es für

Mr und Mrs Rumpsteak

vertretbar hält, dass für ihren Genuss Tiere sterben. »Wenn ich etwas sehr gerne mache, etwa Fleisch essen«, überlegt sie, »muss ich es ja wohl für gerechtfertigt halten.« Vielleicht hat sie recht. Man handelt wie gewohnt, isst das, was einem schmeckt, und sucht bestenfalls danach eine Rechtfertigung für sein Tun. Und falls man nichts Überzeugendes findet, kann man die Zusammenhänge immer noch verdrängen. Das kennt auch Steffi. »Gans oder Ente ist ja meine Leibspeise an Weihnachten. Aber ich will nicht wissen, wie die lebend aussahen. Manche Leute suchen sich im Sommer schon ihre Weihnachtsgans aus. Die gehen auf einen Hof und sagen: ›Ach, machen Sie der eine rosa Schleife um, die nehm ich dann später.‹ Das könnte ich nicht. Wenn ich dann am Weihnachtstisch sitze und denke, wie niedlich die war, als die über den Hof gerannt ist, oh mein Gott!« Je mehr Steffi darüber nachdenkt, in desto mehr Gewissenskonflikte gerät sie. »Ich würde gern ein Steak genießen können, ohne dass dafür ein Tier getötet werden muss. Vor allem den Schweinen und Kühen gegenüber bekomme ich ein schlechtes Gewissen. Ich sehe schon, nach diesem Abend werde ich auch Vegetarier.«

Wurde sie nicht.

Mein eigen Fleisch und Wurst

Steinzeitessen, Affen und Gehirnwachstum

> *Ich hege keinen Zweifel darüber, dass es ein*
> *Schicksal des Menschengeschlechts ist,*
> *im Verlaufe seiner allmählichen Entwicklung*
> *das Essen von Tieren hinter sich zu lassen.*
>
> Henry David Thoreau, US-amerikanischer
> Schriftsteller und Philosoph (1817–1862)

Ich fühle mich um Jahrtausende in die Vergangenheit versetzt. Meine Tochter sitzt auf meinem Schoß, und wir stopfen rohes Fleisch in uns hinein, das ich mit dem Faustkeil aus einem größeren Stück heraustrenne. Der Faustkeil ist allerdings bloß ein Küchenmesser und das rohe Fleisch nur eine Räucherknacker vom Ökomarkt. Mindestens einmal die Woche will ich meiner Tochter Fleisch oder Wurst zu essen geben und esse dann etwas mit. Die enorme Gier, mit der wir beide die dick geschnittenen Scheiben verschlingen, weckt offenbar archaische Gefühle in mir. Stammt unsere Fleischlust vielleicht von unseren steinzeitlichen Vorfahren und ist als evolutionäres Erbe noch heute ein wichtiger Hinweis darauf, wie wir uns ernähren sollten? Oder ist es weniger das Fleisch, sondern eher das Fett und das Salz in der Wurst, was sie für uns so unwiderstehlich macht?

Mein eigen Fleisch und Wurst

Fleisch sei wichtig gewesen für die evolutionäre Entwicklung des menschlichen Gehirns, heißt es. Ohne die hochwertigen Proteine wäre der »denkende Mensch« *Homo sapiens* nie zum Denker geworden. Gehört Fleisch also zur artgemäßen Ernährung des Menschen? Was für uns artgemäß ist, wollen Verfechter des Konzeptes der paläolithischen Ernährung (Steinzeiternährung oder *Paleo diet*) klären. Sie fragen danach, was *Homo sapiens* und seine Vorfahren in der Altsteinzeit vor 2,6 Millionen Jahren bis vor rund 10 000 Jahren gegessen haben. Dem Steinzeitmenschen wird vieles unterstellt. Das Spektrum der »Urkost« reicht von Früchten über Fleisch bis zu Fisch als Hauptnahrungsquelle. Mal soll er sich seine Kalorien durch das Sammeln von Pflanzen, mal durch die Suche nach Aas oder durch die Jagd beschafft haben.

Auf Websites für Vegetarier und Veganer lese ich, der Körper des Menschen sei gar nicht für Fleischmahlzeiten ausgestattet. Im Unterschied zu fleischfressenden Tieren – auf der österreichischen Website *vegan.at* in ungewöhnlich politisch korrekter Weise als FleischesserInnen bezeichnet – seien beim Mensch die Eckzähne zu kurz, der Darm zu lang, der Speichel alkalisch statt sauer, und echte Fleischfresser kauen ihr Fleisch auch nicht, sie schlängen es hinunter. Und das tun die meisten von uns ja wohl nicht. Energie und Nährstoffe, heißt es dort, habe sich der Steinzeitvegetarier überwiegend aus Früchten, Nüssen und Wurzeln beschafft. Ein weiteres Argument für eine überwiegend auf Pflanzen basierende Nahrung unserer Vorfahren: Anders als echte Fleischfresser ist der Mensch – wie auch die anderen Menschenaffen – nicht in der Lage, Vitamin C herzustellen. Diese Fähigkeit ging of-

Mein eigen Fleisch und Wurst

Nackte Schenkel wecken ja besonders im Mann angebliche Urtriebe.

fenbar verloren, weil das Vitamin durch die pflanzliche Kost ununterbrochen und reichlich zur Verfügung stand.

Einig ist man sich nur, dass der Mensch sich bis zum Ende der Altsteinzeit, als es noch keinen Ackerbau und keine Viehzucht gab, kaum von alldem ernährt hat, was heute massenhaft in den Mägen der industrialisierten Welt landet: Milchprodukte, raffiniertes (also gereinigtes) Getreide, Zucker, Öle und Salze sowie Alkohol. Auch war das Fleisch anders beschaffen. Egal, ob der Steinzeitmensch nun viel oder wenig Fleisch gegessen hat, das von der Jagd auf wild lebende Tiere stammende Fleisch altsteinzeitlicher Grillabende hatte weit weniger ungünstige Fette als der Großteil des Fleisches heutiger Nutztiere. Diese rund ums Jahr gemästeten Tiere, die

Mein eigen Fleisch und Wurst

sich kaum bewegen, haben viel mehr Speicherfett mit einem hohen Anteil an gesättigten Fettsäuren. Zwar benötigt der Mensch in Maßen auch diese gesättigten Fettsäuren, aber in den Mengen, die heute üblicherweise aufgenommen werden, wirken sie sich nachteilig auf die Cholesterinwerte im Blut aus.

Affenessen

Um herauszufinden, woraus die Steinzeitnahrung des Menschen bestand, untersucht man üblicherweise die Ernährung unserer nächsten Verwandten, der großen Menschenaffen, fossile Funde unserer Vorfahren sowie das Verhalten heutiger sogenannter Wildbeutergesellschaften.

Die heute lebenden Affen ernähren sich vor allem von Früchten, wobei je nach Art auch Blätter, Wirbellose, Eier, kleinere Wirbeltiere und sogar Pflanzengummi wichtige Nahrungsquellen sein können. Paviane und Schimpansen leben zwar überwiegend vegetarisch, jagen aber, wenngleich selten, Säugetiere wie Waldantilopen, Nager und kleinere Affenarten. Gerade die gemeinsame Jagd auf andere Affen wurde lange Zeit nur den Gemeinen Schimpansen (die heißen wirklich so!) zugeschrieben. Doch inzwischen haben Forscher vom Max-Plack-Institut für Evolutionäre Anthropologie selbst die ansonsten extrem friedlichen, auf Früchte und Sex versessenen Bonobos oder Zwergschimpansen bei der erfolgreichen Jagd auf kleine Affen beobachtet. Bei beiden Schimpansenarten beträgt der Anteil von Wirbeltieren bei der Kalorienaufnahme jedoch weniger als 10 Prozent. Die zotteligen Orang-Utans leben überwiegend von Früchten. Und auch die uns Menschen nach den Schimpansen genetisch am nächsten stehenden Gorillas futtern fast ausschließlich Pflanzen – das allerdings müssen sie aufgrund ihrer Körpergröße und der vergleichsweise geringen Nährstoffdichte ihrer Kost dann aber auch nahezu den ganzen Tag. Außerhalb der freien Wildbahn zeigen Gorillas manchmal Fleischgelüste. So berichtet der Verhaltensforscher Jonathan Balcombe in seinem Buch *Tierisch vergnügt* von der berühmten, bei Menschen aufgewachsenen Gorilladame Koko, die über tausend Worte in der amerikanischen Gebärdensprache beherrscht. Sie kommentiert ihre Vorfreude aufs Essen angeblich mit: »Liebe Mittagessen, mag Geschmack Fleisch.«

Die großen Menschenaffen sind also zu 95 Prozent Vegetarier. Anders der moderne Mensch. Er tanzt offenbar aus der Reihe, was aber auch nicht weiter verwunderlich ist, wenn man bedenkt, dass seit der Aufspaltung unserer Vorfahren in Mensch und Schimpanse immerhin bereits rund 6 Millionen Jahre Evolution vergangen sind.

Hungrige Hirne

Einer der ersten aufrecht gehenden Vorläufer des Menschen, dessen Fossilfunde indirekt auf seine Ernährungsweise schließen lassen, heißt *Australopithecus* (»Südaffe«). Zu den Australopithecinen gehört etwa die populäre Affendame Lucy. Diese Gattung lebte vor 4,5 bis 2,5 Millionen Jahren in afrikanischen

Mein eigen Fleisch und Wurst

Wäldern. Die Form des Gebisses und die Zahnstruktur sprechen für eine harte Pflanzenkost mit stärkehaltigen Wurzeln und Knollen. Der Anteil an tierischer Kost wie Insekten soll wie bei den heutigen Menschenaffen gering gewesen sein.

Die Gattung Mensch *(Homo)* taucht im Fossilfund erst vor etwa 2,5 Millionen Jahren in den Savannen Ostafrikas auf, nachdem ein Klimawandel (so etwas gab es damals auch schon) die Waldlandschaften verdrängt und zu einer bedeutenden Zunahme an Grasland und Huftieren geführt hatte. Die Gebisse der Vertreter *Homo erectus* und *Homo habilis* waren bereits viel graziler, und ihre Gehirne nahmen vor 1,8 Millionen Jahren überproportional an Größe zu. Die Hirne moderner Menschen haben sogar ein mehr als dreimal so großes Volumen wie diejenigen früher Australopithecinen. Der Ruheenergiebedarf des Menschen, also die Energiemenge, die er fürs Nichtstun braucht, entspricht der jedes anderen Säugetiers vergleichbarer Größe. Da aber das Gehirn etwa das 16-Fache an Energie benötigt wie die Skelettmuskulatur, muss der Mensch einen erheblich größeren Anteil seiner Energiezufuhr nutzen, um sein übergroßes Gehirn »zu füttern«. Gerade im Energieaufwand für sein Gehirn unterscheidet sich der Mensch trotz aller genetischer Ähnlichkeit erheblich von seinen nächsten lebenden Verwandten, den Schimpansen. Für ihre Superhirne müssen die *Homos* ihren Speiseplan geändert und auf eine energetisch gehaltvollere Nahrung mit höherer Nährstoffdichte wie Fleisch oder energiereiche Früchte zurückgegriffen haben. Jedenfalls besitzen die Grundnahrungsmittel in allen heutigen menschlichen Gesellschaften – bis auf wenige Ausnahmen – eine viel höhere Nährstoffdichte als die Nahrung anderer großer Primaten, also Affen. Wir können es uns leisten, weniger zu essen, um die Energie und die Nährstoffe zu erhalten, die wir brauchen. Der menschliche Darm hat sich in Größe und Beschaffenheit der nährstoffdichteren Nahrung angepasst. Dagegen besitzen die meisten großen Affen einen größeren und längeren Dickdarm als wir – dies zeugt von der Anpassung an ballaststoffreiche Nahrung mit geringer Nährstoffdichte.

Eine weitere Anpassung des Menschen an den großen Energiebedarf seines Gehirns zeigt sich darin, dass der Mensch im Vergleich zu anderen Primaten und Säugetieren weniger muskulös und dafür »fetter« ist. Klingt eher unsexy, erscheint dennoch sinnvoll. Fettgewebe hat einen geringeren Energiebedarf als Muskelmasse, die gesparte Energie kann somit für das Gehirn genutzt werden. Zudem lässt sich die im Fett gespeicherte Energie leicht als Reserve nutzen, wenn das Essen einmal knapp sein sollte. Wie wichtig das Körperfett für die Versorgung des Gehirns ist, sieht man an Menschenbabys, die im Vergleich zu ihrem Körpergewicht nicht nur größere Gehirne, sondern auch viel mehr Körperfett als andere Säugetierkinder haben.

Wachstumsbeschleuniger

Eine Schlüsselrolle bei der Gehirnentwicklung der Gattung *Homo* nahmen spezielle ungesättigte Omega-3- und Omega-6-Fettsäuren ein, wie man sie aus der Werbung kennt. Namentlich waren es die Docosahexaensäure (DHA) und die

Mein eigen Fleisch und Wurst

Arachidonsäure (AA). Beide kann der wunderbare menschliche Körper auch aus pflanzlichen Fetten und Ölen bilden. Allerdings ist die körpereigene Umwandlung (von Linolensäure zum Beispiel aus Leinöl) in DHA ziemlich begrenzt, weshalb der Mensch DHA üblicherweise hauptsächlich aus tierischer Nahrung aufnimmt. Da die Mitglieder der Gattung *Homo* gezielt Steinwerkzeuge bearbeiteten und verwendeten, konnten sie sich neue Nahrungsquellen wie das Gehirn oder das Knochenmark von Tieren erschließen, die der Raubtierkonkurrenz meist im wörtlichen Sinne »verschlossen« blieben. So verschafften sie sich Zugang zu den für das Hirnwachstum günstigen langkettigen ungesättigten Fettsäuren. Mit dem rapiden Gehirnwachstum des Menschen sieht der Anthropologe William R. Leonard ein Karussell aus positiven Rückkopplungen in Gang gesetzt. Ein verbesserter Zugang zu Fleisch habe die Vertreter der Gattung *Homo* besser mit Nahrungsenergie und den Gehirngewebe-Bausteinen DHA und AA versorgt. Diese hätten das Gehirnwachstum begünstigt, wodurch sich die Lernfähigkeit des *Homo* erweitert habe, was ein komplexeres Sozialleben, innovative Werkzeuge und erfolgreichere Jagdstrategien mit sich gebracht habe. All diese Faktoren hätten wiederum einen besseren Zugang zu Fleisch ermöglicht.

Doch was bedeutet der Einfluss, den die Gehirnbausteine DHA und AA auf das Hirnwachstum der menschlichen Gattung hatten, für die moderne Ernährung des Menschen? Bremsen moderne Fleischverweigerer die weitere Evolution des Menschen? Nein. Das rasante Gehirnwachstum ist seit mehreren Hunderttausend Jahren abgeschlossen. Die dama-

Wachstumsbeschleuniger

ligen Einwirkungen der Umwelt auf unsere genetische Ausstattung (Selektionsdrücke) gibt es so nicht mehr. Heutige Vegetarier schneiden übrigens im Schnitt bei IQ-Tests um zwei Punkte besser ab als Allesesser. Das ist allerdings wohl keine Folge ihres Fleischverzichts. Den leichten Vorsprung hatten sie, wie Langzeitstudien zeigten, bereits in der Kindheit, als die meisten von ihnen noch Fleisch gegessen haben. Wahrscheinlicher ist es, dass sich intelligentere Menschen häufiger kritisch mit ihrem Essverhalten auseinandersetzen.

Ohnehin ist längst nicht klar, in welchem Umfang der Verzehr von Fleisch, Gehirn und Knochenmark in der Menschheitsgeschichte zur Nährstoffversorgung beitrug. Einige Forscher nehmen an, dass Pflanzen eine bedeutendere Rolle spielten. Vor allem die Nutzung des Feuers ermöglichte es dem Menschen, stärkehaltige Wurzeln und Knollen zu erhitzen und dadurch die Aufnahme von Nährstoffen aus pflanzlicher Nahrung zu verbessern. Strittig ist jedoch, ob der Mensch das Feuer tatsächlich bereits vor 1,5 Millionen Jahren kontrolliert nutzte oder ob er dies erst seit 250 000 Jahren tut.

Vom heutigen Stand der Forschung aus lässt sich jedenfalls nicht schlussfolgern, dass die Veränderungen in der Ernährung hin zu nährstoffdichterer Nahrung wie Fleisch die *Ursache* für das rapide Hirnwachstum in der menschlichen Evolution darstellt. Ansonsten hätten auch aus Löwen und anderen Raubtieren Intelligenzbestien werden müssen. Aber die menschliche Ernährungswende war zumindest eine notwendige Voraussetzung für die Zunahme des Gehirnvolumens. Über die tatsächliche Ursache lässt sich weiterhin nur spekulieren.

Mein eigen Fleisch und Wurst

Fundsachen

Archäologische Funde legen nahe, dass die Frühmenschen Tierkadaver zerlegten, transportierten und die Nahrung untereinander teilten. Viele Anthropologen sehen in der Entwicklung des (in ihrer Vorstellung erfolgreich) jagenden (in ihrer Vorstellung männlichen) Menschen den Anstoß zur Menschwerdung schlechthin. Richard Leakey, einer der bekanntesten Paläoanthropologen, berichtet von teils mythischen Interpretationen seiner Kollegen über die Bedeutung der Jagd und der Verteilung des Fleisches an Sammelplätzen. Durch diese neue Ernährungsstrategie hätten sich demnach Kooperation, Tausch, Arbeitsteilung und Sprache entwickelt.

Die Fossilfunde lassen aber auch weniger heroische Schlussfolgerungen zu. Zwar scheint es erwiesen, dass die Frühmenschen vor knapp 2 Millionen Jahren Steinabschläge nutzten, um tote Tiere zu zerlegen, doch fand man auf vielen von Menschen bearbeiteten Knochen auch Bissspuren von Raubtieren – und zwar unter den Schneidespuren der menschlichen Werkzeuge. Die Raubtiere waren offenbar zuerst am Werk gewesen und hatten die Tiere getötet. Inwieweit die Frühmenschen größere Tiere selbst erlegten oder Raubtieren (FleischesserInnen) die Beute abspenstig machten, ist demnach unklar. Erst für die Zeit von vor etwa 100 000 Jahren gibt es eindeutige Belege für das menschliche Jagdgeschick, »und auch damals waren die Ergebnisse der Großwildjagd noch keineswegs imposant«, stellt der Evolutionsbiologe Jared Diamond in seinem Buch *Der dritte Schimpanse* fest. Die meiste Zeit unserer Geschichte »waren wir keine kühnen

Fundsachen

Jäger, sondern geschickte Schimpansen, die sich mithilfe von Steinwerkzeugen pflanzliche Nahrung beschafften und Kleinwild erbeuteten«. Da allerdings sowohl Schimpansen als auch Bonobos als nächste Verwandte des Menschen zusammen jagten, ist es zumindest sehr gut möglich, dass bereits der gemeinsame Vorfahre der »drei Schimpansenarten«, zu denen auch der Mensch gehört, gejagt hat. Diese Interpretation ist wahrscheinlicher, als dass sich die Jagd bei Mensch, Bonobo und Schimpanse unabhängig voneinander entwickelt hat.

In unseren Köpfen oder auf musealen Darstellungen von Frühmenschen überwiegt bislang das Stereotyp des Großwildfleisch verzehrenden erfolgreichen Jägers, vermutlich, weil sich der Neandertaler in Europa während der Eiszeiten fast ausschließlich von Fleisch ernährt hat. Das sicherte offenbar auch in widrigen Klimaverhältnissen sein Überleben. Allerdings konnte er es sich nicht wie wir heute leisten, fast nur Muskelfleisch zu essen, versorgten ihn doch gerade die Innereien mit Vitaminen. Auch für den modernen Menschen, also den *Homo sapiens*, der Mittel- und Nordeuropa besiedelte, gilt als gesichert, dass er große Mengen Fleisch und Fisch aß. Diese extreme Fleischlastigkeit im alten Europa dürfte jedoch nicht der Beweis dafür sein, dass Fleisch zur artgemäßen Ernährung des Menschen gehört: *Homo sapiens* wurde in Europa erst vor 40 000 Jahren dauerhaft sesshaft, und dieser Zeitraum ist zu kurz, um eine grundlegende genetische Anpassung an eine bestimmte Ernährungsweise bewirkt zu haben. Die Anatomie unserer Verdauungsorgane entstand über viel längere und weiter zurückreichende Zeiträume und weist auf einen großen Anteil pflanzlicher Nahrung hin. Auch ver-

Mein eigen Fleisch und Wurst

fügte der Mensch erst in den jüngsten Jahrtausenden über die nötige Technik, um Seefische und anderes Meeresgetier effizient jagen und so zum verlässlichen Grundnahrungsmittel machen zu können.

Zusammengefasst erscheint für den frühen Menschen eine flexible und gemischte, also omnivore (alles essende) Ernährungsstrategie wahrscheinlich. Dass er sich offenbar an ganz unterschiedliche Nahrungsangebote anpassen konnte, ist geradezu kennzeichnend. Gegenüber dem *Australopithecus* hat der Anteil an tierischer Nahrung vermutlich zugenommen. Wie groß dieser Anteil war und wie viel davon von der Jagd, von Aas oder gar aus dem Fischfang stammte, haben die Fossilfunde bisher nicht eindeutig verraten.

Völkerkunde

Die Rückschlüsse auf die Nahrungszusammenstellung der Steinzeitmenschen stützen sich oftmals auch auf die Ernährung von Wildbeutergesellschaften unserer Zeit. Ein Blick auf die heutigen Jäger und Sammler oder – je nach Sichtweise – Sammler und Jäger offenbart eine große Variation in den Ernährungsweisen, wozu es leider nur wenige genaue ethnografische Daten gibt. Das Spektrum reicht von vorwiegend pflanzlicher Nahrung, vor allem in tropischen Regionen, bis hin zu fast ausschließlich tierischer wie bei den Inuit im nördlichen Polargebiet. Wie vermutlich auch die Neandertaler beziehen traditionell lebende Inuit ihr Vitamin C nebst Blaubeeren vorwiegend aus tierischer Nahrung wie roher Walhaut,

Völkerkunde

Fischeiern sowie der Leber von Rentier und Ringelrobbe. In puncto artgemäßer Ernährung des Menschen lassen sich mithin Argumente für alle möglichen Anteile an tierischer und pflanzlicher Nahrung finden.

Ob man aus der Lebensweise heutiger Wildbeutergesellschaften überhaupt Rückschlüsse auf *die* ursprüngliche Ernährung des Menschen ziehen kann, ist ziemlich fragwürdig. Ihre Ernährungsweisen ähneln vermutlich nur in wenigen Fällen denen des steinzeitlichen *Homo sapiens* aus der afrikanischen Savanne von vor 200 000 bis 50 000 Jahren. Viele der heutigen Wildbeuter bewohnen klimatisch eher ungünstige und damit wenig fruchtbare Gebiete, die sich erheblich von den überaus variablen klimatisch-ökologischen Bedingungen zu Zeiten der Menschwerdung unterscheiden. Darüber hinaus dürfte das Nahrungsspektrum »moderner« Jäger und Sammler viel größer sein als das unserer gemeinsamen steinzeitlichen Vorfahren, nicht zuletzt durch den Austausch dieser Gruppen mit benachbarten Ackerbauern und Viehzüchtern. Als »lebende Fossilien« taugen sie daher nicht. Offensichtlich ist der moderne Mensch in Ernährungsfragen ebenfalls äußerst flexibel und kann sich gut an das vorhandene Nahrungsangebot in unterschiedlichsten Regionen anpassen. Das zumindest dürfte er mit seinen Vorfahren gemein haben.

Mein eigen Fleisch und Wurst

Gesundheitsfragen

Es ist sehr zweifelhaft, ob uns die Ausrichtung nach der sogenannten Steinzeiternährung unter den heutigen westlichen
Lebensbedingungen – mit vergleichsweise wenig Bewegung
und wenig körperlicher Arbeit – weiterhelfen kann. Dabei
stellt sich nicht nur die Frage, ob sie überhaupt gesund für uns
wäre, sondern auch, ob sie es jemals war. Denn genetische
Anpassungen sind zwar statistisch gesehen für die erfolgreiche Fortpflanzung förderlich, aber nicht unbedingt für die Gesundheit im Alter oder für ein langes Leben – und die Folgen vieler ernährungsbedingter Krankheiten zeigen sich eben
erst in späteren Lebensabschnitten. Heutige Wildbeutergesellschaften kennen die typischen chronisch-degenerativen
Wohlstandserkrankungen wie Typ-II-Diabetes, Arteriosklerose und Fettleibigkeit zwar kaum, unklar ist aber, welchen
Anteil ihre möglicherweise »steinzeitliche« Ernährungsweise
daran hat. Auch unter den traditionellen Ackerbauern aus
Peru und Mexiko mit ihrer kohlenhydratreichen Kost aus Getreide und Knollen tauchen diese Erkrankungen selten auf.
Vermutlich wirkt sich der gesamte Lebensstil in Kombination
mit einer knapp gehaltenen Energiezufuhr und viel Bewegung
positiv auf die Gesundheit aus.

Weniger gesundheitsfördernd als lange angenommen
scheint hingegen die enorm fleisch- und fischreiche Kost der
ursprünglich lebenden Bevölkerung rund um den Polarkreis,
zum Beispiel die der Inuit, zu sein. Die verbreitete These, dass
traditionell lebende Inuit seltener an Herz-Kreislauf-Erkrankungen leiden, hat sich als sehr fragwürdig erwiesen. Diese

Gesundheitsfragen

Inuit sterben sogar öfter an Schlaganfällen als Menschen in Bevölkerungsgruppen mit westlichem Lebensstil.

Zwei Wochen nach meiner archaischen Fleischlust-Erfahrung mache ich die Probe aufs Exempel und lasse auf dem Teller meiner hungrigen Tochter fünf Stücke der fleischlichen Räucherknacker gegen ebenso viele einer rein pflanzlichen Wurst aus Weizenprotein antreten. Nun, gegessen hat sie alle, nur wollte sie danach unbedingt noch mehr vom Knacker. Ob das ein natürliches – im Sinne von evolutionär erworbenes – Verhalten ist, scheint mir ziemlich unerheblich zu sein. Zu wissen, wie die Menschen vor Tausenden von Jahren lebten, ist für mich nicht so wichtig. Wichtiger ist es für mich, zu wissen, wie die Tiere leben, deren Fleisch wir heutzutage essen. Das will ich mir genauer ansehen.

Bauernopfer

Von Mastställen, Schlachthöfen und dem Tod
auf der Weide

*Auf jeden Fall lautet die entscheidende Frage nicht,
ob Fleisch ohne Leiden produziert werden könnte,
sondern ob das Fleisch, das wir kaufen,
ohne Leiden produziert wurde.*

Peter Singer, australischer Philosoph und Ethiker,
in *Praktische Ethik*

Übler Gestank schlägt mir entgegen, als ich den Container öffne. Die Tiere leben ja noch, denke ich beim ersten Blick auf die Puten, die hier drin gelandet sind – als Ausschuss aus der Mast. Die einzigen Tiere, die sich da bewegen, sind allerdings nur Maden in ziemlich großer Zahl. Den Kadavergeruch schleppe ich mit ins Auto. Der schnittige neue BMW des Tierschützers scheint so gar nicht zu unserem Vorhaben zu passen. Wir wollen hier im Landkreis Cloppenburg, dem »Herzen« der industriellen Tierhaltung, Mastställen einen Besuch abstatten. »Ist nur geliehen, aber es gibt Situationen, in denen ein schnelles Auto vorteilhaft ist«, sagt Jan Peifer, der seit vielen Jahren als investigativer Journalist in Tierhaltungsbetrieben filmt. Immer mal wieder fragt er freundlich an, ob er Ställe anschauen darf, aber die Mäster scheuen die Öffentlichkeit und gewähren keinen Einblick. Also filmt er weiterhin ohne Genehmigung. Da macht er sich nicht nur Freunde, doch nur selten kam es bei seinen Recherchen zu unangenehmen Begegnungen. »Ich bin ein Schisser«, meint Jan. Für mich schwer vorstellbar bei diesem Job. Neben der Tierquälerei ärgert ihn besonders die gezielte Verbrauchertäuschung der Fleischindustrie, die den Konsumenten glauben lässt, die Produkte seien natürlich und hochwertig. Daher dokumentiert er die Missstände in der Tierhaltung, die sich hinter den meist nach Bauernhofidyll klingenden Produktnamen von Würstchen, Aufschnitt & Co. verbergen.

Fleischland

Im Verborgenen liegen die Mastbetriebe für Schwein, Huhn, Pute (Truthuhn) und Ente hier im Landkreis jedenfalls kaum noch. Dazu sind es inzwischen viel zu viele. Die Landschaft ist voll von ihnen und von den – praktischerweise gleich danebenstehenden – Futtermittelfabriken und Schlachthöfen. Mit etwa 45 Prozent der Gesamtbestände ist Niedersachsen quasi die Geflügelhochburg Deutschlands, mehr als die Hälfte aller deutschen Masthühner wird dort gehalten. Die menschlichen Bewohner hier leben offenbar nicht schlecht von der Nutztierhaltung. Die Wohngebiete aus neuen Einfamilienhäusern künden von Wohlstand. Ein gutes Drittel aller Betriebe des Landkreises Cloppenburg und rund 40 Prozent der Beschäftigten hier gehören zum Ernährungsgewerbe. Die Ge-

Bauernopfer

meinden Essen (!) und Emstek im Kreis Cloppenburg zählen
zu den Kommunen mit den höchsten Gewerbesteuereinnah-
men Niedersachsens. Vechta, der steuerkräftigste Landkreis,
liegt gleich daneben. Laut Eigenwerbung bilden die beiden
Kreise Cloppenburg und Vechta den »Kulturraum des Olden-
burger Münsterlandes«.

Wir steuern noch bei Tageslicht verschiedene Anlagen
an, um sie vom Auto aus in Augenschein zu nehmen. Einige
kennt Jan bereits, auch von innen. An einem Maststall prangt
Werbung für eine Fast-Food-Kette. Der nächste Imbiss, an
dem wir vorbeikommen, nennt sich »Fleischparadies«. In
diesem nahezu unterirdischen Landstrich – wir befinden uns
laut Navi einen Meter unter dem Meeresspiegel – scheint alles
mit Fleisch zu tun zu haben. Mein Hirn wird in der Dämmerung schon ganz wuschig. Wirft da nicht gerade jemand totes
Geflügel ins Feuer? Und ist das Hackepeter dort auf der Re-
klametafel? Nein, es sind nur rote Geranien. Vielleicht bin ich
etwas nervös. Besser erst mal was essen. Pommes gibt es zum
Glück überall.

Die Region produziert nicht nur Fleisch in Massen, auch er-
neuerbare Energien liegen hoch im Kurs. Die Felder mit Raps
und Energiemais stehen mancherorts noch jetzt im Herbst,
dazwischen Windräder, und neben den Mastanlagen blähen
sich die Tanks von Biogasanlagen auf. Gülle und Mist zur Gä-
rung gibt es hier zweifellos mehr als genug. Und nahezu jedes der mehrere Hundert Meter langen Dächer der Mastställe
ist mit Solarzellen gepflastert. Das trübe Wetter scheint nicht
ganzjährig vorzuherrschen. Uns kommt der Nebel heute gelegen, der Vollmond würde unser nächtliches Treiben eher er-

schweren. Jan ärgert sich, dass er sein Nachtsichtgerät vergessen hat. »Aber früher ging's auch ohne«, tröstet er sich.

Das Navi lotst uns in die Nähe unseres ersten Besuchsobjekts. Ich fühle mich wie ein Ganove bei *Aktenzeichen XY*, als ich Handschuhe und Sturmhaube anziehe und wir ins Dunkel der Nacht tauchen. Putenmastanlagen sehen nachts von Weitem aus wie lange grüne Lichterketten. Durch die Kunststoffrollos der seitlichen Fenstergitter schimmert das Kunstlicht, das fast rund um die Uhr brennt, um die Futteraufnahme der Tiere anzuregen. Ein paar Dutzend Meter vor der Anlage hören wir ihr Gurren, es klingt wie ein Schwarm Gänse am Himmel. Die Masse an Truthühnern ist beklemmend, wenngleich ich nicht die ganze Länge des Stalls überblicken kann. Bis zu 20 000 Vögel würden in dieser Art von Ställen leben, erzählt Jan. Drei Ställe stehen hier dicht beieinander.

Entenhausen

Ein Wassergraben trennt uns von der nächsten Station unserer Tour. Ich will weder nass werden noch kneifen, es hilft nur ein sehr beherzter Sprung. Die Anlage ist besetzt mit Pekingenten (»Einmal die 92, süß-sauer, mit Reis«). Süß sind die kleinen Entenküken, die neugierig durch den Torspalt linsen. In großen Gruppen kuscheln sie sich im Aufzuchtstall aneinander. Wie ein riesiger Schwarm Hornissen klingt das Schnattern der erwachsenen Tiere im benachbarten Maststall. Pekingenten sind viel größer als Stockenten. Das Gefieder dieser Tiere hier ist struppig und verdreckt. Enten hätten

Bauernopfer

in der Mast etwas mehr Platz als andere Vögel, weil sie sich mehr bewegen müssten, um Fleisch anzusetzen, erklärt mir Jan. Aber auch sie wachsen zu schnell. Daher sehen sie so unproportioniert aus und bekommen Gleichgewichtsstörungen. Manche Enten liegen deswegen hilflos auf dem Rücken und kommen nicht mehr auf die Beine. Ich denke lieber nicht darüber nach, was mit ihnen passiert. Pro Ente verdient der Landwirt lediglich 22 Cent. Da kann er sich nicht mit einzelnen Tieren aufhalten.

Das Bayerische Landwirtschaftsministerium empfiehlt Neueinsteigern die Pekingentenmast. Investitionen seien vor allem dann lukrativ, wenn sich die Pekingente vom Saisonal- zum Ganzjahresgeflügel entwickeln würde. Ganzjahresgeflügel! Damit ein landwirtschaftlicher Familienbetrieb 50 000 Euro im Jahr einnimmt, rechnet das Ministerium vor, muss er 34 000 Entenmastplätze haben und eine Viertelmillion Tiere im Jahr verkaufen. 2011 schlüpften in Deutschland 22 Millionen Entenküken zum Gebrauch. Beim derzeitigen Pro-Kopf-Konsum in Deutschland von nur 1 Kilo Entenfleisch pro Jahr geht wohl noch was. Vom Schwein verdrückt der Durchschnittsdeutsche satte 40 Kilo. Die Mast sei zudem »wegen der Robustheit des Wassergeflügels« interessant, so das Ministerium. Bademöglichkeiten gibt es natürlich keine in diesen Anlagen. Die Enten gründeln daher in der Einstreu, sodass ihre Nasenlöcher dauerhaft verstopfen. Die Tiere können sich auch nicht reinigen. Manche haben schon keine Federn mehr auf dem Rücken, oder diese sind verklebt vom langen Liegen. Nach drei Wochen im Aufzuchtstall und weiteren vier Wochen im Maststall werden die Enten bei rund 3 Kilo Lebendgewicht

Entenhausen

»ausgestallt«. So sind bis zu 13 Durchgänge pro Jahr möglich.

Neben Pekingenten sind auch Warzenenten beliebt. Sie werden im Handel vorzugsweise unter dem Namen Flugenten oder Barbarie-Enten verkauft und »leben« ebenfalls in Intensivmast, dürfen also weder fliegen noch schwimmen. Aus Mangel an Beschäftigung und weil sie den Stress mit zu vielen Artgenossen besonders schlecht ertragen, neigen sie zum gegenseitigen Bepicken. Da sie schärfere Schnäbel als Pekingenten besitzen und das Federpicken den »Schlachtkörper« beeinträchtigen würde, werden bei den Jungtieren die schmerzempfindlichen Schnäbel gestutzt – und zwar ohne Betäubung. Da sie zudem Krallen an den Zehen haben, werden die Krallen im Akkord ratzfatz mit abgeschnitten, sodass häufig gleich der mittlere längere Zeh abgetrennt wird. Ansonsten hält man die Enten, um das gegenseitige Bepicken zu verhindern, auch gern im Dunkeln. Von diesen Haltungsbedingungen erfahre ich nicht durch vegane Tierbefreier, sondern durch den Verein PROVIEH, der sich für eine »artgemäße Nutztierhaltung« einsetzt.

Ein lautes Rasseln erschreckt mich. Aus einem Silo wird alle paar Minuten automatisch Futter zu den Tieren geleitet. Ad-libitum-Fütterung nennt sich das, also »All you can eat« für Enten, denn Fressen ist ihre einzige Aufgabe. Ach ja – und gefressen zu werden.

Dicke Luft

Zum nächsten Putenstall geht es zu Fuß quer über ein Feld, ausgerechnet jetzt kommt ein Auto in dieser gottverlassenen Gegend vorbei. Lieber nichts riskieren, also flach auf die Erde legen. Sie ist weich und glücklicherweise nicht frisch gedüngt. Die Luft im Stall ist staubig, der Gestank enorm. Um uns herum weichen Hunderte von Putern auf einem Belag von Streu, Federn und Kot zurück. Ihr Platz ist beschränkt, auch wenn sie noch nicht schlachtreif sind. Masthühner beiderlei Geschlechts hätten es nach 30 Tagen hinter sich, bei den Truthühnern hingegen lebten die männlichen Truthühner 20 Wochen, die Weibchen 14 Wochen unter diesen Bedingungen. Das sei schon übel, findet Jan. Der Mastplan im Stall verrät uns, dass die Männchen hier erst in der 13. Woche sind. Aus den etwa 50 Gramm leichten Küken wachsen bis zum Mastende Hähne mit einem Schlachtgewicht von über 20 Kilo heran. »Kurz vor der Schlachtung können sie sich gar nicht mehr bewegen, dann ist einfach kein Platz mehr da«, sagt Jan. In Deutschland werden fast ausschließlich Truthühner aus der schweren breitbrüstigen Zuchtlinie BIG 6 gehalten. Zuchtziel: maximale Ausschöpfung des genetischen Wachstumspotenzials. Die Fortpflanzung auf natürlichem Weg ist nicht mehr möglich, die Puten in den Zuchtbetrieben werden künstlich besamt. Ohnehin teilen sich weltweit nur drei Zuchtbetriebe mit ihren schnell wachsenden Zuchttieren den Markt auf. Auch in der Biohaltung, also der ökologischen Landwirtschaft, werden überwiegend schnell wachsende Hybride eingesetzt, das heißt gezielte Kreuzungen aus

Dicke Luft

unterschiedlichen Elternrassen. Da eine Nachzucht bei Hybriden nicht möglich ist, stammen die Bioputen mehrheitlich ebenfalls aus den konventionellen Qualzuchten der marktbeherrschenden Zuchtbetriebe (mehr dazu im Kapitel »Vegetarier sind Mörder!?«).

Anspruch und Wirklichkeit: Ökologische Tierproduktion

Seit dem Jahr 2000 definiert die EG-Öko-Verordnung neben dem ökologischen Pflanzenbau auch die Standards für tierische Erzeugnisse, die mit »Bio« oder »Öko« und dem staatlichen bzw. europäischen Biosiegel gekennzeichnet sind. (Ökologisch und biologisch sind in diesem Zusammenhang gleichbedeutende Begriffe.) Die Rahmenbedingungen für die Aquakultur von Fischen und anderen Wassertieren sind seit 2009 ebenfalls Teil der Öko-Verordnung. Die Verordnung verlangt die Einhaltung von Tierschutzstandards, die strenger sind als in der konventionellen Landwirtschaft. Offiziell zugelassene Kontrollstellen prüfen einmal jährlich unangemeldet, ob Betriebe, die ökologisch produzieren, die Bestimmungen einhalten. Konventionelle Betriebe hingegen werden von den Amtsveterinären nur stichprobenartig überprüft. Es gibt einzelne konventionelle Markenfleischprogramme wie NEULAND, die für die Tierhaltung teilweise deutlich strengere Vorschriften haben als die der EG-Öko-Verordnung.

In der Biolandwirtschaft ist die Zahl der Tiere an die Größe der landwirtschaftlichen Flächen eines Betriebes gebunden.

Bauernopfer

Es darf nicht mehr Dung aus der Tierproduktion anfallen, als zur Nährstoffversorgung für die Pflanzenproduktion ausgebracht wird. Rückstände von chemischen Pflanzenschutzmitteln und genetisch veränderten Organismen kommen in Bioprodukten nur durch Verunreinigungen zustande und daher nur in außerordentlich geringen Mengen vor. Ihr Einsatz ist nicht erlaubt. Es dürfen auch wesentlich weniger Antibiotika und chemische Medikamente verwendet werden. Die Ökobestimmungen sehen vor, dass die einzelnen Tiere mehr Platz sowie Zugang zum Freiland haben und sie zum Teil etwas länger leben. Deswegen nehmen etwa Hühnchenmäster nur Tiere, die langsamer wachsen als die hochgezüchteten Rassen. Hinsichtlich des Tierschutzes gehen die Bestimmungen der ökologischen Anbauverbände wie Naturland, Bioland und Demeter in einigen Punkten über die EG-Öko-Verordnung hinaus.

Die Bestimmungen sind das eine, leider sieht die Wirklichkeit häufig anders aus, schreibt das Johann Heinrich von Thünen-Institut (vTI) für Ökologischen Landbau. Das betrifft etwa die große Anzahl an Ausnahmegenehmigungen sowie den Einsatz von verschreibungspflichtigen Tierarzneimitteln, der ähnlich häufig vorkommt wie in der konventionellen Landwirtschaft. Außerdem sieht das vTI in der Praxis »teilweise eine wenig tiergerechte Haltung trotz Einhaltung aller Öko-Standards«. Schmerzhafte Eingriffe wie Enthornung, Kastration oder Amputationen ohne Betäubung sind teilweise erlaubt, wenngleich in den meisten Richtlinien der

Dicke Luft

ökologischen Anbauverbände nur in Ausnahmefällen. Die für die Intensivhaltung gezüchteten Tiere, die meist ebenso in Biobetrieben genutzt werden, zeigen häufig Fehlverhalten wie Kannibalismus und Federpicken. Die Lebensleistung und das Schlachtalter von Milchkühen und Legehennen aus ökologischer Haltung unterscheiden sich ebenfalls kaum von Lebensleistung und Schlachtalter in der konventionellen. Dazu kommt, dass die angestrebte Verwendung von 100 Prozent Biofutter bei einigen Tierarten zu gesundheitlichen Problemen etwa durch eine Proteinunterversorgung führen kann.

Die Knochen und Knorpel der Truthühnerbeine können mit dem schnellen Wachstum des übrigen Körpers nicht mithalten, daher sind im letzten Drittel der Mast die Gliedmaßen der Vögel häufig verformt. Durch Zucht wurde der Brustfleischanteil seit 1970 um ein Viertel auf 40 Prozent des Körpergewichts gesteigert, die Tiere können am Ende der Mast oft nicht einmal mehr richtig stehen. Inzwischen versucht man züchterisch, »den Schwerpunkt zu verlagern«. Fast alle Tiere haben krankhafte Veränderungen an den Füßen. Wir sehen einen Puter mit einer Brustblase. Durch das ständige Liegen im Kot kommt es am Brustmuskel zu Entzündungen mit Wassereinlagerung. Andere Vögel sind am Kopf oder Hals verletzt, obwohl auch hier allen Tieren die Schnabelspitzen gekürzt wurden. Dabei sind die Schnäbel eigentlich auch wichtige Tastorgane. Sie werden – wie zu erwarten war – genau

Bauernopfer

wie bei anderem Geflügel ohne Betäubung gekürzt, was anhaltende Schmerzen verursacht. Laut Tierschutzgesetz ist das vollständige oder teilweise Amputieren von Körperteilen grundsätzlich verboten, und ein mit Schmerzen verbundener Eingriff hat unter Betäubung zu erfolgen. Doch es gibt zahlreiche Einschränkungen. Die zuständigen Behörden billigen daher regelmäßig die Amputation der empfindlichen Schnabelspitzen (man spricht beschönigend vom »Schnäbeln«). Die Halter müssen lediglich glaubhaft darlegen, »dass der Eingriff im Hinblick auf die vorgesehene Nutzung zum Schutz der Tiere unerlässlich ist«. Geschnäbelt werden standardmäßig auch Hühner, und selbst in der Biohaltung sind Amputationen per Ausnahmegenehmigung zulässig.

Nicht nur in der Krankenbucht, einem vom übrigen Stall nur halbherzig abgetrennten Bereich, liegen Puter reglos am Boden. Ein Tier ist offensichtlich tot, eines ist wohl schon länger nicht mehr auf die Beine gekommen, andere stupsen oder behacken es bereits. Schön sind diese Vögel nicht gerade, dennoch empfinde ich Sympathie für sie, wenn ich sehe, wie sie uns neugierig beäugen. Und ich schäme mich für meine Artgenossen, die ihnen das hier zumuten. In einem abgetrennten Raum steht ein offener Tank mit Trinkwasser, daneben liegen mehrere Säckchen mit Antibiotika, die hier wohl direkt hineingeschüttet werden. Klar, dass bei dieser Art der Massenhaltung keine Einzeltiere behandelt werden, sondern gleich der gesamte Bestand. Antibiotika dürfen zwar in Deutschland nicht mehr als Wachstumsförderer verabreicht werden, dieser Nebeneffekt der Medikation dürfte den Mästern aber weiterhin willkommen sein.

Dicke Luft

Nicht alltäglich für mich, aber für die Puter: normales Gedränge in einer Putenmastanlage. (Quelle: Jan Peifer, www.tierschutzbilder.de)

Die letzte Anlage für heute beherbergt nochmals Puten. Wir können nur von außen reinschauen. Als ich die Lamellen einer Jalousie vor einem der großen senkrechten Lüftungsventilatoren hochklappe, bläst mir eine stinkende Staubwolke mitten ins Gesicht. Es brennt in Hals und Augen. Vor den Fenstern ist der Rasen wie von Schnee gepudert. Dann traue ich meinen Augen nicht. Schemenhaft nehme ich eine Pute im rotierenden Ventilator wahr. Jan bestätigt meinen Eindruck. Von der anderen Seite des Stalls aus sehen wir, dass sich an einigen Ventilatoren das innere Schutznetz gelöst hat.

Ich bin froh, kurz darauf im Hotel den Schlamm von den Schuhen und den Geruch vom Körper abduschen zu können. Die Bilder im Kopf bleiben.

Bauernopfer

Der Morgen danach

Bevor wir am nächsten Morgen Cloppenburg verlassen, machen wir noch Halt am Schlachthof. Direkt neben der Schlachterei gibt es den Truthahn-Shop, wohl eine Art »Factory-Outlet« oder Fabrikverkauf. Ich frage mich, ob auch so offensichtlich kranke Tiere, wie wir sie entdeckt haben, verarbeitet werden. Jan hat solche Tiere jedenfalls schon auf Transportern gesehen. Sie gelangen also anscheinend in die Schlachtung, und die Amtsveterinäre im Schlachthof haben viel zu wenig Zeit, um alle Tiere einzeln zu begutachten.

Den Autokennzeichen nach kommen viele Arbeiter des Schlachthofs aus Rumänien, Polen und Ungarn. Ein weiterer Schlachthof ist nebenan gerade im Bau. Alle paar Minuten kommt jetzt ein Lkw mit Schweinen an. Gestutzte Schwänze ragen aus den teilweise dreistöckigen Transportern. Das Ausladen können wir nicht beobachten, nur das Quieken tönt zu uns hinüber. Laut Hermann Focke, dem langjährigen Veterinäramtsleiter dieser Region, sterben auf dem Transport schon viele Schweine durch Überhitzung oder Stress. Beim Transport steht einem 100-Kilo-Schwein ein Platz von weniger als einem halben Quadratmeter (8 DIN-A4-Blätter) zur Verfügung. Nach Focke erreichen in Deutschland mehr als 400 000 Schweine jedes Jahr den Schlachthof nur noch tot. Die in diesem Schlachthof lebend ankommenden Tiere werden zu Fleisch- und Wurstspezialitäten der Region verarbeitet. Die Fleischreklamen auf den Lkws wirken auf mich noch immer appetitlich.

Der plattgefahrene Rest eines Masthuhns liegt im Kreisverkehr – offenbar vom Laster gefallen. Der Verlust für den Landwirt beträgt 9 Cent. Kein Wunder, dass vor den Mastbetrieben Müllcontainer für den einkalkulierten Ausschuss stehen. Ich wage bei den nächstbesten »Bauernhöfen« nochmals einen Blick, zunächst in einen Edelstahlbehälter vor einer Schweinemastanlage. Nur der Ringelschwanz und ein bisschen Haut lassen mich in dem Gekröse erkennen, dass dies mal ein Ferkel gewesen ist. Die Puten im nächsten Container wirken dagegen noch ganz frisch. Jan hat tatsächlich schon erlebt und dokumentiert, dass noch lebende Tiere im Abfall lagen. Das ist verboten, und ein Mäster eines bekannten Geflügelkonzerns wurde daraufhin auch schon einmal angezeigt, mit dem Resultat, dass dessen Mülleimer jetzt abgeschlossen sind.

Am Bahnhof verabschiede ich mich von Jan. Im Bahnhofsrestaurant gibt es heute Nudeln mit Putenhackfleischsoße. Etwas zu essen hole ich mir woanders.

Tierfilme

Ein paar Wochen später treffe ich Jan wieder. Wir sitzen im Restaurant, und ich lasse mir von ihm auf seinem Laptop selbst gedrehte Aufnahmen aus der Tierhaltung in deutschen Landen zeigen. Dazu gibt es Gulasch und Spaghetti Bolognese, vegan. Die Leute um uns herum sehen zwar nicht, was wir sehen, müssen aber unsere Kommentare ertragen. Jan hat schon nahezu sämtliche Nutztierarten in Deutschland gefilmt. Doch noch nie durfte er offiziell in Ställen drehen. »Haben die was zu verbergen?«, fragt man sich da doch. »Ge-

Bauernopfer

rade weil die niemanden reinlassen, bekommen meine Bilder Gewicht und gewinnen an Glaubwürdigkeit«, sagt Jan. »Im Grunde sehen die Ställe alle gleich aus«, fasst er seine Erfahrungen zusammen. »Praktisch alle Tiere in der Massentierhaltung werden aus meiner Sicht tierschutzwidrig und vor allem nicht artgerecht gehalten.« Die Probleme bestünden meist aufgrund der Enge. In der Mehrzahl der Fälle sei dies aber kein Missstand, der gesetzlich relevant wäre. »Die Behörden kann man informieren, wenn – so blöd das klingt – das Gebäude baufällig ist oder etwas runterzufallen droht. Oder wenn der halbe Stall voll toter Tiere liegt und man das Gefühl hat, da grassiert eine Seuche. Was die Tierhaltung angeht, gibt es kaum Möglichkeiten. Es gibt nur sehr wenige gesetzliche Vorgaben, und die, die es gibt, sind völlig unzureichend.« Leider seien zudem die Amtsveterinäre, die für die Ahndung von Missständen in der Tierhaltung zuständig sind, nicht zu gebrauchen, findet Jan. Und der Konsument denke sich, so schlimm wird's schon nicht sein. Bei Fleisch, das man ganz normal beim Metzger, im Supermarkt, im Restaurant oder Imbiss kauft, müsse man jedoch davon ausgehen, dass es aus ganz herkömmlichen Produktionsbetrieben komme. Man rede sich das schön, glaubt Jan. »Die Leute sagen ja oft: ›Ich kenn doch den Metzger, ich kenn den, der das Restaurant betreibt.‹ ›Schön, dass du den kennst‹, sage ich dann, ›und mag auch sein, dass der immer alles schön sauber macht. Aber das hat ja nichts damit zu tun, wo das Fleisch herkommt und unter welchen Umständen es produziert wurde. Der hat ja keinen eigenen Stall.‹ Das finde ich so absurd, dass die Leute von irgendwelchen äußeren Gegebenheiten darauf schließen, dass auch alles gut ist, was es dort zu kaufen gibt.«

Er zeigt mir als erstes herzerweichende Aufnahmen von Mastkaninchen. Sie gehören zu den wenigen Nutztierarten, die noch in Käfigen gehalten werden, dabei haben Kaninchen sehr empfindliche Pfoten. Für die Tiere ist diese Haltung eine Katastrophe, die Verlustrate liegt zwischen 15 und 20 Prozent. In Deutschland leben 25 Millionen so auf engstem Raum, ganz legal. Ein Tier in Jans Film hat sich im Futternapf eingeklemmt, er musste es schließlich aus der misslichen Lage befreien. Seine Ohren waren zudem durch die Käfiggitter hindurch bereits von Artgenossen angenagt worden. Ob das notleidende Tier vom Mäster entdeckt worden wäre, ist zweifelhaft. Andere Kaninchen haben aufgrund der starken Ammoniakdämpfe Augenentzündungen. »Der Halter wurde zwar angezeigt«, berichtet Jan, »es ist aber nichts passiert. Es gibt kein Gesetz, das die Haltung in dieser Form verbietet.« Das deutsche Tierschutzgesetz fordert zwar von einem Halter, seine Tiere verhaltensgerecht unterzubringen. Eine entsprechende Verordnung, die dies näher definieren würde, gibt es für Kaninchen jedoch nicht.

Broiler, Brust und Braten

Mit rund 67,5 Millionen Tieren führen die Masthühnchen zum Zählungsstichtag des Statistischen Bundesamtes am 1. März 2010 die Liste der Tierproduktion in Deutschland an. Der Bioanteil liegt mit 1,1 Millionen Masthühnern dabei weit unter

Bauernopfer

2 Prozent, und auch bei den Masthühnchen handelt es sich, wie bei den Puten, meist um Hochleistungszüchtungen aus einer Handvoll weltweit agierender Zuchtbetriebe. Die jährliche Gesamtzahl an männlichen und weiblichen »Gebrauchs-Schlachtküken« lag 2011 sogar bei rund 646 Millionen. Sie wuchsen, über das Jahr auf etwa acht Mastdurchgänge je Betrieb verteilt, zu Hühnchen heran. Produzenten wie Wiesenhof und Gutfried sprechen lieber von Hähnchen, obwohl männliche wie weibliche Tiere gemästet werden. Ob damit der Eindruck erweckt werden soll, dass es sich um die Brüder der Legehennen handelt? Schon seit Anfang der 1960er-Jahre gibt es getrennte Zuchtprogramme für Masthühnchen alias Broiler bzw. Brathähnchen und für Legehennen. Die bei den Masthühnern durch Zucht gesteigerte Futterverwertung führt zu einer grotesk hohen Gewichtszunahme von bis zu 60 Gramm pro Tag. Das Brustfleisch macht zum Mastende hin ein Viertel ihres Gesamtgewichts aus, dann wiegen die Tiere zwischen 1,5 und 2,5 Kilo. Im Schlachtalter der Masthühner von etwa 34 Tagen wiegen Legehennen hingegen gerade einmal 400 Gramm. Sie erreichen das Schlachtgewicht der Broiler erst nach 120 Tagen – da sind die gemästeten Hühnerkinder schon rund 90 Tage tot. Natürlich hat das rasante Wachstum der Masthühner gravierende Folgen für sie: Ihr Federkleid kann nicht mit dem Wachstum des Körpers mithalten. Da braucht es gar kein Federpicken mehr, um halb nackig zu sein. Gliedmaßen- und Skelettschäden sowie schmerzhafte Gelenkentzündungen und Sohlenballenveränderungen verringern ihre Bewegungsfähigkeit, die durch den Platzmangel in der späteren Mastphase ohnehin schon stark

Broiler, Brust und Braten

eingeschränkt ist. Zwei Drittel aller Schlachttiere haben verletzte Fußballen, die somit äußerst anfällig für Keime sind. Da jedoch die Füße vor der Fleischbeschau im Schlachthaus abgetrennt werden, werden derartige Verletzungen bei der Hygienekontrolle nicht berücksichtigt. Selbst bei artgemäßer Haltung mit Auslauf können diese überzüchteten Hochleistungstiere die Bewegungsangebote kaum noch nutzen. Dass die Hühner auch tatsächlich leiden, wurde wissenschaftlich belegt: Anders als gesunde Hühner bevorzugen lahmende Hühner Futter, das Schmerzmittel enthält. Nun, wer hätte das gedacht?

Eine weitere unschöne Begleiterscheinung der auf rasantes Wachstum abzielenden Zucht besteht darin, dass Fruchtbarkeit und Legeleistung stark nachlassen. Die Masttiere selbst pflanzen sich zwar nicht fort, aber ihre Eltern, die sie nie zu Gesicht bekamen, sollen dafür umso fruchtbarer sein und sich mehren. Diese müssen dazu aber hungern, weil sie sonst verfetten und nicht die erforderliche Leistung bringen, das heißt für genug Nachwuchs bzw. Nachschub sorgen. Bei der bei Masthühnchen üblichen Sattfütterung würde die Hälfte der Zuchttiere aufgrund der rapiden Gewichtszunahme nicht bis zum Ende der regulären Haltungsperiode von 68 Wochen überleben. Normale Hühner, die nicht auf rasantes Wachstum gezüchtet wurden, können unter artgemäßen Bedingungen übrigens ein Alter von fünf bis sieben Jahren und mehr erreichen.

Bauernopfer

Hohe Dichte

Nahezu die Hälfte der Masthühnchen lebt in Betrieben mit
Beständen über 100 000 Tieren, über 99 Prozent in Betrieben
mit über 10 000 Tieren. 20 bis 26 Hühner »tummeln« sich zum
Mastende hin auf einem Quadratmeter. Laut EU-Richtlinie
sind je nach Mastdauer Besatzdichten von 33 bis 42 Kilo Tier
je Quadratmeter vorgesehen. Selbst bei der Untergrenze entspricht das lediglich zwei Dritteln eines DIN-A4-Blattes pro
Tier. »Quetschhaltung« nennt der Bund für Umwelt und Naturschutz Deutschland (BUND) treffend das Platzangebot für
Masthühnchen. Es ist somit weitaus geringer als das Platzangebot für Legehennen in den inzwischen verbotenen Legebatterien, in denen sich 17 Hennen einen Quadratmeter teilten.
Kamerateams werden in Mastbetrieben daher üblicherweise
nur zu Beginn der Mast zugelassen, wenn die »Hähnchen«
noch klein sind und Platz haben. In der ökologischen Geflügelhaltung gibt es für die Anzahl der Tiere pro Stalleinheit
Obergrenzen: Bei Masthühnern sind es 4800, bei Puten 2500
und bei Legehennen 3000 Tiere. Die Biohühnchendichte ist
verschieden, je nach Bioverband und Stallsystem. Bei Bioland
und Demeter ist die Besatzdichte auf 10 bis 16 Tiere pro Quadratmeter begrenzt. Und die meisten Hühner in der Biomast
leben 80 Tage, also mehr als doppelt so lange wie ihre Artgenossen in herkömmlichen Mastbetrieben. Die Ställe entsprechen dabei denen in der konventionellen Haltung, aber
es gibt erhöhte Sitzstangen und einen Außenklimabereich.
Die 3 Prozent Freiland- und Biomasthühner haben darüber
hinaus für ein Drittel ihrer Lebenszeit Anrecht auf »Grünaus-

lauf« – theoretisch. Im Winter oder bei Schlechtwetterperioden muss das nämlich nicht eingehalten werden. So bleiben auch Biotiere unter Umständen ihr ganzes Leben im Stall. Zudem nutzen viele Hühner den Auslauf ins Freie nicht, wenn er schlecht strukturiert ist – beispielsweise keine Deckung vor Fressfeinden aus der Luft aufweist – oder sie den Freigang mangels erwachsener Vorbilder nicht erlernen.

Kollateralschäden

Nicht nur das ständige Liegen auf dem vollgekoteten Boden, auch die stark von Ammoniak belastete Luft reizt die Haut der Tiere. Flüssigkeit kann sich in Lunge und Bauchhöhle einlagern, die Leber verfettet, und die Immunabwehr ist geschwächt. Da verwundert es nicht, dass nahezu alle Masthühnchen im Laufe ihres kurzen Daseins mit Antibiotika behandelt werden, bisweilen mit vielen verschiedenen Präparaten. In der Hälfte der vom nordrhein-westfälischen Landwirtschaftsministerium untersuchten Fälle wurden die Antibiotika nur ein bis zwei Tage verabreicht, obwohl bei einer medizinischen Behandlung drei bis sechs Tage nötig wären. Das deutet darauf hin, dass die Antibiotika verbotenerweise lediglich als Wachstumsbeschleuniger eingesetzt wurden. Solange die Arzneimittelverwendung bei Geflügel nicht zentral erfasst wird, dürfte sich daran kaum etwas ändern, denn von dem System profitieren viele: Die Medikamente ermöglichen Wirtschaftlichkeit trotz Qualzucht und Qualhaltungsbedingungen, die behandelten Tiere wachsen schneller heran,

Bauernopfer

Tierarzt und Pharmaindustrie verdienen an den verkauften Präparaten, und die Verbraucher dürfen sich weiterhin über günstiges »Hähnchenfleisch« freuen. *Fleischwirtschaft online* berichtet, dass 2011 im deutschen Lebensmittel-Einzelhandel der Erlös mit weißem Fleisch, also Geflügel, um 3 Prozent zugenommen hat.

Jans Filmaufnahmen hier vor mir trüben die »Idylle«. Eigentlich gibt es Vorschriften, die besagen, dass man tote Tiere aus dem Stall entfernen muss. Doch die Hühner-Verlustrate während der Mast liegt bei über 5 Prozent. Ausgehend von 40 000 Tieren im Stall, kommen so 2000 tote Tiere pro Mastdurchgang zusammen, rund 60 am Tag. Bundesweit sind es über 30 Millionen im Jahr. Broiler werden lange vor der Geschlechtsreife geschlachtet, weil aufgrund des jugendlichen Alters die Folgen der Erkrankungen noch nicht voll durchschlagen und die Zahl der »Abgänge« vergleichsweise gering bleibt. Viele Tiere sterben dennoch an plötzlichem Herztod, andere verhungern oder verdursten, weil sie es nicht mehr schaffen, sich fortzubewegen. Ein Mäster in Jans Aufnahmen hat die toten Tiere einfach in eine Ecke geworfen und dort liegen lassen. Manche Tiere sind nicht mehr als solche zu erkennen, weil sie von den anderen plattgetrampelt wurden. Jan zeigt Aufnahmen aus einem Stall, der das für Tierfreunde nicht gerade empfehlenswerte QS-Prüfzeichen (Qualität und Sicherheit) tragen durfte, darin etliche tote Tiere, die nicht weggeschafft worden waren. Die Folge der Anzeige: Der Mäster musste wenige Hundert Euro Strafe zahlen.

Gänsefleisch ma da Schnabel uffmache

Rasantes Wachstum gibt es auch bei Gänsen, zumindest bei deren Lebern. Stopfleber (*Foie gras*) und die daraus hergestellte Gänseleberpastete ist eine in Frankreich als nationales Kulturerbe geadelte Delikatesse. Die Website *ich-liebe-kaese. de* rät, *Foie gras* als Vorspeise zu genießen, weil dann die Geschmacksknospen am aufnahmefähigsten seien, und sie niemals auf Brot zu schmieren, denn das wäre ein arger Fauxpas. Ob in Zukunft auch der Verzehr von geschnittener oder gebratener *Foie gras* als Fauxpas gilt, wenn die damit verbundene Tierquälerei nicht mehr akzeptiert wird? Zwar ist die Produktion von Stopfleber in den meisten europäischen Ländern verboten, nicht aber deren Verkauf. So kommen beinahe alle Stopflebern aus Frankreich, gefolgt von Ungarn und Bulgarien. Doch nicht allein die Lebern der zwangsgemästeten Tiere werden hierzulande verkauft, sondern auch der »Rest«. Nur ein kleiner Teil des in Deutschland angebotenen Gänsefleischs stammt auch von hier. Rund ein Viertel des Gänsefleischs und selbst ganze Tiere (ohne Innereien) dürften aus der Stopfleberproduktion stammen, erfahre ich von Jan. Das Fleisch ist praktisch ein Nebenprodukt der Fettleber. Anhand der Länder-Kürzel FR, HU und BG in dem auf Fleischerzeugnisse aufgedruckten Oval erkennt man zumindest, ob diese zuletzt in einem der drei Stopf-Länder verarbeitet oder verpackt wurden. Die ursprüngliche Herkunft des Produkts oder der Rohstoffe erfährt man leider nicht so leicht. Der Großteil der hierzulande angebotenen Stopfleberprodukte stammt übrigens nicht von Gänsen, sondern von Enten, weil die billiger zu halten sind.

Bauernopfer

Die Quälerei mit der Stopfleber beginnt schon früh. Nur die Lebern männlicher Küken wachsen schnell genug, daher werden die unwirschaftlichen weiblichen Küken nicht aufgezogen, sondern gleich getötet. Die Masttiere leben oftmals in Drahtkäfigen und werden über mehrere Wochen hinweg mehrmals täglich mithilfe eines dicken Rohres und Druckluft mit enormen fetthaltigen Breimengen im wahrsten Sinne vollgestopft. Verletzungen an der Speiseröhre sind an der Tagesordnung, zudem drückt die schnell wachsende Leber zunehmend auf die Lunge und andere innere Organe. Viele Tiere sterben, bevor sie das Schlachthaus erreichen. Weitere Details über diese Delikatesse, bei denen einem wahrlich der Appetit vergeht, sind im Internet nachzulesen. Bei Kilopreisen von zum Teil weit über 100 Euro dürften den meisten der Verzicht und die Ächtung von Stopfleber gar nicht schwerfallen. Aber man sollte sich nicht zu früh in Sicherheit wiegen: Recherchen der Tierschutzorganisation »Vier Pfoten« haben ergeben, dass die Daunen ungarischer Stopfgänse, bisweilen sogar im brutalen Lebendrupf »geerntet«, in Daunenjacken und -schlafsäcken namhafter Outdoor-Hersteller landen. Na denn gute Nacht!

Keine Gutenachtgeschichte

Piggeldy wollte wissen, was Schweineproduktion ist. »Frederick«, fragte Piggeldy seinen großen Bruder, »Frederick, was ist Schweineproduktion?« »Nichts leichter als das«, antwortete Frederick. »Komm mit!« Piggeldy folgte Frederick.

Keine Gutenachtgeschichte

Eine derartige Folge von »Piggeldy und Frederick« hat es beim Sandmännchen natürlich nie gegeben. Die Geschichte, wie die Wurst aufs Brot kommt, ist nicht wirklich etwas für Kinder und nicht wirklich erfreulich.

Auf der Website des Informationszentrums für die Landwirtschaft *proplanta.de* jubiliert man, dass im »Schweinejahr 2011« erstmals in der deutschen Geschichte mehr als 59 Millionen Schweine geschlachtet wurden – und das trotz des kurzzeitigen Einbruchs der Erzeugerpreise aufgrund des Dioxinskandals. Bei Schnitzelpreisen ab 5 Euro das Kilo dürfte der Verzicht auf Schweinefleisch schwerer fallen als der auf die teure Stopfleber. Beim Schwein darf es gerne noch etwas mehr sein. Schweinefleisch boomt sowohl in Deutschland als auch als Exportartikel. Mit über 5 Millionen Tonnen im Jahr ist Deutschland der größte Schweinefleisch-Produzent der EU und liegt weltweit auf Platz 3. Die Zahl der Betriebe nimmt zwar stark ab, die Tierbestände hingegen nehmen zu – und damit auch die Konzentration. Fast 90 Prozent aller deutschen Schweine lebten 2011 in Betrieben mit 500 und mehr Tieren, und immerhin fast 70 Prozent in Betrieben ab 1000 Tieren. In Mecklenburg-Vorpommern liegt der durchschnittliche Bestand an Schweinen bereits weit darüber. Für Regionen mit einer hohen Schweinedichte wie Vechta bedeutet das im Durchschnitt sogar über 3000 Schweine pro Betrieb, und mancherorts gibt es gar Bestände von mehreren Zehntausend.

Bauernopfer

Zucht-»Erfolge«

Schweine sind sehr neugierige und bewegungsfreudige Tiere mit einem ausgeprägten Sozialverhalten. Ihre Intelligenz ist mindestens vergleichbar mit der von Hunden. Außerdem sind sie, sofern sie die Möglichkeit dazu haben, sehr reinlich. Trotz der langjährigen Zucht und entgegen anderslautender Behauptungen von Vertretern der industriellen Tierhaltung haben Mastschweine weitgehend immer noch die gleichen Bedürfnisse wie in früheren Zeiten. Wenn man sie lässt, leben sie in Rotten und bauen sich Nester zum Schlafen und zum Gebären der Ferkel. Ihr Nahrungsspektrum ist bekanntermaßen groß, früher verwerteten sie Küchenabfälle oder fraßen auf abgeernteten Kartoffel- und Getreidefeldern. Das Deutsche Weideschwein, eine alte robuste Freilandrasse, ist allerdings schon seit 1975 ausgestorben. Fast alle Schweine in der heutigen Landwirtschaft sind Kreuzungen aus einer Handvoll überzüchteter Rassen, die schnell wachsen und mehr Rippen und daher auch mehr Koteletts haben. Das Herz dieser Tiere kann die Muskelmasse nicht mehr ausreichend versorgen, und ihr Skelett kann sie nicht mehr tragen. Eine Folge davon ist das hundeartige Sitzen von Mastschweinen – sie können sich einfach nicht mehr richtig auf den Beinen halten. Auch in der Biohaltung wird, wie bei anderen Nutztieren, bislang häufig auf konventionelle Züchtungen zurückgegriffen.

Haltungsschäden

Jan hat für mich wenig appetitliche Aufnahmen aus der Schweinehaltung dabei. Ein Schwein wackelt über einen kotverschmierten Spaltenboden, kaum in der Lage, sich auf den fleischigen Beinen zu halten. Die Hufe des Schweins verkanten sich mehrmals in den Spalten. Das passiert häufig und kann zu schmerzhaften und bleibenden Schäden an Hufen und Gliedmaßen führen. Laut einer Untersuchung von 2007 hält hinsichtlich der Spaltenweite kaum einer der Halter die aktuellen Vorschriften der Schweinehaltungsverordnung ein. Die Behörden tolerieren es. Legt man innerhalb der Schweinehaltungsverordnung einmal Verbesserungen für die Tiere fest, enthalten diese oft zusätzliche Formulierungen, die das Geforderte gleich wieder aufheben. Begründet wird so etwas dann mit einem Bestandsschutz für bereits schon länger genehmigte Haltungeinrichtungen, der technischen oder baulichen Unvereinbarkeit der Maßnahme mit der bestehenden Anlage oder gar mit dem Schutz der Tiere – wie etwa bei Amputationen und Ähnlichem, um gegenseitige Verletzungen zu verhindern.

Zwei Drittel aller Schweine leben auf Vollspaltenböden, ein weiteres Viertel lebt auf Teilspaltenböden. Kot und Urin werden darunter gesammelt. Das riecht natürlich nicht gut und ist eine Qual, gerade für Tiere wie Schweine, die einen noch stärker entwickelten Geruchssinn als Hunde haben. Ohne Einstreu leiden die Tiere erheblich an der mit Ammoniak belasteten Luft, die zu Lungenschäden führt. Häufig werden die Schweine von Husten geplagt. Die Lüftungskontrolle erfolgt

Bauernopfer

oft automatisch. Fällt die Belüftung aus, kommt es bei den Tieren schnell zu Sauerstoffmangel und Ammoniakvergiftungen. Wird dabei kein Alarm ausgelöst oder dieser ignoriert, können so mal eben 1000 Schweine ersticken. Dies ist durchaus schon vorgekommen, zum Beispiel im Mai 2011 im Kreis Mansfeld-Südharz. Im thüringischen Alkersleben traf es im Juni 2011 gar über 3000 Ferkel.

In den Genuss von Böden mit Einstreu kommen nur 6 Prozent der Schweine, und in Freilandhaltung leben abgerundet 0 Prozent (dahinter verbergen sich gerade einmal 51 500 Haltungsplätze von insgesamt über 29 Millionen). Selbst die Bioschweine leben beileibe nicht alle im Freiland. Laut des Bundes Ökologische Lebensmittelwirtschaft hat ein Biomastschwein wenigstens doppelt so viel Platz im Stall wie die konventionellen Leidensgenossen, das sind dann sage und schreibe anderthalb Quadratmeter. Zudem haben sie ein Anrecht auf eine Auslauffläche im Freien. Nur ist die oft winzig und erinnert eher an eine Art Außenklo.

Neben Atemwegsproblemen sind auch weitere Erkrankungen aufgrund von Züchtung und Haltung verbreitet. Jans Film zeigt Schweine mit großen blutroten Abszessen an den Beinen, die mich an Fruchtbonbons erinnern. Schweine, so erfahre ich später aus tierärztlicher Literatur, ertragen, ähnlich wie Rinder, selbst starke Schmerzen oft lautlos. »Manche Mäster legen kranke Schweine in den Zwischengang«, erzählt Jan, »wo sie keinen Zugang zu Wasser und Futter haben. Sie lassen sie dort sterben, weil das billiger ist, als sie vom Tierarzt totspritzen zu lassen.«

Keine Glücksschweine

Auf der laut Nutztierhaltungsverordnung vorgeschriebenen Fläche von drei viertel Quadratmeter pro Schwein können Mastschweine um 100 Kilo mit einer Länge von 1,2 Meter natürlich nicht zwischen Liege-, Kot- und Fressplatz trennen. Jan zeigt mir Aufnahmen, auf denen ein Schwein einem anderen ins Gesicht pinkelt, das aus Platzmangel nicht ausweichen kann. Die Enge ist durchaus beabsichtigt, weil die Tiere schneller zunehmen, wenn sie sich weniger bewegen. Sich gleichzeitig mit anderen Tieren abzulegen, ist auch nicht möglich. Zwar bevorzugen Schweine, gemeinsam zu fressen, doch statt des empfohlenen Verhältnisses von einem Fressplatz pro Tier kommen meist zehn oder mehr Tiere auf einen Fressplatz.

Nach der Nutztierhaltungsverordnung muss den Schweinen Beschäftigungsmaterial zur Verfügung stehen, das sie untersuchen und verändern können. Da auf Vollspaltenböden Stroh zum Spielen nicht geeignet ist, hängen in der Praxis meist nur Metallketten mit einem Stück Holz zum Draufherumnagen von der Decke. Das wird schnell langweilig. Das Minimum an Vorgaben der Nutztierhaltungsverordnung reicht daher keinesfalls aus. Aus Mangel an Beschäftigung, aufgrund eines gestörten Soziallebens und der massiven Einschränkung sonstiger Bedürfnisse sind Aggressionen und krankhafte Verhaltensweisen wie Stangenbeißen und Kannibalismus, also das Anknabbern von Artgenossen, weit verbreitet. Statt die Haltungsbedingungen zu ändern, bedient man sich anderer Methoden. Ein Präparat namens »Kani-

Bauernopfer

Stopp« wirbt damit, dass es gegen das unerwünschte kannibalistische Verhalten helfen soll und somit »Leistungsdepressionen« aufgrund von Verletzungen vermeide. Wie bei den anderen Nutztieren wird auch bei Schweinen das, was nicht passt, passend gemacht. Damit die Tiere sich ihre Ringelschwänze nicht gegenseitig abfressen, kupiert man diese – meist ohne Betäubung. Das Tierschutzgesetz verbietet das Kupieren eigentlich, ermöglicht aber genügend Ausnahmen, die nahezu ausnahmslos genutzt werden. Im Schlachthaus erkennt man Bioschweine an den noch intakten Schwänzen. Alternativ oder zusätzlich zur Schwanzamputation schleift oder kneift man die Eckzähne ab oder hält die Tiere in überwiegend dunklen Ställen im künstlichen Dämmerlicht. Dabei sind Schweine tagaktive Tiere. Wie Versuche gezeigt haben, ziehen sie 17 Stunden am Tag eine Beleuchtung vor, wenn man ihnen die Wahl lässt.

Kastratenfleisch

Es erscheint unter den oben genannten Bedingungen fast tröstlich, dass die Lebensdauer von Mastschweinen inzwischen nur noch ein halbes Jahr beträgt. Zu diesem Zeitpunkt sind die meisten von ihnen gerade geschlechtsreif. Damit die männlichen Tiere keinen Ebergeruch entwickeln, der vom Verbraucher nicht gewünscht ist, kastriert man über 20 Millionen im Jahr – meist ebenfalls ohne Betäubung. Auch das wünscht der Verbraucher vermutlich nicht, ist aber bis zum Alter von acht Tagen laut Tierschutzgesetz erlaubt. Das Gesetz verlangt zwar, »alle Möglichkeiten auszuschöpfen, um die Schmerzen oder Leiden der Tiere zu vermindern«, doch sogar eine anschließende Schmerzbehandlung bleibt häufig aus. Ein Kollege von Jan wurde Vegetarier, nachdem er bei einer betäubungslosen Ferkelkastration zugesehen hatte. Wer ihm nacheifern möchte, findet passendes Videomaterial im Internet. Die Bundestierärztekammer und andere Tierärzteverbände fordern eine schnellstmögliche Beendigung der betäubungslosen Kastration, auch wenn es ihrer Ansicht nach aufgrund der Größe der Bestände derzeit noch keine praxistaugliche Alternative gibt. Langfristig soll auf die Kastration ganz verzichtet werden. In den Niederlanden werden bereits 40 Prozent aller Eber nicht mehr kastriert, berichtet die Interessengemeinschaft der Schweinehalter. Die dortigen Supermärkte dürfen nämlich nur noch Fleisch von betäubt kastrierten Ferkeln verkaufen, das vermutlich teurer ist. Holländisches Kastratenfleisch wandert daher verstärkt in den Export. In Deutschland soll die betäubungslose Kastration 2017 verboten werden. In der ökologischen Tierhaltung ist sie bereits seit 2012 nicht mehr erlaubt.

Ökosäue

Bioschweine sind rar. Lediglich 150 000 Schweine (ein gutes halbes Prozent der amtlichen Schweinezählung vom März 2011) werden nach Angaben des Statistischen Bundesamtes »ökologisch bewirtschaftet«. Die niedrige Zahl erscheint mir umso erstaunlicher, weil ich häufig von Leuten höre, dass sie

Bauernopfer

»nur noch Biofleisch« kaufen. Aber in meinem Umfeld essen ja auch alle »schon viel weniger Fleisch als früher«. Diesem Trend eifert die Mehrheit wohl noch nicht nach.

Überrascht bin ich, dass 2011 im gesamten Lebensmittelsektor der Umsatz mit Bioprodukten lediglich bei 3,7 Prozent lag. Der Bioumsatz in Deutschland ist zwar mit über 6,5 Milliarden Euro der größte in Europa, doch anteilig führt Dänemark mit gut 7, gefolgt von Österreich und der Schweiz mit etwa 6 Prozent am jeweiligen Lebensmittelumsatz.

Ob Biofleisch wirklich die bessere Wahl ist, will ich von Jan wissen. »Jahrelang habe ich empfohlen: wenn Fleisch, dann bitte bio«, sagt er. »Aber seit ich die Biorecherche gemacht habe, kann ich den Leuten, die aus Tierschutzgründen kein Fleisch aus Massentierhaltung essen wollen, weil sie der Meinung sind, dass die Tiere dort nicht artgerecht gehalten werden, auch Biofleisch nicht mehr mit ruhigem Gewissen empfehlen. Aus meiner Sicht geht es den Tieren in der Biohaltung nicht besser, weil es selbst hier in erster Linie meist nicht um das Wohl der Tiere, sondern um Wirtschaftlichkeit geht.«

Zucht und Ordnung

Die Zuchtsauen zur Ferkelerzeugung leben zu 83 Prozent in Betrieben mit 100 und mehr Tieren. Klar, dass auch die moderne Zuchtsau Höchstleistungen bringen muss, was bedeutet, dass sie in zwei bis drei Würfen pro Jahr insgesamt etwa 25 Ferkel in die Welt setzt. Mit Hormonspritzen sorgt man für synchrone Schwangerschaften und Abferkeltermine.

Zucht und Ordnung

Jan zeigt mir Videoaufnahmen von festgeketteten trächtigen Säuen, die in langen Reihen in sogenannten Abferkelungsbuchten stehen. Dort werden die Säue spätestens in der letzten Woche der Schwangerschaft bis zum Abstillen der Ferkel gehalten. Üblicherweise verbringen sie schon die ersten vier Wochen nach der künstlichen Besamung ebenso bewegungslos in den ähnlich engen Kastenständen, bisweilen sogar die ganze Tragzeit von fast vier Monaten. In der Abferkelungsbucht und im Kastenstand, auch Eiserne Jungfrau genannt, sind die Säue so weit fixiert, dass sie nur noch auf der Stelle stehen und fressen oder liegen können. Auch ohne Einstreu versuchen sie, ihr Nestbaubedürfnis auszuleben, was natürlich nicht gelingt und zu Frustrationen führt. Statt drei bis vier Monate lang dürfen ihre Ferkel nur drei bis vier Wochen saugen. Das frühe Abstillen verursacht emotionalen Stress und gesundheitliche Probleme bei den Jungtieren – dafür gibt es dann Impfungen und Medikamente. Die Fixierung der Mütter »dient dem Schutz der Ferkel«, denn es kommt immer wieder vor, dass Ferkel erdrückt werden. Die Ursachen dafür werden im Platzmangel oder in den Verhaltensstörungen der überzüchteten Tiere gesehen. Die massive Einschränkung der mütterlichen Bewegungsfreiheit verringert die Ferkelsterblichkeit nur in den ersten zwei Wochen, aber nicht im Ganzen, denn das Zuchtziel »möglichst viele Ferkel pro Sau und Jahr« führt oft zu schwachen, unterentwickelten Ferkeln. Die Fixierung der Mütter ist zudem aus Tierschutzgründen abzulehnen, wegen der Folgen für Säue und Ferkel: Da sich Mutter und Kinder nicht beschnuppern können, kann kein normaler Kontakt aufgebaut werden. In der ökologischen

Bauernopfer

Haltung werden höchstens Problemsäue, die durch aggressives oder sonst wie gestörtes Verhalten auffallen, in einer Abferkelbucht fixiert – und auch nur für zwei Wochen. Unter den ökologischen Haltungsbedingungen kommt es nicht zu höheren Ferkelverlusten als in solchen mit »Ferkelschutzeinrichtungen«. Nach Ablauf einer zehnjährigen Übergangsfrist müssen Schweinezüchter ab 2013 trächtige Säue ab der fünften Woche nach der Besamung und bis eine Woche vor dem Abferkeln in Gruppen halten. Nach aktuellem Stand dürften bis dahin nicht alle Halter die dafür notwendigen Baumaßnahmen umsetzen können. Doch selbst wenn die Halter die neue Verordnung befolgen, verbringen die Säue immer noch knapp die Hälfte des Jahres fixiert in Kastenständen und Abferkelungsbuchten.

Weil die Zuchtsau bei diesen Anforderungen und Haltungsbedingungen schnell krank wird und ihre Fruchtbarkeit abnimmt, beträgt ihre Nutzungsdauer oft nicht einmal mehr zwei Jahre. Ihre Ferkel leben, sobald sie abgestillt sind, in kahlen Buchten ohne Streu und mit perforiertem Boden, wo sie Neugier, Bewegungsdrang und Spieltrieb nicht ausleben können. Kein Wunder, dass sie Verhaltensstörungen wie das Schwanzbeißen entwickeln. Mit 30 Kilo Lebendgewicht geht es dann ab in die Mastställe. Weil diese oft räumlich von den Aufzuchtbetrieben getrennt sind, werden schon die jungen Tiere über weite Strecken dem Transportstress ausgesetzt, lange bevor es auf den Weg zur Schlachtung geht.

»Das also ist Schweineproduktion«, sagte Frederick. Und Piggeldy ging mit Frederick nach Hause.

Zucht und Ordnung

Bewertung von Öko-Siegeln

PROVIEH, der Verein gegen tierquälerische Massentierhaltung, bewertet die Richtlinien des EU-Bio-Siegels, der ökologischen Anbauverbände, einiger Markenfleischprogramme und der Öko-Handelsmarken im Hinblick auf den Tierschutz. Zu den untersuchten Aspekten gehören Zucht, schmerzhafte Eingriffe, Fütterung, Krankheitsvorsorge, Verhaltensgerechtigkeit, Haltung, Transport und Schlachtung. Die Bewertung berücksichtigt nur die jeweiligen Richtlinien sowie ernsthafte Bestrebungen nach Verbesserung, aber nicht die bestehenden Ausnahmeregelungen oder die tatsächliche Situation in den Betrieben. Die höchste Punktzahl orientiert sich am »Klassenbesten«, sie bedeutet nicht, dass die Richtlinien aus Sicht von Tierschützern optimal sind.

Siegelbezeichnung oder Öko-Handelsmarke	Einschätzung von PROVIEH (0 bis max. 5 Punkte)
Staatliches Bio-Siegel / EU-Bio-Logo	3
Bio-Anbauverbände	
Biokreis e.V.	4
Bioland e.V.	4
Biopark e.V.	3
Demeter e.V.	5
Gäa e.V.	4
Ecoland e.V.	3
Naturland e.V.	4

Bauernopfer

Markenfleischprogramme	
NEULAND-Siegel	5
QS-Siegel	0
Thönes Natur-Verbund-Siegel	4
Öko-Handelsmarken	
ALNATURA, BioBio, EDEKA Bio, REWE Bio, Biotrend, B!O, Bio Sonne, GutBio, Natürlich Bio, Naturkind, Gallica – Geflügel, bio, Neuform, Von Hier, BioGreno, real BIO, tegut…, enerBIO	Die Öko-Handelsmarken sind gleichwertig zum staatlichen Biosiegel, das sie tragen. Nur wenige Handelsmarken tragen ein zusätzliches Siegel der Anbauverbände (zum Beispiel Bioland, Naturland).

Mehr dazu unter *www.provieh.de*

Wo die Sau zur Wurst gemacht wird

»Manchmal ist mir der Appetit auf Fleisch vergangen, das muss ich schon sagen«, erzählt mir Professor Klaus Troeger, Tierarzt und Leiter des Instituts für Sicherheit und Qualität bei Fleisch des Max Rubner-Instituts, einer dem Bundesministerium für Ernährung, Landwirtschaft und Verbraucherschutz (BMELV) unterstellten Forschungsanstalt. Er kennt die Verhältnisse in deutschen Schlachthöfen und sieht bei der Schlachtung die größten Tierschutz-Defizite der Fleischproduktion. Hier erlebt Troeger immer wieder Situationen, in denen Tieren starke Leiden und Schmerzen zugefügt werden, und dies sind keine Einzelfälle – es ist systembedingt.

Das geht schon los, wenn der Zutrieb der Tiere zur Betäubung nicht optimal verläuft und sie mit Elektrotreibern per

Stromstoß zum Weitergehen gebracht werden. »Den größten Stress empfinden viele Tiere, wenn sie vereinzelt werden, vor allem das Schwein«, erklärt mir Troeger. »Das ist etwas, das dem Schwein absolut widerstrebt.« Er und sein Team haben das anhand der Adrenalinwerte messen können, die in solchen Situationen sehr stark ansteigen. Dass ein Schwein von der Gruppe getrennt wird, geschieht hauptsächlich bei der Elektrobetäubung und in alten CO_2-Anlagen, in denen jedes Tier einzeln in ein dunkles Loch getrieben wird. Leider gibt es noch eine ganze Reihe solcher Anlagen. In der Gruppe stirbt es sich leichter. Genauer gesagt sterben die Tiere aber nicht im »CO_2-Bad«, dort werden sie nur narkotisiert.

Böses Erwachen

Mittlerweile ist die Betäubung mit CO_2 bei 90 Prozent der Schweine und zunehmend auch bei Masthühnern das Mittel der Wahl. Leider bleiben die Tiere nicht immer ausreichend lange bewusstlos. Manche Tiere erwachen wieder, bevor sie »gestochen« werden oder, noch schlimmer, falls der Stich in die Schlagader nicht richtig gelingt oder vergessen wird, auch erst danach. Das sei der Kardinalfehler in Schlachthäusern, so Troeger, dass nicht überprüft werde, ob die Tiere wirklich tot seien, bevor sie ins Brühbad kämen. Dort sollten eigentlich den bereits entbluteten toten Tieren die Borsten abgebrüht werden. Nur käme es immer wieder vor, dass Schweine auf dem Weg in den brühend heißen Dampf wieder das Bewusstsein erlangten. »Erkennbar ist dies bei der Fleischuntersu-

Bauernopfer

chung an einer Brühwasserlunge, das heißt, es war im Brühwasser noch mindestens ein Atemzug erfolgt«, erläutert die Seite *schlachthof.transparent.org*. Im Schlachthof nennt man die armen Schweine mit Wasser in der Lunge zynisch »Matrosen«.

Das Max Rubner-Institut hatte in deutschen Schlachthöfen bei Schweinen eine Fehlbetäubungs- bzw. Fehlentblutungsrate von 1 Prozent ermittelt. Bei Schlachtungen von 750 und mehr Tieren pro Stunde bleiben dem »Stecher« nur wenige Sekunden pro Schwein. Da kann schon mal ein Stich danebengehen, während am Band das Tier an einem Bein aufgehängt an seiner Schlachtlinie vorbeifährt. Oder der »Stecher« übersieht es gleich ganz. Selbst wenn das Tier beim Stechen noch vollständig betäubt ist, was auch nicht immer der Fall ist, kann es auf der sogenannten »Nachentblutestrecke« wieder erwachen. Bei rund 60 Millionen Schweineschlachtungen im Jahr wären dann mehr als eine halbe Million Tiere davon betroffen. Troeger kann nicht ausschließen, dass es auch bei Biotieren zu Fehlbetäubungen kommt. Zwar sind einige Schlachthöfe von Bioverbänden zertifiziert, aber ihm ist nicht bekannt, dass deren Kriterienkataloge von den gesetzlichen Vorgaben abweichen.

Allerdings, schränkt Troeger ein, habe sein Institut diese Fehlbetäubungs- und -entblutungsraten vornehmlich in mittelgroßen Betrieben festgestellt. Da seien die ganz großen Schlachthöfe im Vorteil, denn dort würden die Schweine so betäubt, dass sie überwiegend nicht mehr aufwachten. Selbst wenn einzelne bei der Entblutung übersehen würden, käme das Tier in der Brühung nicht mehr zu Bewusstsein. Da leide dann nur die Fleischqualität und nicht das Tier. In kleineren Schlachtbetrieben hingegen seien Schweine bislang oft nur 100 Sekunden in der CO_2-Anlage, so wie es der Gesetzgeber momentan als Minimum vorschreibe. Nach diesem kurzen »Gasbad« wachten Schweine allerdings auf jeden Fall wieder auf, wenn man nicht schnell genug sei. Daher müssten sie, so fordere es das Gesetz weiter, innerhalb von 20 Sekunden gestochen werden, nachdem sie aus der CO_2-Anlage kommen. Nur schafften das viele Betriebe nicht. Doch auch dafür gebe es wie so oft Ausnahmeregelungen.

Das EU-Tierschutzrecht verlangt zwar heute bereits eine angst- und schmerzfreie Tötung, diese ist jedoch höchstens in einer tierärztlichen Praxis möglich. Im Schlachthof oder gar bei Keulungen oder bei großen Mengen von Versuchstieren kommen arbeitstechnische Hürden ins Spiel. Die Schlachtverordnung verlangt daher auch nur eine Vermeidung von Schmerzen, die nicht »unvermeidbar« sind ...

Jahrelang hätten Troeger und seine Kollegen die Probleme in deutschen Schlachthöfen thematisiert und auch in den Betrieben immer wieder angesprochen – passiert sei kaum etwas. Doch als er es 2010 schaffte, das Thema in einem Politmagazin und den *Tagesthemen* zu platzieren, war die öffentliche Empörung einschließlich meiner eigenen groß. Auch die Schlachtindustrie selbst habe sich empört gezeigt. Es habe natürlich geheißen, das sei alles Quatsch und es gäbe keine Probleme. Aber die aufgebrachten Bürger hätten Protestbriefe bis hinauf zur Bundeskanzlerin geschrieben und Rechtsanwälte eingeschaltet. »Die Sache hat so viel Wellen geschlagen, dass der Protest bis heute nicht wieder einge-

Bauernopfer

schlafen ist«, sagt Troeger. Inzwischen sei unter dem Druck der Öffentlichkeit auch die Industrie bestrebt, Lösungen zu finden, und es gebe einzelne Betriebe, die bereits kontrollierten, ob jedes Tier ausreichend entblutet sei. Aber noch sei so etwas die Ausnahme. Die im Schlachtbetrieb anwesenden Tierärzte könnten diese Kontrolle nicht leisten – das sei unmöglich bei der Anzahl der Aufgaben und der zu schlachtenden Tiere. »Da muss das System funktionieren, also die Schlachttechnik«, fordert daher Troeger. »Da müssen Vorrichtungen sein, die sicherstellen, dass die Tiere definitiv tot sind, wenn sie in die Brühung gehen, und daran wird inzwischen gearbeitet.« Ab 2013 müssen laut EU-Schlachtverordnung alle Betriebe der überwachenden Behörde immerhin entweder ein Kontrollsystem oder die irreversible Betäubung nachweisen. Ich vermute aber mal, dass es auch dann »Ausnahmen« geben wird.

Atemnot statt Schinkenrot

Doch selbst wenn der Tod der Schweine vor der weiteren Behandlung gewährleistet ist, bedeutet das nicht, dass die Tiere sanft entschlafen, wenn sie in einer Gondel grüppchenweise ins CO_2-Bad hinabfahren. Die Schweine hätten nach dem ersten Atemzug im CO_2 schlagartig das Gefühl von Atemnot, berichtet Troeger, denn das Gefühl, keine Luft mehr zu bekommen, würde nicht durch Sauerstoffmangel ausgelöst, sondern durch einen Überschuss an CO_2. Ich selbst erinnere mich an das entsetzliche Gefühl, als ich als Kind ein Luftballonventil eingeatmet hatte, das nur noch Luft aus meiner Lunge hinausließ, aber keine mehr hinein. »Es ist allgemeiner Konsens und Stand der Wissenschaft, dass etwa die ersten 15 bis 20 Sekunden von deutlichen Erstickungssymptomen gekennzeichnet sind«, sagt Troeger. Anhand der Stresshormonausschüttung habe man sogar messen können, dass die Tiere erheblich litten. »Das ist auch aufgrund des Verhaltens der Tiere klar zu sehen. Die recken den Kopf nach oben, sperren das Maul auf und versuchen nach oben aus der Gondel rauszukommen. Das ist diese Phase, die man heute mehr oder weniger zähneknirschend akzeptiert, weil wir momentan keine besseren Methoden haben.« Mutige finden im Internet entsprechende Aufnahmen, zum Beispiel in der *Frontal21*-Sendung des ZDF vom 6. April 2010, die das beschriebene Verhalten der Schweine dokumentiert.

Zwar hat Troeger schon vor Jahren Versuche mit dem Edelgas Argon gemacht, das die Schweine absolut reaktionslos umfallen ließ. Doch zeigten sich danach Einblutungen in der Schinkenmuskulatur, weswegen das Verfahren in der Praxis nicht akzeptabel gewesen ist. Manchmal bin ich wirklich perplex, was in der Fleischproduktion als akzeptabel gilt und was nicht.

Und dazu Pommes

Bei Hühnern scheint die CO_2-Betäubung besser zu funktionieren. Auf einem Förderband fahren sie in einen Tunnel mit einem CO_2-Sauerstoff-Gemisch. »Da reagieren die Hühner

Bauernopfer

nicht so stark«, sagt Troeger, »fallen aber irgendwann trotzdem um.« Erst dann werden sie mit hochprozentigem CO_2 »endbetäubt«. Beim Schwein würde diese zweiphasige Betäubung das Leiden nur verlängern, so Troeger. Filmaufnahmen zeigen, dass auch bei den Hühnern einzelne Tiere offenbar unter Atemnot leiden. Dennoch hält Troeger die CO_2-Betäubung bei Masthühnern für besser als die sonst übliche Elektrobetäubung. Bei dieser hängt man die Tiere bei vollem Bewusstsein kopfüber an einem Förderband auf, von wo aus sie mit dem Kopf in ein Wasserbad getaucht werden, das unter Strom steht. Das Ausladen nach dem Transport, das Einhängen der Füße und die etwa 20-sekündige Fahrt über Kopf sind natürlich mit extremem Stress für die Tiere verbunden. Danach erfolgt meist die automatische Entblutung durch einen seitlichen Halsschnitt mit einem rotierenden Kreismesser. Dann geht es in die Weiterverarbeitung zu Grillhähnchen oder Chicken Nuggets. Wenn alles nach Plan verläuft. »Zumindest beim Geflügel ist vorgeschrieben, dass nach der automatischen Entblutung ein Mensch bereitsteht, der im Bedarfsfall nachschneidet, wenn das Tier nicht entblutet oder betäubt ist«, sagt Troeger. »Es ist zu hoffen, dass die Tiere nicht bei lebendigem Leib gebrüht und gerupft werden.«

Bei Rindern liegt die Fehlbetäubungsrate mit 5 bis 7 Prozent noch höher als bei Schweinen. Doch hätten die Rinder den kleinen »Vorteil«, dass die Entblutung kaum vergessen werden könne, weil die Rinderschlachtung in Deutschland selbst in Großbetrieben noch eine überschaubare Angelegenheit sei, findet Troeger. »Es mag schon sein, dass mal im Einzelfall die Tiere gestochen werden, ohne dass sie tief bewusstlos sind«, sagt er, »aber dass bei einem Tier die Entblutung vergessen wird, ist beim Rind schwer vorstellbar.« Bei Rindern erfolgt die »finale Betäubung« üblicherweise per Bolzenschuss ins Gehirn. Da das Gehirn aber ziemlich klein ist, ist die Wirkung nach dem ersten Schuss gelegentlich nicht so, wie sie sein sollte – nämlich dass das Tier gleich vollständig betäubt zu Boden geht. Dann muss nachgeschossen werden, bisweilen mehrmals. Man versucht die Situation zu verbessern, indem man den Kopf des Tieres vor dem Bolzenschuss fixiert. Doch sind die Tiere dann durch den Vorgang des Fixierens oft schon sehr stark gestresst und versuchen sich zu befreien. »Aber selbst bei guter Kopffixierung, das ist auch bekannt«, sagt Troeger, »müssen wir mit 1 Prozent an Tieren rechnen, die nachgeschossen werden müssen.«

Beim Rinderflüsterer

Blut und Tod hatte ich sehen wollen. Aus meiner Teilnahme an einer Rinderschlachtung wird nun aber nichts. Der Bauer Ernst Hermann Maier tötet zwar selbst, doch das macht er allein, für sich und für das Tier. Ich besuche ihn trotzdem. Er lebt mit rund 250 Rindern im schwäbischen Zollernalbkreis. Färsen, die geschlechtsreifen Kühe vor dem ersten Kalben, Bullen, Kühe und Kälber leben alle zusammen auf der Weide, das ganze Jahr draußen. Hier werden sie geboren, hier sterben sie auch, denn Maier schießt seine Tiere auf ihrer Weide ins Koma – nicht mittels eines Bolzenschussgeräts, sondern mit einem Gewehr. »Wir sind kein Gnadenhof, sondern ein

Bauernopfer

gnädiger Hof«, sagt Maier in breitem Schwäbisch. Immerhin leben die Tiere hier zum Teil 15 Jahre und länger, ein unvorstellbares Alter in der regulären Rinderhaltung, in der sonst selbst bei Milchkühen nach knapp fünf Jahren Schluss ist. Solange sie gesund seien, ließen sich auch ältere Tiere noch vermarkten, weiß Maier, als Hackfleisch, Wurst und Rinderschinken. Die übliche industrielle Tierhaltung ist für ihn alles andere als artgemäß, die Tiere seien hochgradig verhaltensgestört. Ihre Bedürfnisse würden völlig ignoriert. Alt könnten die Tiere unter diesen Bedingungen kaum werden, aber sie würden im Kindes- oder Jugendalter, wie Maier findet, auch noch unnötigerweise aus ihrem gewohnten Umfeld herausgerissen und dann unter Angst und Stress geschlachtet.

Rinderrealität

In Deutschland leben etwa 8 Millionen Mastrinder. Eine Intensivmast im Stall dauert zumeist anderthalb Jahre – und entsprechend kurz ist somit auch das Rinderleben. Der hohe Anteil an Kraftfutter verursacht bei den Tieren belastende Stoffwechselstörungen. Am Ende der Mast haben viele durch Trittverletzungen verursachte entzündete Schwanzspitzen, sofern diese nicht amputiert wurden. Für Mastbullen mit 600 Kilo sind 3 Quadratmeter Platz vorgesehen, obwohl Rinder Distanztiere sind und nicht gern dicht gedrängt stehen. Für die geschlechtsreifen konventionell gehaltenen Bullen gibt es wie auch für Milchkühe keine besonderen Haltungsvorschriften. Zwei Drittel von ihnen leben in Beständen von

Rinderrealität

100 und mehr Tieren. Knapp 5 Prozent der 12,5 Millionen deutschen Rinder einschließlich Milchkühen werden nach den Vorgaben des Ökolandbaus gehalten. Biorinder müssen immerhin regelmäßig Auslauf haben. Dennoch lebt nach Angaben des Bundes Ökologische Lebensmittelwirtschaft etwa ein Drittel der ökologisch gehaltenen Milchkühe in Anbindehaltung. In kleinen Biobetrieben wird sie auch künftig erlaubt bleiben, sofern die Tiere Sommerweidegang haben und im übrigen Jahr zweimal wöchentlich für eine Stunde rausdürfen. Gerade für die Kälber mit ihrem hohen Bewegungsdrang ist die Anbindehaltung eine Tortur.

Auch ein Viertel aller Mastrinder lebt noch in Anbindehaltung. Knapp drei Viertel der Mastrinder leben in sogenannten Laufställen, wo sie immerhin Bewegung bekommen, auch wenn der Platz oft eng bemessen ist. Die Mehrheit der Laufställe besitzt allerdings Spaltenböden, die häufig Gelenk- und Klauen-, also Hufverletzungen verursachen. Die Arbeitsgemeinschaft für artgerechte Nutztierhaltung findet für die Laufställe den Ausdruck »Schleich«-Stall treffender, da die Rinder auf dem rutschigen, vollgekoteten Boden lediglich schleichen können. Besser sind Laufställe mit sogenanntem Festmist, wo Kot und Harn nicht durch Spalten ablaufen, sondern mit der Einstreu, idealerweise Stroh, einen trittfesten Belag bilden. Wenigstens ein gutes Drittel aller Mastrinder durfte nach Angaben der jüngsten Landwirtschaftszählung des Statistischen Bundesamtes im Sommerhalbjahr 2009 meist ganztags auf die Weide. Entgegen manch trügerischen Klischees liegt Bayern mit nur 13 Prozent beim Anteil der Weidegänger ganz hinten, weiß das Statistische Bundesamt. Aber selbst eine Weidehaltung sei per se noch längst keine freie Rinderhaltung, findet Landwirt Maier. Dazwischen könnten Welten liegen. So ließe man in der noch recht natürlichen Mutterkuhhaltung zur Erzeugung von Fleischrindern die Tiere in aller Regel auf die Weide, diese Haltungsform habe aber den Nachteil, dass man nach sieben bis neun Monaten die Jungtiere von den Muttertieren trenne, etwa um sie im Stall weiter zu mästen. Das traumatisiere Kälber und Mütter, erzählt Maier. »Die Tiere schreien dann in der Regel drei Tage und drei Nächte am Stück.«

Die Kuh, die lacht

Man erreiche nie eine artgemäße Haltung, wenn man lediglich die bestehenden Haltungsbedingungen verbessere, aber an den Zielsetzungen festhalte, möglichst viel oder möglichst gutes Fleisch, gute Milch oder was auch immer zu produzieren, glaubt Maier. Man könne den Nutztieren so höchstens das Leben erleichtern. Artgemäß könne eine Haltung nur sein, wenn sie sich kompromisslos nach den Bedürfnissen der Tiere richte. Dabei sei deren vollständige Befriedigung sogar vergleichsweise einfach. Maiers Philosophie: Zuerst das Interesse der Tiere, dann darf man nach der Wirtschaftlichkeit schauen und wie beides zusammengeht. Und dass es zusammengehen kann, hat er bewiesen.

Uria nennt er seine Tiere, benannt nach dem Auerochsen oder Ur, der Wildform unserer Hausrinder. Seine Fleckvieh-Herde wurde nicht nur immer größer, sondern hat sich auch

Die Kuh, die lacht

stark verändert, seit sie so frei lebt. Die Hörner wachsen wieder mehr nach oben, wie beim Auerochsen. Sie seien selbstständig und stolz geworden, sagt Maier.

In der konventionellen Rinderhaltung werden den Tieren ohne Betäubung die Hornansätze ausgebrannt, obwohl das, wie man inzwischen weiß, Schmerzen verursacht. Hörner sind keine leblosen Anhänge, sondern gut durchblutete Knochenfortsätze, die von toter Hornsubstanz überzogen sind. Sie spielen eine wichtige Rolle bei der Kommunikation der Rinder untereinander. In der Biohaltung ist immerhin eine Betäubung Pflicht. Nur in Demeter-Betrieben müssen die Hörner dranbleiben. Mal wieder dient eine Verstümmelung dem »Schutz der Tiere« – sie sollen sich in den engen Ställen nicht verletzen. Die Uria werden nicht enthornt. Sie tragen noch nicht einmal Ohrmarken. »Eine Kuh mit Ohrmarken sieht doch scheiße aus«, sagt Maier. Die Marken liegen im Haus, die Tiere sind am Hals durch Mikrochips unter der Haut gekennzeichnet, auch wenn bei ihm keines mehr lebend die Weide verlässt. Es hat gedauert, bis Maier das durchsetzen konnte, doch der fast 70-Jährige hat schon ganz andere Kämpfe mit Behörden ausgefochten. Jetzt stehen wir an der Hauptweide. Er kennt alle Tiere einzeln, nur die Namen kann er sich nicht so gut merken wie seine Tochter, der die Rinder seit Langem gehören. Ein Tier läuft auf ihn zu, Barnie. Maier nähert sich ihm langsam, spricht leise mit ihm, es klingt fürsorglich. Man spürt Maiers Zuneigung. Er selbst sagt, dass er ein partnerschaftliches, freundschaftliches Verhältnis zu den Tieren habe. »Wir lassen die Tiere herkommen, wir streicheln die. Wir jagen die Tiere auch nicht fort, wir laufen um sie rum.

Bauernopfer

Sie merken so unsere positive Einstellung ihnen gegenüber, eine gute, keine schlechte. Ich habe keine Angst vor den Tieren. Sie sind meine Freunde, das spüren die ganz genau.« Mit vielen Tieren verbinde ihn eine wirkliche Freundschaft, sagt er, so auch mit Barnie. »Da gibt es viele, auch unter den Bullen, aber nicht alle. Man kann nicht zu 250 Tieren eine persönliche Beziehung haben. Aber eine positive Einstellung hat man zu allen, und die auch zu mir. Wenn die betreuende Person als etwas Negatives empfunden wird, wird's kritisch. Bei so einer Herde wie hier, in der es 40 erwachsene Bullen gibt, wird's in so einem Fall richtig gefährlich. Dann ist es nicht mehr lustig.«

Achten und Schlachten

Plötzlich galoppiert eine Kuh mit einem aufreitenden Bullen direkt an uns vorbei, andere Bullen folgen. Kastriert wird hier kein Tier. Die Zahl der Schlachtungen richtet sich entsprechend nach den Geburten. Zwei Tiere pro Woche muss er »rausnehmen«. Bei den Bullen halten sie die besten Tiere, die sich oft fortpflanzen sollen, möglichst lange in der Herde. Auf die Machtbalance zwischen den erwachsenen Bullen müssen sie ebenfalls achten. Bei den weiblichen Tieren fällt die Auswahl schwerer. Entweder sind es jüngere Tiere ohne Kälber oder aber Kühe, die ein Kalb verloren haben oder nicht mehr trächtig werden. »Man muss aufpassen, dass man keine sozialen Strukturen zerstört. Wir schlachten nie eine Kuh, die noch ein Kalb hat, und nie ein Jungtier, solange die

Mutter nicht wieder ein neues hat. Da achten wir ganz strikt drauf. Das haben wir auch erst lernen müssen.« Zu der Zeit, als er seine Tiere noch zum Schlachten abholen ließ, gab es die Kuh Anna, die nach der Geburt ihres dritten Kälbchens, Aline, nicht wieder trächtig wurde. Maier verkaufte Mutter Anna zum Schlachten. Er dachte sich: »Die Aline ist groß und braucht ihre Mutter nicht mehr. Ja von wegen.« Das bis dahin fröhliche und zutrauliche Kälbchen stand dabei, als Maier seine Mutter auf einen Hänger auflud und sie für immer verschwand. »Das war nachher so vergrämt und so verstört.« Jahrelang zeigte Aline Trauer und ließ sich nicht einmal berühren. Seither wird bei Maier keine Kuh mehr geschlachtet, deren Jungtiere noch nicht geschlechtsreif sind. Freundschaften auseinanderzureißen lässt sich allerdings nicht ganz vermeiden. »Man kann nicht alles, aber man kann schon viel machen, gerade bei der Mutter-Kind-Beziehung«, sagt Maier.

Der Rinderkiller

Die Schlachtung ist für Maier eine heilige Handlung, und wer ihm länger zugehört hat, glaubt ihm das sogar. Das Tier muss er für den Erhalt und das Weiterleben der übrigen Herde opfern. Denn im Winter müssen die Heurechnungen bezahlt werden, und es fehlt auch an Platz für noch mehr Tiere, schon jetzt sind es einige zu viel. Maier schießt nicht zum Spaß mit dem Gewehr auf die Tiere. »Das ist blutiger Ernst«, sagt er. »Ich muss mich überwinden, ein Tier zu töten. Das ist nicht so schön. Ich fühle dem Tier gegenüber, das ist das Problem.

Bauernopfer

Aber das ist der Dienst, den ich dem Tier erweisen muss, der letzte. Und wir versuchen es hier so gut wie möglich zu machen. Wenn ein Tier schon getötet werden muss, möchte ich nicht, dass es vorher noch Qualen erleidet, dass es umeinandergekarrt wird. Das ist doch alles unnötig. Wenn ich es dann geschossen habe, fühle ich nicht mehr so arg viel. Okay, es ist immer noch mein Tier, und ich streichle es auch. Aber in dem Moment ist es weg, da ist die Seele des Tieres nicht mehr da. Ob man das jetzt Seele nennt oder nicht, ist wurschtegal. Aber Fakt ist, bis zum Schluss ist etwas da – und plötzlich ist es weg.«

Auf Tierschutzveranstaltungen ist Maier häufiger anzutreffen. Gelegentlich wird er dann als Mörder bezeichnet. »Das ist auch richtig«, gibt er ernsthaft zu. »Ich bin tatsächlich ein Mörder, weil vorsätzliches Töten Mord ist, oder? Ich bin ein professioneller Killer, wenn man so will. Ich muss jede Woche zwei Tiere vorsätzlich killen. Wir versuchen mit allem, was in unserer Macht steht, den Tieren gerecht zu werden. Aber wir kommen um diese Schlachtungen nicht herum. Schön wär's, aber es geht nicht, leider.« Maier würde die Herde sogar weggeben, ohne einen Cent dafür zu nehmen, gäbe es jemanden, der seinen Tieren ein zumindest ebenso schönes Leben bieten und dabei auf Schlachtungen verzichten könnte. »Da hätte ich gar kein Problem damit.« Er kann auch verstehen, wenn Menschen Fleisch völlig ablehnen. »Kritisch wird es meiner Meinung nach dann, wenn man meint, dass man dadurch alle Probleme gelöst hätte. Aber das ist ganz bestimmt nicht der Fall. Natürlich ist der Fleischkonsum, wie er heute überwiegend praktiziert wird, der totale Wahnsinn, also dieses massenhafte Fressen von Fleisch. Wenn ich auf einer Tagung bin, da sehe ich junge Frauen, die sich schon morgens mit Wurst vollstopfen. Das ist doch bescheuert. Was braucht man zum Frühstück schon Wurst? Man kann das natürlich machen, aber es ist eigentlich unmöglich.«

Der Rinderrebell

Als er in den 1960er-Jahren den elterlichen Betrieb übernahm, hatte Maier acht Milchkühe und deren Kälber. Er wurde aber nie Vollzeitlandwirt. Er baute zuerst einen Vertrieb für Landmaschinen auf, später errichtete er nebenher Stahlhallen. Als der Staat wegen des Milchüberschusses Prämien an die Bauern zahlte, die auf Mutterkuhhaltung, also Fleischproduktion, umstellten, wollte Maier das auch. Nur musste er seine Tiere erst schlachten lassen, um an die Prämie zu kommen. »Mein Verhältnis zu den Tieren war zwar gut, aber überschattet von der verdammten Rennerei nach dem Geld, dem Umsatz, den Firmeninteressen. Ich war ein bisschen eine Krämerseele geworden durch das ewige Verkaufen«, gibt er zu. »Ich habe mich verleiten lassen, meine Kühe abzuschlachten. Sie wurden abgeholt von einem Viehhändler und zum Schlachthof transportiert, dann gab es diese Prämie. Ich habe mich nachher für diesen Schritt zu Tode geschämt. So was würde ich nie mehr tun.« Aus den verbliebenen Kälbern wurde nach und nach eine Herde von rund 30 Tieren. Dass er sie irgendwann gar nicht mehr von der Weide holte, war eine Notmaßnahme, weil die Arbeit nicht mehr zu schaffen war. »Wir haben dann die Viehschutzhütte ein bisschen zugenagelt, sodass es nicht mehr ganz so durchgepfiffen hat und die Tiere einfach draußen gelassen. Da haben welche im Dorf gesagt: ›Jetzt haut's ihm voll den Zünder raus, wie kann man nur, diese armen Tiere.‹ Den Tieren ging es aber gut. Die sind ja in der Lage, im Winterklima ohne Weiteres draußen zu leben. Wenn die im Sommer über draußen waren, sind die abgehärtet, und es macht ihnen gar nichts aus.«

In der EU-Hygieneverordnung steht: »Es dürfen nur lebende Tiere in die Schlachtstätte verbracht und geschlachtet werden.« Maier erfüllt diese Auflage mit der »Mobilen Schlachtbox«, die er selbst gebaut hat. Die Box ist Teil seiner Schlachtstätte mit einem zweiteiligen Schlachtsystem. So kann das Tier vor Ort betäubt werden, in gewohnter Umgebung und ohne unruhig zu werden, und wird dann lebend in die Schlachtstätte gebracht. Während das Rind ruht oder schläft, schießt Maier ihm mit Schalldämpfer auf dem Gewehr einen »finalen Betäubungsschuss« ins Gehirn, von dem es nicht wieder erwacht. Dann bringt er die an einem Traktor befestigte Schlachtbox heran, lädt das Tier ein, lässt es entbluten und sterben. Währenddessen kann er das Tier in der Box zum anderen, fest stehenden Teil der Schlachtanlage auf seinem Hof bringen. Dort wird es weiter zerlegt. »Dem toten Tier ist es egal, wie man es behandelt, nur dem lebenden nicht«, sagt Maier. Gerade die Biokunden wollten ja keine Quälerei, weder beim Transport noch im Schlachthof. »Wenigstens bei der Schlachtung müsste man sehr schnell was ändern, vor allem im Biosektor. Die sitzen da auf einer Bombe, denn es ist nicht in Ordnung, so wie das heute noch

Der Rinderrebell

überwiegend abläuft. Die Betäubung der Tiere muss vor dem Transport erfolgen.«

Er selbst hat das nicht immer so gesehen. »Wir haben einen Metzger im Dorf gehabt, der hat damals noch geschlachtet. In der Nachbarschaft war ein kleines Schlachthaus, da hat man die Tiere hingebracht, das war eigentlich so noch ganz gut. Dann hat er seinen Schlachthof dichtgemacht, und man musste sie im Anhänger ein paar Kilometer nach Balingen fahren und dort schlachten lassen. Die Tiere hatten zuvor auch schon unter Stress gestanden, aber nicht über einen so langen Zeitraum. Ich bin da öfters dabeigestanden. Wenn man ein Tier verladen hatte, stand das da, war nassgeschwitzt, und die Tränen liefen ihm runter. Das war alles nicht schön, und du konntest nichts machen. Das ging so lange, bis 1986 der Bulle Axel dran war. Wir waren drei Leute, wir hatten ihn schon fest, und der Viehanhänger war da. Aber wir haben ihn nicht reinbekommen. Der hat getobt wie ein Verrückter. Wenn er nicht mehr konnte, weil er zu erschöpft war, dann hat er die Füße abgespreizt wie ein Sägebock und richtig geschrien. Das war grausam. Ich hab dann zu dem Metzgermeister gesagt, das könnten wir nicht mehr verantworten. Daraufhin fuhr der mit seinem Auto nach Balingen in den Schlachthof und erkundigte sich, ob wir den Bullen nicht vor Ort mit dem Bolzenschuss-Apparat betäuben dürften. Das ist dann auch passiert, und ich habe mich gefragt, warum nicht gleich so? Danach habe ich nie mehr ein Tier lebend transportiert. Nie mehr. Ich habe nicht gewusst, dass ich tote Tiere gar nicht zum Schlachthof transportieren darf. Bei den nächsten Schlachtungen hat man die Tiere angebunden und mit

Bauernopfer

dem Bolzenschuss-Apparat betäubt. Einige konnte man aber nicht anbinden, und so ein Apparat eignet sich nicht besonders für frei laufende Tiere. Irgendwann hatte ich einen Bullen nur angeschossen, also nicht richtig betäubt. In Schlachthöfen passiert ja alles Mögliche, aber mir ist es halt auch passiert. Der hat mich dann nicht mehr an den Kopf gelassen, natürlich, der war ein bisschen verletzt und scheu. Da bin ich zu unserem damaligen Revierförster gefahren und habe gefragt, ob er nicht das Tier schießen würde. Der tat mir den Gefallen. Warum nicht gleich so? Warum mit dem blöden Bolzenschuss-Apparat rumfummeln, wenn es Gewehre gibt? Dass der das nicht durfte, auf diese Idee wäre ich gar nicht gekommen. Ich habe gedacht, das machen wir jetzt immer so. Für einen Jäger ist es natürlich was ganz Tolles, wenn er mal so einen richtigen Bullen schießen kann und nicht bloß so ein armseliges Reh auf 50 Meter vom Hochsitz aus. Ich hatte daher keine Probleme, Jäger zu finden, die mir die Tiere schießen wollten. Die sind praktisch fast Schlange gestanden, waren aber auch ein Unruhefaktor für die Herde. Die Tiere haben diese fremden Personen oft misstrauisch beäugt. Ich habe dann gedacht, ich müsste das selber tun, das wär optimal.«

So ist es auch gekommen, doch zunächst gab es eine Anzeige, da ein Jäger einen Bullen nicht gleich beim ersten Schuss betäubt hatte. Bald darauf kam das Verbot, selbst vor Ort zu schlachten, und ein endlos langer Krieg mit den Behörden und Gerichten begann. Maier blieb stur.

»Diese Schlachterei macht mir eh keinen Spaß, ich würde die Tiere eigentlich viel lieber leben lassen. Und wenn ich jetzt nicht so schlachten darf, wie ich will, dann schlachte ich eben gar nicht mehr, so lange, bis ich die Genehmigung habe, dachte ich damals. Dass es über 13 Jahre dauern würde, hätte ich natürlich nicht erwartet. Die Tiere haben sich vermehrt. Wir hatten noch Fleisch in der Gefriertruhe. Als das zu Ende ging, sind wir Vegetarier geworden. Ich hab geschafft wie ein Blöder, um meine Heurechnungen zu bezahlen, die Tiere sind immer zahlreicher geworden, wir konnten nicht verkaufen oder nur einen Bruchteil von dem, was wir hätten sollen. Immer wieder mal eine ›Notschlachtung‹. Der Schlachthoftierarzt hat uns unterstützt.« Die offizielle Genehmigung für Maier, Tiere auf der Weide selbst mit einem Gewehr betäuben zu dürfen, kam im Jahr 2000 vom Verwaltungsgerichtshof Baden-Württemberg.

Milchsklaven

Die Scham vor den eigenen Gefühlen erschwere in der Landwirtschaft den Tierschutz, glaubt Maier. Tierhalter machten einen anstrengenden Job in einem Umfeld von anderen Bauern, Metzgern, Viehhändlern und Veterinären, in dem es ihnen schwerfalle, sich Gefühle für ihre Tiere einzugestehen. Wenn er aber mit den Leuten spreche, erfahre er, dass viele oft verbogen worden seien und ihre Not mit Zwängen hätten, die sie so gar nicht wollten. Auch seien Landwirte seiner Erfahrung nach im alten Denken gefangen, wie Landwirtschaft zu laufen habe; nur das erscheine ihnen normal. »Aber das ist nicht normal.« Maier weiß, dass es anders geht. Doch er sieht auch Grenzen bei der artgemäßen Rinderhaltung. »Man muss

Bauernopfer

ehrlich sein: Eine Milchviehhaltung kann niemals eine artgemäße Haltung sein. Es ist eine Sklavenhaltung. Es gibt sehr wohl milde Formen dieser Sklaverei, und es gibt Leute, die es gut machen und ihre Tiere lieben. Die nehmen den Kühen die Kälber gleich nach der Geburt weg. Dann ist der Trennungsschmerz am geringsten. Biobetriebe haben oftmals in ihren Richtlinien stehen, dass man die Kälber eine gewisse Zeit saugen lassen soll oder muss. Doch das halte ich für ganz verkehrt, denn wenn man ihnen nachher das Kalb wegnimmt, ist es noch schlimmer. Ich trinke Milch in meinem Kaffee, und ich weiß ganz genau, diese Kuh wurde nicht artgemäß gehalten, sonst hätte man sie nicht gemolken, sondern das Kälbchen hätte gesaugt. Die Kuh ist nicht erschaffen worden, um Milch für die Menschen zu geben. Der Mensch ist auf die Idee gekommen, und ich finde das nicht so verwerflich. Ich finde es nur absolut verwerflich, wenn in der Hochleistungs-Milchviehhaltung diese Tiere, sobald sie ausgepowert sind und nicht mehr trächtig werden, weggeworfen werden wie ein Stück Dreck. Dass man irgendeinen Viehhändler anruft und sie, wenn es ganz blöd läuft, womöglich noch im Libanon landen. Aber auch sonst ist es schon schlimm genug. Eine Milchkuh hat wenigstens verdient, dass man sie an Ort und Stelle betäubt und tötet. Alles andere ist verwerflich und nicht zu verantworten. Das predige ich vor allem meinen Biokollegen.«

Die Art und Weise, wie Fleisch in Deutschland produziert wird, ist für meine Ansprüche absolut unbefriedigend. Die Züchter, Mäster und Schlachtbetriebe achten bei ihrer Arbeit keineswegs darauf, dass die Tiere so wenig leiden wie

Milchsklaven

möglich, egal ob legal oder illegal, denn Tierschutzgesetz und Kontrollbehörden lassen ohnehin viel zu viele Ausnahmen zu. Um das Wohl der Tiere geht es meist nur dann, wenn es sich rechnet. Aber selbst, wenn so »ideale« Bedingungen wie bei Herrn Maier herrschen, reicht mir das nicht als Rechtfertigung für den kulinarisch motivierten Tod der Tiere. Dafür habe ich wohl schon zu lange die Gedanken über Tierrechte im Kopf, die mich eines Nachts plötzlich heimgesucht hatten. Es ist Zeit, meine Bedenken noch einmal auf den Prüfstand zu stellen.

Ist Fleischessen böse?

Philosophen, Schmerzen, Speziesismus

Eines Tages gingen Dschuang-Tsu und ein Freund
am Ufer des Flusses spazieren. »Wie wohl sich doch
die Fische im Wasser fühlen!«, rief Dschuang-Tsu aus.
»Du bist kein Fisch«, sagte sein Freund,
»wie willst du wissen, ob sich die Fische wohlfühlen?«
»Du bist nicht ich«, sagte Dschuang-Tsu,
»wie willst du wissen, dass ich nicht weiß,
dass sich die Fische im Wasser wohlfühlen?«
Der Freund entgegnete: »Sicher, ich bin nicht du,
doch ich weiß, dass du kein Fisch bist.«
Dschuang-Tsu sagte: »Ich weiß es aus meiner
eigenen Freude am Wasser.«

Taoistisches Lehrgespräch

Mitten in der Nacht irrte meine damalige Freundin (und heutige Frau) mit mir in einem leeren Lkw ohne Straßenkarte über wahrlich finstere tschechische Landstraßen nach Wien. Mein Umzug nach Berlin stand an. Viel Zeit zu reden. Sie hatte an der Uni gerade das Seminar »Suizid II« besucht. Es ging um den australischen Moralphilosophen Peter Singer, der sich in seinem Buch *Praktische Ethik* ausführlich Gedanken über das Töten von Menschen und Tieren gemacht hat. Meine Freundin war schon Vegetarierin, seit ich sie kannte. Das war kein Problem für mich, mein Fleischessen war auch keines für sie. Ich kann mich nicht an ernsthafte Diskussionen über Ernährungsfragen erinnern. Vermutlich dürfte ich die üblichen Argumente vorgebracht haben: Es liegt in der Natur des Menschen, es ist gesund, es schmeckt einfach so gut, und der Löwe frisst ja auch das Lamm oder so.

Das Leben ist kein Ponyhof

Heutzutage erstaunt es mich, wenn man sich als zur Moral fähiger Mensch im gegenseitigen Fressen und Gefressenwerden die Natur als Vorbild nimmt. Bei den Themen Gleichberechtigung, Partnerschaft oder Konfliktlösungen würde man zur Rechtfertigung menschlichen Handelns wohl auch nicht auf Vorbilder aus der Natur verweisen wollen (bestenfalls auf die Bonobos). Der Verweis auf die Natur ist umso eigentümlicher, als doch nahezu einzig die Freiheit, moralisch zu handeln, den Menschen von den Tieren unterscheidet. Sie ermöglicht es ihm, sich gegenüber auch nicht menschlichen Lebewesen rücksichtsvoll zu verhalten. Beim Essen wird diese wahrhaft menschliche Fähigkeit ignoriert und auf die Natürlichkeit des Tötens und Fleischverzehrs verwiesen. Dabei kennt die nicht menschliche Natur überhaupt keine Moral. Entsprechend spricht man in der Moralphilosophie schon lange vom naturalistischen Fehlschluss, wenn man vom Sein (der Welt) auf das Sollen, also auf moralische Re-

Ist Fleischessen böse?

geln, schließt. Ein solcher Fehlschluss begründet etwa das »Recht des Stärkeren«. Solch eine »Moral« gehört aber sicher nicht zu unseren zivilisatorischen Errungenschaften.

Der Antispeziesist

Noch zu meinen Wiener Zeiten war – trotz all meiner Fleischlust wie zum Beispiel auf »Blunzngröstel« aus Blutwurst vom Naschmarkt – in mir die Idee gereift, dass Fleisch aus artgemäßer Haltung die bessere Wahl sei. Mir genügte damals die Beteuerung meines Metzgers, dass der Schinken aus einer ebensolchen stamme. Natürlich aß ich überall sonst weiterhin alles Fleischliche, ohne mich über dessen Herstellung zu informieren. Auf der oben erwähnten nächtlichen Lkw-Fahrt jedoch gelangten mit dem Seminarbericht meiner Freundin neue Gedanken zu diesem Thema in mein Hirn und setzten sich dort fest. Das zentrale Argument des Moralphilosophen Peter Singer lautet wie folgt: Die Zugehörigkeit zu einer Spezies (Art) sei kein entscheidendes Kriterium dafür, ob ein Wesen moralisch berücksichtigt werden sollte oder nicht. »Wenn ein Wesen leidet, kann es keine moralische Rechtfertigung dafür geben, sich zu weigern, dieses Leiden zu berücksichtigen«, schreibt er in seiner viel diskutierten *Praktischen Ethik*. Für Singer sind die Empfindungsfähigkeit und dadurch bedingte Interessen entscheidend. Damit spricht er vielen Tieren den gleichen Grad an moralischer Berücksichtigung zu wie Menschen. Ihm geht es dabei nicht – ein häufiges Missverständnis – darum, Menschen schlechter zu behandeln, sondern

Der Antispeziesist

Tiere besser. Und das schlicht und ergreifend deshalb, weil er keine schlüssige moralische Rechtfertigung dafür sieht, gleichermaßen empfindungsfähige Lebewesen mit eigenen Interessen nicht in derselben Weise zu berücksichtigen wie Menschen. Er kritisiert daher einen (in Anlehnung an Rassismus, Sexismus und Ähnliches sogenannten) Speziesismus, denn dieser knüpfe die moralische Berücksichtigung an die Zugehörigkeit zur Spezies Mensch und nicht an tatsächlich moralisch relevante Eigenschaften. Für Singer ist es unerheblich, ob sich Arten in anderen Belangen erheblich unterscheiden. Solange ihre Empfindungsfähigkeit ähnlich sei, müssten ihre Interessen ähnlich berücksichtigt werden.

Mit dieser Neuformulierung eines alten philosophischen Problems hat Singer enormen Einfluss auf die Tierschutzethik der vergangenen Jahrzehnte ausgeübt und den Tierrechtsgedanken populär gemacht. Er war allerdings nicht der Erste, der Tieren moralische Rechte zusprach. Auch der Jurist und Philosoph Jeremy Bentham (1748 bis 1832) befand in seinem unter Vegetariern beliebten Zitat aus dem Jahr 1789, dass die Leidensfähigkeit das entscheidende Kriterium für die moralische Berücksichtigung sei: »Es mag der Tag kommen, an dem man begreift, dass die Anzahl der Beine, die Behaarung der Haut oder das Ende des Kreuzbeins gleichermaßen ungenügende Argumente sind, um ein empfindendes Wesen dem gleichen Schicksal zu überlassen. Warum soll sonst die unüberwindbare Grenze gerade hier liegen? Ist es die Fähigkeit zu denken oder vielleicht die Fähigkeit zu reden? Aber ein ausgewachsenes Pferd oder ein Hund sind unvergleichlich vernünftigere sowie mitteilsamere Tiere als ein einen

Ist Fleischessen böse?

Tag, eine Woche oder gar einen Monat alter Säugling. Aber angenommen dies wäre nicht so, was würde das ausmachen? Die Frage ist nicht ›Können sie denken?‹ oder ›Können sie reden?‹, sondern ›Können sie leiden?‹«

Der Wurstvegetarier

Als angehender Biologe war ich bereits zu der Ansicht gekommen, dass es keine prinzipielle Grenze zwischen Menschen und (anderen) Tieren gibt, sondern dass Arten lediglich verschiedene Eigenschaften besitzen, die sich zweifellos beträchtlich voneinander unterscheiden können. Somit war ich von Singers moralischen Überlegungen schnell zu überzeugen. Ich »konvertierte« zwar nicht ganz von heute auf morgen zum Vegetarismus, hörte jedoch bald auf, Fleisch zu kaufen und rationierte streng die Wurst. So wurde auf der Studienfahrt nach Russland eine einzelne Ziegenwurst mein wertvollster Proviant.

Die erste Herausforderung stand an, als die Ziegenwurst gegessen war. Während die meisten meiner Kommilitonen und vermutlich alle Russen auf der Forschungsstation mittags Hühnchenschlegel aßen, begnügten ich und zwei, drei vegetarische Mitstreiter uns mit Kartoffelbrei. Sonst nichts. Nach dem dritten Mahl hatte ich genug davon und aß ebenfalls Hühnchen. Meine alte Fleischlust war schnell wieder da, und ich vertagte meine Ernährungsumstellung. Nachts, zur Mittsommernacht am Polarkreis war es entsprechend hell, versuchte ich mich sogar im Fischfang, nur mit Angelschnur und Brot am Haken, blieb aber erfolglos. So musste ich mich an konservierte Bierwurst aus alten Armeebeständen halten. Auf der Rückreise im Zug schenkten mitreisende Russen Wodka in den dafür üblichen Wassergläsern aus. Dazwischen reichten sie unglaublich fette Wurstscheiben. Ob der Wodka für die Wurst nötig war oder umgekehrt, weiß ich nicht. Danach war ich jedenfalls endgültig Vegetarier.

Die Gewissensfrage

Intuitiv mögen die meisten Menschen die Ansicht vertreten, dass ein Mensch generell mehr wert sei als ein Tier. Doch worin bestehen moralisch bedeutsame Unterschiede, die solch eine Bewertung rechtfertigen? Für mich zeigen sich diese ziemlich offensichtlich in der bewusst wahrgenommenen Lebensqualität und Leidensfähigkeit. Zumindest im Vergleich zu Schwämmen oder Korallen, die wie der Mensch zum Tierreich gehören, aber über keinerlei bzw. kein zentrales Nervensystem verfügen. Aber schon bei den äußerst intelligenten Tintenfischen und erst recht bei Wirbeltieren wird es für mich schwierig, darüber zu urteilen.

Erstaunlicherweise ist es mir in meinen nicht gerade seltenen Gesprächen mit Fleischessern über das Fleischessen kaum gelungen, herauszufinden, nach welchen Kriterien sie die Interessen von Lebewesen berücksichtigen. Häufig tauchten Aussagen auf wie, dass man doch lieber einen Menschen aus einem brennenden Haus retten solle als ein Schwein. Bei Hunden waren die Prioritäten schon weniger eindeutig.

Ist Fleischessen böse?

Doch derlei Überlegungen erinnern mich an die konstruierten Szenarien der – mir glücklicherweise erspart gebliebenen – mündlichen Gewissensprüfung für Kriegsdienstverweigerer im Kreiswehrersatzamt, in der es zum Beispiel darum ging, dass einzig der Einsatz einer zufällig mitgeführten Maschinenpistole die eigene Freundin vor einer Vergewaltigung durch sowjetische Soldaten bewahren sollte.

Die Tötungsfrage

Im Alltag muss ich mich glücklicherweise nie zwischen Leben und Tod von Tier oder Mensch entscheiden, sondern nur zwischen dem Leben des Tiers und dem Genuss von Fleischmahlzeiten. Ich muss mich also noch nicht einmal fragen, ob ich Mensch und Tier gleichermaßen moralisch berücksichtigen will, sondern lediglich, in welchem Maße ich Leben oder Wohlbefinden von Tieren überhaupt berücksichtige. Will ich mir das Recht herausnehmen, das Leben eines Tieres für meinen Appetit zu beenden? Als Neuvegetarier war für mich das Leiden der Tiere während der Haltung und Schlachtung zwar ebenfalls von Bedeutung, aber nachgeordnet. Entscheidend fand ich die Tötungsfrage. Entsprechend war das Für-mein-Essen-keine-Tiere-töten-Wollen meine übliche Antwort auf die Frage nach dem Grund meines Fleischverzichts. Damit umzugehen war für Fleischesser vermutlich einfacher, denn hierzu hatten sie einfach eine andere Meinung, die zudem von der Mehrheit der Gesellschaft geteilt wird. Das Quälen von Tieren hingegen lehnen die meisten Menschen ab. Hätte ich gesagt, dass die Haltungs- und Schlachtbedingungen für mich nicht zu rechtfertigen seien, wäre es für die Fragesteller vermutlich unbequemer gewesen, sich zu positionieren. Über die tatsächlichen Bedingungen von Haltung und Schlachtung wusste ich damals jedoch nicht wirklich viel. So kam es nur selten zu einer Diskussion über das »Wie« der Nutztierhaltung, weil wir lieber darüber gezankt haben, ob Tiere überhaupt zum Essen getötet werden dürfen.

Die Leidfrage

Nach wie vor ist sich weder die Moral- noch die Rechtsphilosophie darüber einig, ob das Töten von Tieren überhaupt unmoralisch oder unrechtmäßig ist. Das EU-Tierschutzrecht hält – man höre und staune – Tiere als empfindungsfähige Lebewesen um ihrer selbst willen für schützenswert. Im ersten Paragrafen des deutschen Tierschutzgesetzes in der überarbeiteten Fassung von 1986 heißt es: »Zweck dieses Gesetzes ist es, aus der Verantwortung des Menschen für das Tier als Mitgeschöpf dessen Leben und Wohlbefinden zu schützen. Niemand darf einem Tier ohne vernünftigen Grund Schmerzen, Leiden oder Schäden zufügen.« Es mag verwundern (oder nicht), dass es keine Definition dafür gibt, was denn als »vernünftiger Grund« gilt. Im Unterschied zu einer auf den Menschen bezogenen (anthropozentrischen) Ethik wird diese im Tierschutzgesetz vertretene Sicht als pathozentrisch (vom griechischen *pathos*: Leid, Schmerz) bezeichnet. Dabei messen jedoch Gesetz und Gesellschaft eindeutig mit zweierlei

Ist Fleischessen böse?

Maß, was sich nur speziesistisch begründen lässt. Die Interessen bewusst empfindender Tiere sind nachrangig, sofern sie mit menschlichen Interessen konkurrieren.

Es erscheint dabei paradox, dass die meisten den Tod von Tieren weniger berücksichtigenswert empfinden als ihr Leiden oder Wohlbefinden. Verbesserungen in der Tierhaltung sollen Leid vermeiden, das Töten selbst aber wird nicht thematisiert. Die große Mehrheit der Bundesbürger findet es jedenfalls gerechtfertigt, Tiere zu Nahrungszwecken zu töten oder, korrekter, töten zu lassen. Die Beweislast, dass es dabei ein moralisches Problem gibt, liegt daher scheinbar aufseiten der Fleischkritiker. Der Leiter des veterinärmedizinischen Instituts für Tierschutz und Tierverhalten in Berlin, Professor Jörg Luy, sieht es anders als die Mehrheit der Bundesbürger. Der Tierarzt und Philosoph hat seine Doktorarbeit über »Die Tötungsfrage in der Tierschutzethik« geschrieben. Wer behauptet, dass es kein moralisches Problem sei, Tiere zu töten, ist nach Meinung von Luy dazu verpflichtet, auch den Nachweis dafür zu erbringen – denn schließlich seien im Falle einer Fehleinschätzung die Tiere die Leidtragenden.

Der Tod ist auch kein Ponyhof

Das Problem diskutieren die Philosophen offenbar schon seit einigen Jahrtausenden. Der Grieche Epikur (341 bis 271 v. Chr.) hat dazu zwei Postulate aufgestellt, die für viele Philosophen bis heute eine wichtige Bewertungsgrundlage für moralisch richtige und falsche Handlungen sind. (Postulate sind die Vorannahmen, die jeder Argumentation zugrunde liegen. Nur wer ein Postulat akzeptiert, wird auch bereit sein, den darauf aufbauenden Argumenten zu folgen. Sind diese logisch korrekt, müssen auch die Schlussfolgerungen als richtig anerkannt werden. Daher kann es bei einer Diskussion hilfreich sein, sich zunächst auf gemeinsam anerkannte Postulate zu verständigen.) Das erste Postulat Epikurs besagt, dass alles Gute und Schlimme auf Empfindung beruht. Das zweite, dass der Tod in der Aufhebung von Empfindung besteht. Der Tod hat, weil er von niemandem empfunden wird, keinen moralischen Status. Damit wäre die angst- und schmerzlose Tiertötung kein moralisches Problem, ebenso wenig aber die angst- und schmerzlose Tötung von Menschen. Letzteres dürfte wohl niemandem behagen.

Der Skeptiker Descartes

Berüchtigt für seine Haltung gegenüber Tieren ist bis heute der »große Aufklärer« René Descartes (1596 bis 1650). Er sah in Tieren nur seelenlose Automaten, deren Tötung oder Quälen moralisch kein Problem sei. Bekanntlich setzte er die Schreie von Tieren mit dem Quietschen einer Maschine gleich. Indizien für das Vorhandensein einer Seele sowie der Fähigkeit zu leiden seien allein die Sprache und die Vernunft, behauptete er. Damit waren die Tiere für ihn raus. Als Skeptiker hielt er das Fehlen einer tierischen Vernunft zwar für nicht nachweisbar, gleichwohl hielt ihn das nicht davon ab, sich gegen den Grundsatz »im Zweifel für den Angeklagten« – und

Ist Fleischessen böse?

damit gegen die Tiere – zu entscheiden. Descartes sah darin einen Vorteil für den Menschen: »Somit ist diese meine Überzeugung nicht so sehr grausam gegenüber den Tieren als vielmehr etwas, womit ich den Menschen, zumindest denen, die sich nicht dem Aberglauben der Pythagoräer [dem Vegetarismus, Anm. d. Autors] verschrieben haben, einen Gefallen tue, indem ich sie von dem Verdacht entlaste, mit dem Verzehr oder dem Töten von Tieren ein Verbrechen zu begehen.« Unheimlich, dass man bisweilen noch heute auf Menschen trifft, die glauben, Tiere könnten keine Schmerzen spüren, weil sie kein Bewusstsein hätten, das den Schmerz wahrnimmt und bewertet. So behauptet der britische Philosoph Peter Carruthers (Jahrgang 1952!), dass der Schmerz von Tieren ungehört in ihrem Bewusstsein verhalle, weil ihnen ein Selbstbewusstsein fehle. Diese unbewussten Schmerzen seien, so Carruthers, moralisch nicht berücksichtigenswert.

Mangelndes Selbstbewusstsein

Derlei Schlussfolgerungen erscheinen mir insbesondere deshalb reichlich vermessen, weil bislang bei Laien wie Wissenschaftlern nur sehr unscharfe Vorstellungen davon existieren, was Bewusstsein und Selbstbewusstsein überhaupt bedeuten. Hier kann mir der philosophische Tierarzt Jörg Luy weiterhelfen. Das, was durch Narkose (Allgemeinanästhesie) ausgeschaltet wird, nennt er Bewusstsein, doch Luy spricht dabei lieber von »bewusster Empfindungsfähigkeit«. »Das ist medizinisch präzise, da so auch die pathozentrisch rele-

Mangelndes Selbstbewusstsein

vante Allgemeinanästhesie bzw. die finale Betäubung vor der Schlachtung korrekt eingeordnet werden kann, die mit uneingeschränkter Erregungsleitung über die Nerven, aber mit ausgeschaltetem Bewusstsein verbunden ist.« Will man darüber hinaus die teils heftigen, aber unbewussten Reaktionen auf Schmerzreize (Nozizeption) – etwa bei einem OP-Eingriff oder einer Schlachtung – abstellen, muss man zusätzlich Schmerzmittel zur Narkose verabreichen. Erst dadurch wird die Schmerzreaktion unterbunden. Daraus folgt, dass eine bloße Reiz- oder Schmerzreaktion noch kein ausreichendes Anzeichen für deren bewusste Wahrnehmung oder für ein Bewusstsein ist (mehr dazu im Kapitel »Von Aal bis Zander«).

Selbstbewusstsein geht noch darüber hinaus und bezeichnet das Erleben der eigenen Person. Ob ein Selbstbewusstsein vorhanden ist, lässt sich bei Tieren vor allem dadurch überprüfen, ob und wie sie auf ihr Spiegelbild reagieren. Das Bestehen dieses sogenannten Spiegelselbsterkennungstests gilt als notwendiges, aber nicht unbedingt ausreichendes Kriterium für Selbstbewusstsein. Menschen bestehen den Test mit zwei Jahren. Auch Schimpansen, Orang-Utans, Delfine, Elstern und Elefanten sind offenbar dazu in der Lage, des Weiteren möglicherweise Tauben, Kapuzineraffen und junge Schweine! Gorillas meiden direkten Blickkontakt, begutachten ihr Spiegelbild entsprechend gar nicht und scheitern daher beim Test. Eine Ausnahme bildet hier einmal mehr die berühmte (fleischliebende) Gorilladame Koko.

Selbstbewusstsein kann die Qualität von Schmerz oder Wohlbefinden positiv wie negativ beeinflussen: Im Guten etwa bei einer mir notwendig erscheinenden Zahnbehand-

Ist Fleischessen böse?

lung, im Schlechten bei leichten Kopfschmerzen, die ich für einen Hirntumor halte. Es erscheint mir dagegen abwegig, wie der Philosoph Peter Carruthers zu glauben, dass Empfindungen ohne Selbstbewusstsein gar keine moralisch zu berücksichtigende Qualität haben sollten – das würde dann nämlich nicht nur viele Tiere betreffen, sondern streng genommen auch Menschenbabys, die den Spiegelselbsterkennungstest ja auch nicht bestehen.

»Wie viel Persönlichkeit darf in einem Braten stecken?«, fragt hier der Vegetarierbund bei einer öffentlichen Aktion.

Vernunft und Verträge

Im Unterschied zu Descartes bestreitet der Philosoph Baruch de Spinoza (1632 bis 1677) nicht, dass Tiere Empfindungen haben. Er nennt diese Affekte, befindet jedoch, dass es erlaubt sein solle, »sie nach Gefallen zu gebrauchen und zu behandeln, wie es uns am besten zusagt, da sie ja von Natur nicht mit uns übereinstimmen, und ihre Affekte von den menschlichen Affekten der Natur nach verschieden sind«. Die Idee, man dürfe Tiere nicht schlachten, sei daher »mehr auf leeren Aberglauben und weibisches Mitleid als auf die gesunde Vernunft gegründet«. Er kann, wie auch Immanuel Kant (1724 bis 1804), aufgrund seiner Argumentation den als »Kontraktualisten« bezeichneten Philosophen zugeordnet werden. Diese begründen die moralische Berücksichtigung von Lebewesen durch ihre Fähigkeit, gegenseitige Verträge (Kontrakte) abzuschließen – was natürlich nur der Mensch kann. Auch Kant glaubt, dass der Mensch daher keine direkte moralische Verpflichtung gegenüber den »vernunftlosen« Tieren habe. Einen Nutzen im Tierschutz sieht er dennoch, aber allein, weil dieser von Vorteil für die zwischenmenschlichen Beziehungen sei. Man nennt dies das »Verrohungsargument«. Kant sieht somit den Menschen in der »Pflicht der Enthaltung von gewaltsamer und zugleich grausamer Behandlung der Thiere ..., weil dadurch das Mitgefühl an ihrem Leiden im Menschen abgestumpft und dadurch eine der Moralität im Verhältnisse zu anderen Menschen sehr diensame natürliche Anlage geschwächt und nach und nach ausgetilgt wird«. Immerhin argumentiert er somit für einen Schutz der Tiere,

Ist Fleischessen böse?

wenngleich aus anthropozentrischen, also auf den Menschen bezogenen Motiven heraus. Die schnelle Tötung landwirtschaftlicher Nutztiere zur Fleischproduktion hält er für moralisch zulässig.

Viele nachfolgende Philosophen kritisierten die letztlich eigennützige Argumentation der Kontraktualisten. Mir selbst erscheint sie auch wenig sympathisch. Gerade in moralischen Fragen halte ich uneigennützige Motive für durchaus angemessen.

Mitleid mit Schopenhauer

Etwas besser gefällt mir da schon Arthur Schopenhauer (1788 bis 1860). Für ihn ist Mitleid die zentrale moralische Triebfeder. Er formuliert daraus zwar keine Handlungsanleitung (normative Ethik: »du sollst«), sondern will nur beschreiben (deskriptive Ethik: »so ist es«), allerdings wird seine Norm bisweilen deutlich: »Mitleid mit Tieren hängt mit der Güte des Charakters so genau zusammen, dass man zuversichtlich behaupten darf, wer gegen Tiere grausam ist, könne kein guter Mensch sein.« Er empört sich über die »vermeinte Rechtlosigkeit der Tiere«, über den »Wahn, dass unser Handeln gegen sie ohne moralische Bedeutung sei«, räumt Tieren also moralische Rechte ein. Anders als etwa Descartes postuliert Schopenhauer, dass es zwischen Tieren und Menschen in moralisch relevanten Bereichen keine gänzliche Verschiedenheit gebe. Gleichwohl hält er wie Spinoza die Leidensfähigkeit von Tieren für geringer als die von Menschen, weil er glaubt, dass diese mit der Intelligenz zunehme. Er hat auch nichts gegen eine schmerzfreie Tötung von Tieren, weil man mit einem nicht mehr existierenden Wesen nicht mehr mitleiden könne. Da ist er offenbar ganz auf Epikurs Kurs vom Ende aller Empfindungen im Tod. Mir persönlich genügt das nicht als Rechtfertigung für einen moralischen Freibrief zur schmerzfreien Tiertötung. Vielleicht reicht Mitleid allein doch nicht aus?

Gleiches gleich behandeln

Den nächsten wichtigen Schritt in Richtung Tierrechte tat Eduard von Hartmann (1842 bis 1906), der auf Schopenhauers Argumentation aufbaut. Er ersetzt den Begriff Mitleid aber durch Gerechtigkeitsgefühl. Da er eine Identifikation mit Tieren für möglich hält, fordert er, den Gleichheitsgrundsatz (Gleiches gemäß seiner Gleichheit auch gleich zu bewerten und gleich zu behandeln) zu berücksichtigen. Dieser ist auch als Gleichheitssatz bekannt und stellt seit der Aufklärung eine unbestrittene Grundlage der Gerechtigkeit dar, wie etwa im Artikel 3 des Deutschen Grundgesetzes (»Alle Menschen sind vor dem Gesetz gleich ...«). Umstritten ist jedoch, inwieweit dieses Gerechtigkeitsprinzip auch zwischen Menschen und Tieren gilt, was sich in der Speziesismus-Diskussion zeigt – also der Diskussion darüber, ob Angehörige einer anderen Spezies unterschiedlich (laut Speziesisten) oder gleich zu behandeln sind (laut Antispeziesisten). Von Hartmann nimmt eine antispeziesistische Haltung ein. Er lehnt die Schädigung von Tieren nicht aus anthropozentrischen

Ist Fleischessen böse?

Gründen ab, wie etwa Kant, sondern »zuerst und vor allem deshalb, weil wir das moralische Recht jedes empfindenden Lebewesens ohne Ansehen von Stand oder Person, also auch ohne Ansehen von Rasse, Species und Genus zu respektiren haben«.

Perspektivwechsel

Für ein gerechtes Urteil schlägt von Hartmann die Universalisierbarkeitsprobe vor, das Sich-Hineinversetzen in ein anderes Lebewesen. Die moralischen Konsequenzen, die daraus erfolgen, hängen natürlich ganz entschieden davon ab, wie viel man über die Biologie und somit die Fähigkeiten und Eigenschaften des anderen Lebewesens weiß, über das man urteilen möchte. Bis heute ist diese Schwäche eines Perspektivwechsels erkenntnistheoretisch unvermeidbar. Doch könne man nach Ansicht des Tierarztes Jörg Luy für eine moralische Urteilsbildung nicht auf die Einfühlung in das andere Wesen verzichten. Biologische und tiermedizinische Erkenntnisse könnten dabei Vermenschlichungen vermeiden. Trotz verbleibender Unsicherheiten seien Analogieschlüsse von Verhalten, Anatomie und Physiologie des Menschen auf andere Lebewesen daher im Allgemeinen brauchbar. Das sieht auch die Mehrheit der Verhaltensforscher so. Im Falle derselben biologischen Ausstattung muss man davon ausgehen, dass Tiere bei ähnlichen Erlebnissen oder Gefühlsäußerungen zumindest ähnliche Empfindungen haben.

Da ich es selbst schwierig finde, mich ernsthaft in Tiere

hineinzuversetzen, behelfe ich mir folgendermaßen: Ich versuche, zumindest Wirbeltiere moralisch mit meinen beiden Hauskatzen gleichzusetzen. Was ich anderen Wirbeltieren zumuten würde, sollte ich demnach gerechterweise auch meinen Katzen zumuten können. Das Schlachten zu Nahrungszwecken fällt da schon mal weg.

Manche sind gleicher

Zurück zu dem Philosophen von Hartmann. Von Hartmann hält trotz seiner Tierrechtsideen den Menschen – ganz speziesistisch – für wichtiger und fordert den Kampf gegen schädliche und unnütze Tierarten, »da die Menschheit höhere sittliche und Kulturaufgaben zu lösen hat als das Thierreich, so steht auch die Pflicht gegen die Menschheit der Pflicht gegen die Thiere voran, und die mitleidige Gutmüthigkeit, welche sich im gegebenen Falle nicht zur Tödtung der Thiere entschliessen kann, ist … unsittlich«. Hier muss ich mich zur »mitleidigen Gutmütigkeit« bekennen. Ich habe das ausgelegte Rattengift in unserem Keller »unsittlich« mit Steinen abgedeckt.

Eine schnelle und schmerzlose Tötung von Nutztieren findet von Hartmann ebenfalls nicht unmoralisch, weil er glaubt, ein natürlicher Tod sei unangenehmer. Mit dem gleichen Argument begründete übrigens auch Jeremy Bentham (der mit der gerne von Vegetariern zitierten Frage »Können sie leiden?«) seinen Fleischverzehr.

Bei mir ist es nicht die Pflicht zum Lösen von Kulturaufga-

Ist Fleischessen böse?

ben, weswegen ich das Interesse von Menschen immer noch über das der Tiere stellen würde. Vermutlich bin ich, wenn ich ehrlich bin, noch immer ein Speziesist. Ich nehme die Interessen mir persönlich nahestehender Menschen und Tiere weitaus wichtiger als die von unbekannten. Das ist sicherlich eine »natürliche« Eigenschaft des Menschen. Eine überzeugende ethische Rechtfertigung finde ich dafür hingegen nicht.

Wenn alles gleich ist

Bei aller Ehrfurcht vor dem Leben des Arztes und Philosophen Albert Schweitzer (1875 bis 1965) erscheint mir seine Idee, alles Leben, also auch das der Pflanzen, Einzeller und Bakterien, ohne Abstufung in die Moral einzubeziehen, alltagsfern und überhaupt nicht hilfreich. Die Fähigkeit, Schmerz oder Lust zu empfinden, sind für Schweitzer moralisch nicht bedeutsam. Daher sieht er zunächst auch keine Lösung in einer vegetarischen Ernährung, weil Pflanzen ja ebenfalls Lebewesen seien, die leben »wollten«. (Später wurde er dann doch Vegetarier.) Schweitzers Ethik lässt mich mit einem Berg unlösbarer moralischer Probleme zurück. »Als gut lässt sie nur Erhaltung und Förderung von Leben gelten«, schreibt Schweitzer. »Alles Vernichten und Schädigen von Leben, unter welchen Umständen es auch erfolgen mag, bezeichnet sie als böse.« Seine Ethik gestattet nur unvermeidbare Schäden. Mich aber irritiert, dass, wenn fast alle Handlungsalternativen Leben schädigen oder vernichten, demnach jeder nach eigenem Ermessen mit der Situation umgehen muss. Von einer Ethik wünsche ich mir aber schon, dass sie mir eine etwas größere Entscheidungshilfe ist. Wenn ich mir da, ganz kreiswehrersatzamtsmäßig, vorstelle, mit einem nicht zu bremsenden Auto entweder in eine Gruppe Kinder, Hühner, Ameisen oder Pusteblumen rauschen zu müssen, sind meine Prioritäten klar. Plausible ethische Leitlinien hätte ich jedoch natürlich auch gern für weitaus alltäglichere Situationen.

Kannibalismus

Von Hartmann kritisiert wie Schweitzer eine Abstufung zwischen den Lebensformen, berücksichtigt aber die Empfindungsfähigkeit, die er allerdings auch Pflanzen zuschreibt: »... es ist ein Vorurtheil, dass nur die Thiere unsere Brüder im Reiche des Lebens und der Empfindung seien, die Pflanzen aber nicht.« Somit beurteilt von Hartmann hinsichtlich der Tötungsfrage zu Nahrungszwecken die Grenze zwischen Tieren und Pflanzen als rein willkürlich gesetzt – ein Argument, dem ich auch heutzutage noch erstaunlich oft begegne, wenn es ums Fleischessen geht. Gleichermaßen beliebig verlaufe nach von Hartmann die Grenze zwischen Wirbeltieren und Wirbellosen, Warm- und Kaltblütern oder Affen und anderen Säugetieren. Wissenschaftlich haltbar und in sich schlüssig sei nur die Grenze zwischen allem Leblosen und Lebendigen (wie bei Schweitzer) oder zwischen unserer Spezies und allen anderen, schreibt von Hartmann. »Im erstern Falle verabscheut man das Verzehren von zerstückelten Leichen als Kannibalismus, gleichviel ob die getödteten Brüder aus dem

Ist Fleischessen böse?

Reiche des Lebens Thiere, Pilze oder Pflanzen sind, und respektirt die Heiligkeit und Unantastbarkeit des Lebens in jeder Gestalt; im letzteren Falle erkennt man die grossen Gradverschiedenheiten der Verwandtschaft mit anderen Lebewesen an und zieht die Grenze für den Kannibalismus da, wo die Natur sie uns durch den eigenen Instinkt und die Analogien des gesammten Thierreichs vorgezeichnet hat.« Klar, dass man sich bei dieser von ihm vorgegebenen Auswahl leicht entscheiden kann. »Will man seine Kost nicht auf vermodertes Laub und abgestorbene Pilze beschränken, so muß man sich nothgedrungen für die andere Seite der Alternative entscheiden, verliert dann aber auch das Recht, von der Inhumanität des Fleischgenusses zu reden«, urteilt von Hartmann. Die vegetarische Ernährung erschien ihm daher nicht erforderlich: »Niemand wird einem Tischnachbarn Braten aufdrängen, wenn derselbe erklärt, der Fleischgenuss widerstrebe seinem Gefühl; wenn mir aber mein vegetarianischer Nachbar vorwirft, mein Fleischessen sei inhumaner, barbarischer Kannibalismus, so weise ich ihn mit der Entgegnung zurück, sein vegetarianisches Gefühl sei eine verschrobene, zimperliche Sentimentalität ohne objektive Begründung.«

Im Interesse der Tiere

Etwa zeitgleich mit Schweitzers Ausdehnung der Moral auf alle Lebewesen, auch die nicht empfindungsfähigen wie Pflanzen und Mikroben, begrenzt der Göttinger Philosoph Leonard Nelson (1882 bis 1927) seine Ethik auf Mensch und

Im Interesse der Tiere

Tier. Für ihn liegt der moralisch bedeutende Unterschied in einem »bewussten« Empfinden gegenüber einem unbewussten, das lediglich eine Reaktion auf Reize sei, wie etwa das Zusammenziehen der Blätter einer Mimose. Tierarzt Luy vermutet, dass Nelson der erste Philosoph war, für den Tiere »Personen mit Interessen« sein konnten, wie später für Peter Singer. Da Pflanzen als nicht bewusst empfindende Wesen keine Interessen haben können, sind sie laut Nelson moralisch nicht zu berücksichtigen. Das klingt zwar ein bisschen nach dem Ausschluss der Tiere aus der Moral von Descartes, allerdings erscheinen mir Nelsons Kriterien weitaus plausibler als die von Descartes. Denn trotz manch abenteuerlicher Anekdoten gibt es keine wissenschaftlichen Hinweise, die auf ein Bewusstsein oder Schmerzempfinden bei Pflanzen deuten. Die populäre Behauptung des Amerikaners Cleve Backster, der in den 1960er-Jahren mittels eines Lügendetektors gar telepathische Reaktionen bei Pflanzen nachgewiesen haben will, dürfte ihrerseits einem Lügendetektortest schwerlich standhalten. Jedenfalls ließen sich seine Ergebnisse unter wissenschaftlichen Bedingungen bis heute nicht wiederholen. Da Pflanzen nicht in der Lage sind, zu flüchten oder sich zu verbergen, dürfte es zudem kaum einen evolutiven Selektionsdruck, also genetische Vorteile für Pflanzen gegeben haben, ein Schmerzempfinden zu entwickeln. Ein Sich-Hineinversetzen als Test für eine moralische Berücksichtigung erscheint daher bei Pflanzen nicht sinnvoll. Obwohl es bislang wissenschaftlich nicht nachweisbar ist, dass Pflanzen leiden können, wird diese Annahme gerne benützt, um das Essen von Tieren zu rechtfertigen – nicht etwa, um Pflanzen zu scho-

Ist Fleischessen böse?

nen. Solche Argumente zielen meines Erachtens meist darauf ab, dass es egal sei, ob man Tiere oder Pflanzen esse – gestorben werde immer.

Leonard Nelson fordert, die Interessen von Tieren nicht zu verletzen, denn ihre Interessen seien genauso viel wert wie die des Menschen. Tiere sind für ihn vollwertige Moralobjekte, weil sie bewusst Empfindungen werten könnten und damit Interessen hätten. Diese kann man sich als Mensch durch einen Perspektivwechsel vorstellen: Da der Mensch Vernunft besitzt, ist er wegen des Gleichheitsgrundsatzes gegenüber den Tieren verpflichtet, ihre Interessen so zu berücksichtigen, als wenn es die eigenen wären. Tiere hingegen haben, weil sie nicht zu moralischer Einsicht fähig sind, keine Pflichten gegenüber dem Menschen, wohl aber Rechte. Schön für sie, die Theorie.

Wann darf man Tiere töten?

Hinsichtlich einer angst- und schmerzfreien Tötung von Tieren kommt Nelson also zu einem anderen Schluss als seine Vorgänger. Sie ist für ihn falsch, wenn das Interesse des Tieres am Leben mehr moralisches Gewicht hat als das menschliche Interesse an dessen Tötung. Mit ihm gehe ich da endlich d'accord. Nelson beantwortet die Tötungsfrage mit dem Prinzip der Goldenen Regel »Was du nicht willst, dass man dir tu…« anhand des Perspektivwechsels: »Die Antwort ergibt sich leicht, wenn wir nur die Frage stellen, ob wir, wenn wir selber schmerzlos getötet würden, darum in unsere Tötung

Wann darf man Tiere töten?

einwilligen würden. Wir würden nicht einwilligen, weil unser Interesse am Leben durch die Tötung verletzt wird, mag die Tötung so schmerzlos oder so grausam sein, wie sie will.« Entsprechend fällt auch sein Urteil zur Ernährung mit Fleisch aus: »Wer aber das Leben des Tieres so gering achtet, dass er zum Beispiel die tierische Nahrung der pflanzlichen vorzieht, nur weil er sie für bekömmlicher hält, der sollte sich füglich fragen, warum er nicht auch Menschenfleisch isst.«

Viele mögen Nelson widersprechen und einwenden, Tiere hätten kein Interesse am Weiterleben, weil sie ohne Zukunftsvorstellung seien. Entsprechend differenzieren Peter Singer und vor ihm der britische Philosoph Richard Hare (1919 bis 2002) den Interessensbegriff von Nelson. Nur dort, wo gleiche Interessen vorhanden seien, müssten sie auch gleich berücksichtigt werden: Tiere hätten kein Interesse an Religionsfreiheit, wohl aber an Wohlbefinden und Schmerzfreiheit. Lediglich letztere Interessen seien daher zu berücksichtigen. In den Belangen, in denen Lebewesen ungleich seien, dürften sie auch ungleich behandelt werden. Gegenüber Nelson schränkt Singer somit den Kreis der Lebewesen ein, die für ihn Personen, das heißt Wesen mit Interesse an ihrer Zukunft, sind. Ein Interesse am Weiterleben und damit ein Recht auf Leben hätten nur die Lebewesen, die in der Lage seien, ein Weiterleben zu wünschen. Sie fielen unter ein Tötungsverbot, weil durch die Tötung ihr Interesse am Weiterleben missachtet würde. Singer geht davon aus, dass zumindest Säugetiere und vermutlich auch Vögel eine Vorstellung von Zukunft haben und dass sie nicht einfach nur Geschöpfe sind, die im Augenblick leben. Sie verfügten über ein Gedächtnis, könn-

Ist Fleischessen böse?

ten aus Erfahrungen lernen und zeigten zum Teil Erwartungen an die Zukunft, indem sie etwa planvoll handelten. Singer gibt jedoch zu, dass es schwierig wäre, festzustellen, ob ein anderes Lebewesen in diesem Sinne eine Person sei, und plädiert dafür, den Zweifel für das Lebewesen sprechen zu lassen. Ich hingegen habe in den letzten Jahren den Zweifel gegen die Fische sprechen lassen. Sie waren nach meiner Singer-Lektüre für mich weiterhin keine Personen mit einem Interesse am Leben. Da ich ihnen zudem ein echtes Schmerzempfinden absprach, erschien mir ihre Behandlung nicht so wichtig. Gegessen habe ich sie natürlich vor allem, weil ich sie lecker fand und für gesund hielt – zumal ich kein Fleisch von Säugern und Vögeln mehr aß. Die Singer-Argumente gegen ein Lebensrecht der Fische und mein biologisches Halbwissen über ein vermeintlich eingeschränktes Schmerzempfinden von Fischen nutzte ich, um bei ihrem Verzehr kein schlechtes Gewissen zu haben.

Fraglich ist, ob eine Zukunftsvorstellung allein ausreicht, um tatsächlich den Wunsch zu haben, als Individuum weiterzuleben. Gibt es ein messbares Kriterium für einen kognitiven Entwicklungsgrad, der einen solchen Wunsch möglich machen würde? Wenn der Spiegeltest Hinweise auf ein Selbstbewusstsein liefert, würde das Bestehen des Tests darauf hindeuten, dass der Wunsch weiterzuleben ebenfalls vorhanden sein könnte. Bedenkt man aber, dass etwa Gorillas beim Spiegeltest durchfallen, dies aber nicht zwangsläufig bedeutet, dass ihnen ein Selbstbewusstsein fehlt, könnte vermutlich auch der Wunsch eines Lebewesens, am Leben zu bleiben, leicht übersehen werden.

Utilitarismus und Eigenwert

Singer findet nicht, dass nur Interessen von Lebewesen beachtet werden müssen, die über Fähigkeiten wie Zukunftsvorstellung verfügen. Wenn etwa ein Fisch an der Angel gegen diesen schmerzhaften und bedrohlichen Zustand ankämpft, legt sein Verhalten nahe, dass er ein Interesse hat, diesen zu beenden. Das bedeutet aber nicht automatisch, dass er auch ein Interesse an seiner eigenen Existenz hat. Moralisch ist es demnach falsch, den Fisch auf diese Weise zu fangen, nicht aber, den Fisch etwa mit einer angst- und schmerzfreien Methode zu töten. Singer setzt für seinen moralischen Segen jedoch voraus, dass man das Leben des schmerzfrei getöteten Fisches durch das Leben eines neuen Fisches ersetzt. Das klingt gleich in zweierlei Hinsicht seltsam. Singer geht zum einen davon aus, dass Wesen ohne Selbstbewusstsein ihre Bewusstseinszustände biografisch nicht miteinander verbinden. Wenn ein Fisch betäubt werde und wieder erwache, wisse er nicht, dass er vorher auch schon gelebt habe, glaubt Singer. »Wenn also Fische in bewusstlosem Zustand getötet und durch eine ähnliche Zahl anderer Fische ersetzt würden (...), gäbe es – aus Sicht des Fischbewusstseins – keinen Unterschied zu dem Fisch, der sein Bewusstsein verliert und wiedergewinnt.« Dass für Singer ein Fisch durch einen anderen einfach ersetzbar ist, liegt an seiner utilitaristischen Grundeinstellung – die zweite Kuriosität. Der Utilitarismus beurteilt Handlungen anhand ihrer »Nützlichkeit« für die Interessen der beteiligten Lebewesen. Demnach sollte man stets die Handlungsalternative wählen, die insgesamt zum kleinsten

Ist Fleischessen böse?

Schaden oder zum größten Nutzen führt. Aus utilitaristischer Sicht sollten moralische Normen das Wohlbefinden in der Welt vermehren. Das Töten von empfindungsfähigen Lebewesen, die sich wohlfühlen, ist demnach unmoralisch, weil es die Menge an globalem Wohlbefinden verringert. Wird aber ein empfindungsfähiges Wesen durch ein anderes ersetzt, ändert sich an der Glücksmenge in der Welt nichts. Singer selbst hält diese Sichtweise als Argument für den Fleischverzehr für sehr beschränkt, denn sie könne die industrielle Tierhaltung nicht rechtfertigen, in der die Tiere kein angenehmes Leben führen. Auch für eine Rechtfertigung der Jagd auf Wildtiere eigne sie sich nicht, weil ein geschossenes Tier nicht durch ein anderes ersetzt werde. Bei den Situationen, in denen das Töten nicht falsch sei, handle es sich doch um sehr spezielle, findet Singer. So schlussfolgert er, dass es unter praktischen moralischen Grundsätzen besser sei, auf das Töten von Tieren zu Nahrungszwecken völlig zu verzichten.

Neben Singer erfreut sich in der Tierrechtsbewegung auch die Position des Amerikaners Tom Regan großer Beliebtheit. Ihm zufolge verfügt jedes Lebewesen, das zu einem individuellen Wohlbefinden fähig ist, über einen Eigenwert. Damit sei es Träger von Rechten und dürfe nicht nur als Mittel für fremde Zwecke genutzt werden. Alle diese »Subjekte des Lebens« seien durch individuelle Rechte geschützt.

Rückfälle

Auch wenn ich Singers Argumenten absolut hatte zustimmen können, war seine philosophische Überzeugungskraft nicht so stark, wie ich gehofft hatte. Ich hatte bereits ein Jahr fleischfrei gelebt, dann aber war ich zu Gast in der Schweiz, und Freunde gaben eine Gartenparty mit viel Grillfleisch. Auf dem Fest hielt ich den Verlockungen noch tapfer stand, doch am nächsten Abend wurden die zahlreichen Restwürste aufgetischt. Sie hätten sich höchstens noch einen Tag gehalten, es waren zu viele für unsere Gastgeber. Also half ich ihnen. Ich habe es schon damals gehasst, wenn Lebensmittel »umkamen«, besonders, wenn dafür Tiere umgekommen waren. Meine Frau zweifelt meine jetzige Interpretation der damaligen Situation allerdings an: »Das war dir doch völlig egal, du bist einfach eingeknickt!« Es blieb auch nicht bei einer Wurst – ich gab mich dem Wurstrausch hin –, und das war beileibe nicht die letzte Inkonsequenz dieser Jahre: Als »Vegetarier« zu Gast bei Schwiegereltern oder Freunden stopfte ich mir gelegentlich heimlich Wurstscheiben oder Schinken in den Mund und hoffte, dass mich niemand dabei ertappte.

Fleischporno

Wurstregale in Supermärkten hatten für mich lange eine gewisse Ähnlichkeit mit den Herrenmagazin-Regalen großer Tankstellen und Zeitschriftenläden. Nicht allein wegen des vielen rosig-roten Nebeneinanders, sondern auch wegen mei-

Ist Fleischessen böse?

ner »von niederen Instinkten« geleiteten verstohlenen Blicke, mit denen ich das Sortiment gelegentlich begutachtete. In der Tat habe ich mich meist beobachtet gefühlt, wenn ich doch einmal – keine Hefte, nein, wohl aber – Würste im Supermarkt gekauft habe. Sofort verhedderte ich mich im Kopf in Rechtfertigungen gegenüber fiktiven Vegetariern, die mich wegen des Fleischkaufs beschimpfen würden. Oder ich fürchtete, fleischessende Freunde oder Kollegen an der Kasse zu treffen, die sich sofort über meinen inkonsequenten Fleischverzicht ereifern würden. Am liebsten hätte ich beim Bezahlen der Würste gesagt, dass es eine Ausnahme sei (»Ich kaufe den *Playboy* nur wegen der Autoberichte«). Vermutlich hätte jeder Kassierer gestutzt. Dass ich bei meinen Rückfällen bevorzugt billige Wurst in billigen Supermärkten gekauft habe, lag wohl daran, dass ich fand, das Schäbige passe zu meinem »schäbigen« Tun. Und ich wollte meine Schwäche nicht mit »kultiviertem« Biofleisch etablieren.

Lebensrecht und Tötungsverbot

Zurück zur geistigen Nahrung: Die zeitgenössische Philosophin Ursula Wolf hält es für ein moralisches Tötungsverbot nicht für notwendig, dass ein Tier einen bewussten Willen zum Weiterleben hat: »Mit dieser Überlegung könnte man das Weitermachenwollen jeder Handlung als Indiz für das Weiterlebenwollen auslegen. Die Folge wäre, dass man allen Tieren, die sich bewusst-absichtlich verhalten können, ein moralisches Lebensrecht zusprechen müsste. Das aber können alle Tiere mit Ausnahme der ganz primitiven Formen, sodass das Töten so gut wie aller Tiere unmoralisch wäre. Ich selbst tendiere eher zu dieser weitergehenden Auffassung.«

Naturwissenschaftliche Tierrechte

Kann man eine Allgemeingültigkeit für eine ethische Sichtweise beanspruchen und diese Gültigkeit zudem rational begründen? Das Problem ist, dass es keine allgemeingültigen Werte zu geben scheint. Dazu stellt Jörg Luy fest: »Moses hat die Legitimationsfrage seiner Ethik mit den zehn Geboten in einer nicht zu toppenden Weise gelöst: In Stein gemeißelt, direkt in Gottes Auftrag.« Eine rational begründbare Ethik, wie sie seit der Aufklärung verlangt wird, hat es da viel schwerer. Alle Versuche, eine solche zu formulieren, sind bisher gescheitert. Einen weiteren Versuch hat der Naturwissenschaftler und Tierethiker Martin Balluch unternommen. Er begründet Tierrechte naturwissenschaftlich. Leben, Freiheit und Unversehrtheit sind für ihn allgemeingültige Werte für jedes Wesen, das bewusst empfindet, etwas als gut oder schlecht für sich selbst bewerten kann und somit auch einen Willen hat. Denn der Wille eines Lebewesens ist laut Balluch die Auswirkung seines Bewusstseins auf sein Verhalten. Da die Basiswerte Leben, Freiheit und Unversehrtheit Voraussetzung dafür sind, einen Willen auszuleben, liegen diese auch im Interesse des Lebewesens. Daraus ergeben sich für alle Lebewesen, die diese Kriterien erfüllen, Grundrechte. Die Grundrechte gelten gegenüber einem zu ethischen Entscheidungen fähigen Gewaltmono-

Ist Fleischessen böse?

pol. Das liegt offensichtlich beim Menschen. Was ethisch richtig ist, kommt nach Balluch somit aus der eigenen Bewertung aller bewusst fühlenden Wesen und nicht aus der Beschreibung der Welt. Sonst wäre es ein naturalistischer Fehlschluss, der vom Sein auf ein Sollen schließt. Balluch sieht somit ein Lebensrecht für alle bewusst empfindenden Lebewesen – und das schließt dementsprechend auch ein Tötungsverbot ein.

In Schubladen denken – Grundlegende Positionen der Tier- bzw. Naturethik:

- **Anthropozentrismus:** Nur Menschen sind (aufgrund von Vernunft, Seele, Selbstbewusstsein, Sprache, Leidensfähigkeit im menschlichen Sinn o. Ä.) moralisch zu berücksichtigen. Nicht menschliche Lebewesen sind Ressourcen, über die man verfügen darf. Tiere und Natur sind nur dann schützenswert, wenn dies dem Menschen nutzt, etwa um zu verhindern, dass der Mensch verroht. (Immanuel Kant, Peter Carruthers)
- **Pathozentrismus:** Alle empfindungsfähigen (leidensfähigen) Lebewesen sind moralisch zu berücksichtigen. Innerhalb des pathozentrischen Ansatzes gibt es äußerst unterschiedliche Auffassungen darüber, welche empfindungsfähigen Lebewesen moralisch wie viel zählen.

Hierarchismus: Auch wenn (einige) Tiere moralisch um ihrer selbst willen zu berücksichtigen sind, schließt das eine Ungleichbehandlung und die Nutzung von Tieren für

Lebensrecht und Tötungsverbot

menschliche Zwecke nicht aus. Das Leid der Tiere zählt moralisch, aber nicht in gleicher Weise wie menschliches Leid (»milder Speziesismus«).

–   **Arten-Hierarchismus:** Die Interessen von Menschen sind moralisch stärker zu berücksichtigen als die anderer Lebewesen, weil Menschen aufgrund ihrer Artzugehörigkeit oder ihrer artspezifischen Eigenschaften einen höheren Wert besitzen. Auch andere Gruppen von Lebewesen (zum Beispiel Wirbeltiere) können allein aufgrund ihrer Zugehörigkeit zu der Gruppe bevorzugt werden. (Carl Cohen)

–   **Gemeinschafts-Hierarchismus:** Lebewesen, die mit Menschen in einer besonderen Beziehung stehen, sind moralisch höherwertig. Ihnen gegenüber bestehen Verpflichtungen. (Mary Midgley)

–   **Merkmals-Hierarchismus (Interessen-Hierarchismus):** Nicht die Zugehörigkeit zu einer Art ist entscheidend, sondern die (potenziellen) Eigenschaften von Lebewesen (zum Beispiel Bewusstsein) oder ihrer Interessen (zum Beispiel Zukunftsbezug). Neben dem Menschen können auch andere Arten höherwertige Interessen haben. (Gary E. Varner)

Egalitarismus: Die Interessen von Tieren und Menschen sind gleichermaßen zu berücksichtigen. Lebewesen, die in moralisch bedeutsamer Hinsicht gleich sind (zum Beispiel in puncto Empfindungsfähigkeit), sollen in dieser Hinsicht auch gleich behandelt werden. Die menschli-

Ist Fleischessen böse?

che Vorrangstellung und die Ungleichbehandlung moralisch zu berücksichtigender Lebewesen sind ungerecht (-fertigt). Eine egalitäre Haltung muss nicht pathozentrisch sein, also die Leidensfähigkeit als einzig entscheidendes Kriterium ansehen. Sie kann Tieren Rechte aufgrund eines Eigenwertes zuschreiben, etwa aufgrund ihrer Fähigkeit zur Autonomie. (Leonard Nelson, Richard Ryder, Steven M. Wise)

– **Schwacher Egalitarismus:** Die Gleichberechtigung gilt nur hinsichtlich der Leidensfähigkeit, nicht unbedingt hinsichtlich eines Lebensrechtes. Menschen oder auch einige Tierarten können weitere Eigenschaften wie Selbstbewusstsein und Zukunftsvorstellungen haben, weswegen ihre Interessen schwerer wiegen als die anderer Lebewesen. Auch graduelle Unterschiede in der Leidensfähigkeit können bei der Interessensabwägung berücksichtigt werden. (Peter Singer)

– **Starker Egalitarismus:** Tiere und Menschen sind nicht nur hinsichtlich der Leidensvermeidung, sondern auch hinsichtlich der Autonomie und des Lebensrechts gleichberechtigt. Tiere haben, genauso wie Menschen, moralische Rechte (Tierrechte) oder eine Würde, weswegen in grundlegenden Fragen eine Abwägung mit menschlichen Interessen nicht zulässig ist. Tierrechte beinhalten meist das Recht auf Selbstbestimmung. Die Konsequenz ist die Ab-

Lebensrecht und Tötungsverbot

schaffung jeglicher Tiernutzung, was in Anlehnung an die Abschaffung der Sklaverei als Abolitionismus bezeichnet wird. (Tom Regan, Helmut F. Kaplan, Carol J. Adams, Paola Cavalieri, Gary L. Francione, Martin Balluch)

- **Biozentrismus:** Alle Lebewesen sind moralisch zu berücksichtigen – die Eigenschaft zu leben ist dafür ausreichend. Das schließt aber nicht die Nutzung oder Tötung von Lebewesen aus. (Albert Schweitzer, Paul W. Taylor)
- **Holismus:** Die Natur ist nicht nur in ihren Teilen (zum Beispiel Flüsse), sondern vor allem als Ganzes (zum Beispiel Ökosysteme und Populationen) moralisch zu berücksichtigen, darf aber genutzt werden. (Klaus Michael Meyer-Abich)

Viele Autoren, auch die genannten, lassen sich nicht immer eindeutig einer Position zuordnen, zumal sich die einzelnen Positionen bisweilen überschneiden. Hierarchische und egalitäre Positionen sind auch außerhalb einer pathozentrischen Grundhaltung möglich. Mehr dazu unter *www.tier-im-fokus.ch*

Ich muss feststellen, dass mich so weitgefasste Tierrechte wie die von Ursula Wolf und Martin Balluch zunehmend ansprechen. Selbst wenn Fische oder andere Tiere keine Zukunftsvorstellung haben und man mit ihrer Tötung somit keine »Pläne« durchkreuzen kann, stellt sich mir mittlerweile die Frage, warum eine Tötung akzeptabel sein soll, nur weil sie angst- und schmerzfrei ist. Sofern das Tier ein Leben führt,

Ist Fleischessen böse?

bei dem das Wohlbefinden überwiegt, nicht das Leiden, Euthanasie also unangebracht wäre, kann man davon ausgehen, dass das Lebewesen gern lebt. Nicht das Interesse des Tieres weiterzuleben halte ich für entscheidend, sondern das Interesse, Wohlbefinden zu erleben. Mit welchem Recht sollte man das Leben und damit das Wohlbefinden eines Tieres beenden dürfen, selbst wenn man im Sinne einer utilitaristischen Glücksgleichung dieses Leben anschließend durch ein anderes ersetzt? Darf man ein Leben nehmen, weil man es als Tierzüchter ja ohnehin erst ermöglicht hat? Ich finde nicht. Dem Tier wird mit dem vorzeitigen Tod definitiv eine mögliche positive Lebenserfahrung genommen. Ich muss für mein Urteil einfach nur an meine Katzen denken. Sie in der Sonne liegend zu kraulen, erscheint mir für sie eindeutig attraktiver zu sein, als ihre Existenz schmerzfrei zu beenden. Solange ich über einen Perspektivwechsel annehmen kann, dass ein Lebewesen Wohlbefinden verspürt oder zumindest dazu in der Lage ist, brauche ich schon sehr gute Gründe, um ihm diese Möglichkeiten zu nehmen – sei es dadurch, dass ich ihm seinen Lebensraum raube, seine Lebensqualität oder sein Leben. Meines Erachtens steht außer Frage, dass wir bei allen Handlungen, die mögliches Wohlbefinden beeinflussen, die Interessen der Beteiligten berücksichtigen sollten. Demnach finde ich, wir sind dazu verpflichtet, den Lebensraum von Tieren so zu erhalten bzw. zu gestalten oder wiederherzustellen, dass diese darin möglichst wenig Leid und möglichst viel Lebensfreude empfinden können, ob es nun um Heimtiere, Zootiere, Nutztiere oder Wildtiere geht. Die Nutzung von Tieren dürfte nur dann gestattet werden, wenn ihre Bedürfnisse dabei er-

Lebensrecht und Tötungsverbot

füllt würden und ihnen Leid erspart bliebe. Dies sieht auch Jörg Luy so: »Eine Ernährungsform, die man der Weltbevölkerung als ethisch unproblematisch empfehlen könnte, müsste nicht zwangsläufig auf tierische Lebensmittel verzichten, aber es scheint unvermeidlich zu fordern, dass diese ohne Tierleid gewonnen werden und dass im gesamten Herstellungsprozess, einschließlich Futterpflanzenanbau, keine moralisch fragwürdigen Praktiken genutzt werden. Das schließt allerdings den größten Teil des gegenwärtigen Lebensmittelangebots aus.«

Wie es aussieht, kommen mir meine Argumente abhanden, Fisch und »Meeresfrüchte« mit gutem Gewissen zu konsumieren. Der Sache muss ich weiter auf den Grund gehen.

Von Aal bis Zander

Gefischt oder gezüchtet, gequält oder gesund?

Man muss sich nicht fragen, ob der Fisch,
den man gerade auf dem Teller hat,
wohl gelitten hat. Er hat. Auf jeden Fall.

Jonathan Safran Foer in *Tiere essen*

Sommer 1989: Die Waage zeigte 25 Kilogramm an, für den Flug in den Irlandurlaub war mein Rucksack deutlich zu schwer. Also musste ich die meisten Rindfleischdosen wieder auspacken. Umso mehr war ich motiviert, Fische zu fangen, auch, weil ich am Feuer gebratenen Fisch und das Angeln mochte. Nicht das öde Warten auf das Anbeißen von Friedfischen, sondern das sogenannte Blinkern, bei dem sich Raubfische im schillernden Metallköder verbeißen und jedes Auswerfen und Einholen mit einem bestechenden Nervenkitzel verbunden ist. Zumindest eine Zeit lang. Während des letzten Urlaubs war der Nervenkitzel meist früher oder später einem stechenden Hungergefühl gewichen, alle Angelversuche blieben erfolglos, der schwedische See gab nichts Lebendiges mehr her, und wir mussten auf geschmacklose Kurznach-Tschernobyl-Pilze zurückgreifen. Irland brachte mir hingegen das große Anglerglück. Bezüglich der Länge der gefangenen Hechte will ich mich nicht festlegen, jedenfalls waren sie *ziemlich* lang. Inmitten der Natur fühlte ich mich als Teil der Nahrungskette (selbstverständlich ganz oben) und fand es ganz natürlich, Tiere zu essen und zumindest Fische selbst zu töten. Das Töten selbst war nicht besonders angenehm. Ich weiß auch nicht, ob ich es »waidgerecht« anstellte, einen Angelschein hatte ich nie erworben. Einmal hat ein Fisch an Land geschrien – wie auch immer er das gemacht hat –, doch mein Mitleid galt es zu überwinden. Das gehört eben zur Natur des »Fressen und Gefressenwerdens« dazu, dachte ich. »Dr Fischfängr isch dr Hammr!«, kommentierten die Schwarzwälder Urlaubsbekanntschaften meine Fangerfolge. Das Lob der Schwarzwälder galt in meinen Augen irgendwie auch dem Töten der Tiere und hat mich damals stolz gemacht.

Tut das weh?

Jonathan Safran Foer hat mir mit seiner obigen Aussage über das Leid des Fisches auf dem Teller erheblich zu denken gegeben. Was fühlt der Fisch am Haken oder im Schleppnetz? Angler und Fischer beantworten die Frage meist anders als Vegetarier, zumindest die echten, die nicht wie ich Fische essen. Natürlich zappelt der Fisch und versucht sich aus dieser »stressigen« Situation zu befreien. Aber leidet er bewusst? Bloß weil er sich verhält, als ob er Gefühle hätte, heißt das nicht, dass er sie tatsächlich hat. Es ist nicht einfach, eine klare Antwort darauf zu finden. Während bei den warmblü-

Von Aal bis Zander

tigen Wirbeltieren weitgehend Übereinstimmung darin besteht, dass sie leiden, wenn sie schädigenden Reizen oder anderen unangenehmen Situationen ausgesetzt sind, ist das bei Fischen oder gar bei Wirbellosen wie Krebsen, Muscheln und Insekten viel umstrittener. Die Mehrheit der Fischforscher hatte bis in die 1970er-Jahre hinein die Vorstellung, dass Fische keinen Schmerz empfinden. Man glaubte, dass sie nicht über die dafür notwenige »Hardware« in Form von Schmerzrezeptoren und entsprechenden Verschaltungen und Verarbeitungszentren im Gehirn verfügten. Die Ausgrenzung von Fischen und hinsichtlich Gehirn noch einfacheren Organismen aus der moralischen Rücksichtnahme geschah demnach nicht aus speziesistischen Gründen (weil sie keine Menschen sind), sondern aufgrund ihres vermeintlich fehlenden Schmerzempfindens – ein durchaus moralisch bedeutsamer Grund.

Stumm und schmerzlos?

Die vielfältige Gruppe der Knochenfische, zu denen abgesehen von Haien und Rochen fast alle heutigen Fischarten zählen, ist erst nach der Entwicklung der ersten Säuger entstanden. Ihre Gehirne sind deutlich anders aufgebaut als die von Säugetieren, aber es sind relativ eigenständige Entwicklungen und mitnichten nur einfache Versionen des Säugerhirns. So scheint es nach heutiger Auffassung einiger Forscher im Vorderhirn der Fische Nervenzellen zu geben, die funktional mit den Zellen vergleichbar sind, die in dem für die Schmerz-

wahrnehmung wichtigen limbischen System und der Großhirnrinde des Säugerhirns vorkommen. Man kennt inzwischen auch pharmakologische und biochemische Befunde,
die manche als Argumente für eine Schmerzwahrnehmung
bei Fischen anerkennen. Schon länger bekannt ist, dass Fische über etliche Rezeptoren zur Meldung von Schädigungs-
reizen (Nozizeptoren) verfügen. Werden diese gereizt, zeigen Fische mitunter sehr offensichtlich Verhaltensweisen, die
auf diese Reizung hinweisen. Zudem dämpft Morphin bei Fischen genau wie bei anderen Wirbeltieren das entsprechende
Verhalten. Fische verfügen darüber hinaus über körpereigene
Opioide, die als Hinweis auf ein schmerzstillendes System im
Körper gesehen werden können. An der Angelschnur oder in
anderen Situationen lassen sich physiologische Reaktionen
wie die Ausschüttung von Stresshormonen messen – sie liefern Informationen darüber, wie groß der Stress ist, dem die
Fische ausgesetzt sind. Dauerhafter Stress führt bei Fischen –
wie bei anderen Wirbeltieren auch – zu Erkrankungen. Die
Mehrheit der heutigen Wissenschaftler geht daher durchaus
von einer Schmerzwahrnehmung bei Fischen aus.

Fishermen's friend

Wie in der Wissenschaft (und auch in den Medien) üblich,
tauchen irgendwann Veröffentlichungen auf, die gegen den
Strom der vorherrschenden Meinung schwimmen. Dies ist
vor allem bei den Themen keine Überraschung, bei denen es
bedeutende Interessen in der Wirtschaft oder anderen star-

Von Aal bis Zander

ken Lobbygruppen gibt. Seit einigen Jahren werden besonders unter Anglern die Veröffentlichungen des US-amerikanischen Wissenschaftlers James Rose zitiert. Er spricht Fischen zwar nicht die Fähigkeit ab, Schadreize aufzunehmen (Nozizeption) und via Gehirn mit einem bestimmten Verhalten und/ oder Stress darauf zu reagieren, glaubt aber, dass sie mit ihren einfachen Hirnstrukturen weder den Schmerz noch Angst, Stress oder anderes Leid empfinden könnten. Sie verfügten erwiesenermaßen über keine Großhirnrinde. Und weil diese seiner Ansicht nach für ein bewusstes Empfinden notwendig sei, hätten Lebewesen, denen die Großhirnrinde oder analoge Strukturen fehlten, wahrscheinlich kein Schmerzempfinden. Die verringerte Schmerzreaktion nach der Gabe von Morphin könne auch allein durch eine Dämpfung der Nozizeption zu erklären sein und sei kein eindeutiger Hinweis auf eine bewusste Empfindungsfähigkeit. Das Gleiche gelte für die Ausschüttung körpereigener Opioide. Sie könnten zwar Schmerzfreiheit im Gehirn bewirken, aber auch einfach nur Einfluss auf die Nozizeption nehmen. Fische reagierten auf Schädigungsreize sozusagen nur reflexhaft wie ein Automat. So etwas hatte der Philosoph Descartes einmal allen Tieren unterstellt – und damit ja offensichtlich auch falschgelegen.

Andersdenkende

Nur weil das Gehirn eines Lebewesens anders aufgebaut ist, spricht das nicht gegen seine Fähigkeit zu fühlen. Neben den Fischen, Amphibien und Reptilien besitzen auch Vögel keine

Andersdenkende

Großhirnrinde, es wird aber kaum bestritten, dass sie erheblich unter Schmerzen und anderem Ungemach leiden können. Vögel besitzen der Großhirnrinde zumindest vergleichbare Hirnstrukturen im sogenannten Nidopallium. In diesem Zentrum ihrer kognitiven Fähigkeiten sind die Nervenzellen sehr dicht gepackt, was zumindest zum Teil die Intelligenz der äußerst schlauen Papageien und Rabenvögel erklärt, die absolut gesehen ziemlich kleine Gehirne haben. Der populäre Hirnforscher Gerhard Roth schreibt daher von der Möglichkeit, dass »sehr hohe Intelligenz durch sehr unterschiedliche neuronale Architekturen verwirklicht werden kann«. Es kommt mir naiv vor, das für andere kognitive Eigenschaften wie etwa die bewusste Schmerzwahrnehmung auszuschließen.

Nozizeption

Wenigstens unter Forschern macht es einen erheblichen Unterschied, ob ein Lebewesen Schädigungsreize einfach nur sensorisch empfangen kann und an das Gehirn – falls vorhanden – weiterleitet oder ob dort die eingehenden Reize dem Tier (schmerzhaft) bewusst werden. Passende Reaktionen allein, etwa die Flucht oder ein Anstieg der Stresshormone, reichen dem Forscher nicht, um daraus ein bewusstes Schmerzempfinden abzuleiten. Fachleute halten daher bei vielen nicht menschlichen Tieren die Bezeichnungen »Stress«, »Belastungen« und »Schäden« für objektiver als »Schmerz« und »Leid«. Auch der Mensch verfügt über reflexhafte Reaktionen zur Schadensvermeidung, empfindet aber den Schmerz zumindest später bewusst. Ich habe es

Von Aal bis Zander

noch nie »bewusst« ausprobiert, aber es heißt, dass man bei Berührung einer heißen Herdplatte den Finger zurückzieht, noch bevor der Schmerz oder Hitzereiz ins Bewusstsein dringt. »Man« ist in diesem Fall das Rückenmark, das ohne Absprache mit dem Gehirn per Reflex den Befehl zum Rückzug erteilt. Das ist vorteilhaft, weil die Reaktion schneller und verlässlicher abläuft. Ebenso sind allerlei Reaktionen auf Schädigungsreize bei Tieren vorstellbar, die keine bewusste Wahrnehmung erfordern. Der Nutzen der Nozizeption ist offensichtlich, weil sie Tieren hilft, schädliche Reize zu vermeiden. Sie hat sich vermutlich schon sehr früh in der Evolution entwickelt. Entsprechend findet man sie in den meisten der großen Tierstämme. (Stämme sind zum Beispiel Nesseltiere, Ringelwürmer, Gliederfüßer, Stachelhäuter, Weichtiere und Chordatiere. Zu Letzterem gehören wir und alle anderen Wirbeltiere.) Im Detail hat man Systeme zur Nozizeption beim Fadenwurm und der Fruchtfliege beschrieben. Welchen Tieren die eingehenden Signale bewusst werden, ist bislang fraglich. Aufgrund der weiten Verbreitung von Nozizeption weist ihr Vorhandensein nicht unbedingt auf die Fähigkeit zur bewussten Schmerzwahrnehmung hin, denn viele einfache Organismen reagieren trotz Nozizeption eher automatenhaft. Somit reicht rein wissenschaftlich auch das Zappeln des Fisches nicht, um von einer subjektiven Leidenserfahrung des Fisches zu sprechen.

Schmerzen sehen

Im Unterschied zur Nozizeption, also der bloßen sensorischen Verarbeitung und Weiterleitung eines potenziell schädigenden Reizes, erfordert Schmerz nach einer gängigen Definition eine subjektive Wahrnehmung. Diese Wahrnehmung kann, wie bei chronischen oder Phantomschmerzen, sogar ohne aktuellen Reiz erfolgen. Will man nachweisen, dass Tiere nicht bloß eine reflexhafte Reizreaktion zeigen und lediglich ähnliche physiologische Zustände wie bei Schmerzen haben, sondern über eine bewusste Schmerzwahrnehmung verfügen, sucht man nach bestimmten Verhaltensweisen: Sie sollten die Schmerzerfahrung im Gedächtnis behalten, für die Zukunft daraus lernen und mit anderen Motivationen vergleichen und bewerten können. Ein schnelles Erlernen von Meideverhalten, ein länger anhaltendes Erinnerungsvermögen sowie die Fähigkeit zur Abwägung zwischen unterschiedlichen Bedürfnissen sind also gute Hinweise darauf, dass sich bei schädigenden Reizen im Tiergehirn bewusst etwas abspielt. Verhaltensbeobachtung eignet sich daher am ehesten als Nachweis für Schmerzerfahrungen.

Von Aal bis Zander

Anglerlatein

Ein meist von Anglern vorgebrachtes Argument gegen die Schmerzempfindung bei Fischen ist die Beobachtung, dass die Tiere wiederholt in den gleichen hakenbewehrten Köder beißen oder vehement am schmerzhaften Haken ziehen. Das sagt aber weniger über die tatsächliche Empfindung aus als eher etwas über die Stärke eines Fress- bzw. Fluchttriebes oder die Intelligenz von Fischen – zumindest über deren Fähigkeit, angemessen auf ungewöhnliche Situationen zu reagieren. Einige Fische können zwar lernen, Angelköder zu meiden, die meisten Fische sind jedoch vermutlich keine aufs Lernen spezialisierten Tiere und haben in ihrer langen Evolution erst seit viel zu kurzer Zeit mit Haken und Blinkern zu tun gehabt, als dass sie sich ein entsprechendes Meideverhalten genetisch hätten aneignen können. Abgesehen davon: Wer von uns macht trotz unserer Superhirne (mit 11,5 Milliarden Nervenzellen in der Großhirnrinde) nicht ebenfalls einige schmerzhafte Fehler immer wieder? Und was das Ziehen am Haken trotz etlicher Nozizeptoren in der Mundregion betrifft: Auch beim Menschen gibt es Situationen, in denen, gerade aufgrund des erheblichen Stresses, die akute Schmerzwahrnehmung durch körpereigene Opioide blockiert ist – etwa wenn Bergsteiger mit gebrochenen Beinen noch laufen können oder stark verwundete Soldaten weiterkämpfen. Das Gehirn ist nämlich nicht allein ein Schmerzempfänger, es steuert auch aktiv, ob die Schmerzreize weitergeleitet und wie sie im Gehirn verarbeitet werden – dass Schmerz bei Menschen nicht nur situationsbedingt, sondern zudem kulturell

Anglerlatein

Wer ist hier eigentlich der tolle Hecht?

ganz unterschiedlich wahrgenommen wird, ist ja hinlänglich bekannt.

Schmerzhafter Vorteil

Um das Vorhandensein einer psychologischen Dimension des Schmerzreizes bei nicht menschlichen Lebewesen zu untermauern, gibt es neben den bereits genannten wie Erinnerung, Lernen und Abwägen gegen andere Bedürfnisse noch ein weiteres entscheidendes Kriterium. Die Fähigkeit einer bewussten Schmerzempfindung sollte dem Organismus von Nutzen sein. Bewusste Schmerzen dürften vermutlich einen guten Langzeitschutz vor Gefahren und Verletzungen bieten, indem sie einem Tier helfen, sich an eine unangenehme Situation zu erinnern, die es fortan meidet. Dazu muss ein Tier zwischen Situationen und Objekten unterscheiden können, die nützlich oder schädlich für es sein können, also gleichzeitig mehrere Informationsquellen auswerten. Die Professorin für Tierverhalten an der Universität Oxford, Marian Stamp Dawkins, glaubt, dass bewusste Erlebnisse von Hunger, Angst oder Schmerz dem Überleben dienen. Auch erfreuliche Empfindungen wie Vergnügen oder Erfüllung können Tieren helfen, ein dem Überleben oder Fortpflanzungserfolg dienliches Verhalten an den Tag zu legen.

Bewusste Erlebnisse sind starke Motivationshilfen, Situationen zu suchen oder zu vermeiden. Die Stärke einer Motivation oder die subjektive Bedeutung eines Gefühls ist durchaus messbar, wenn man Tiere in Situationen bringt, in denen

Schmerzhafter Vorteil

sie verschiedene Handlungsmöglichkeiten haben und Bedürfnisse gegeneinander abwägen können. Es gibt eine Vielzahl von Beobachtungen und einige systematische Untersuchungen, die ein Bewusstsein bei Fischen nahelegen. Forellen etwa sind bereit zu hungern, wenn die Futteraufnahme mit einem Schmerzreiz verbunden ist. Dagegen nehmen sie leichte Stromstöße in Kauf, wenn sie dafür in der Nähe eines Artgenossen bleiben dürfen. Siamesische Kampffischmännchen, die einen Revierkampf mit einem Artgenossen verloren haben, verbringen weniger Zeit mit der Werbung um ein Weibchen, das ihre Niederlage beobachtet hat, als mit anderen Weibchen – womöglich, weil sie sich bei Ersterem geringere Chancen ausrechnen. Ein Fischbewusstsein scheint also durchaus möglich. Verschiedene Fischarten sind darüber hinaus in der Lage, Schwarmmitglieder und Verwandte individuell zu erkennen und soziale Rangordnungen zu etablieren. Manche können sich in beeindruckender Weise räumlich orientieren und sogar Werkzeug benutzen: Forschern gelang es, einen Lippfisch dabei zu filmen, wie er einen Stein verwendete, um eine Muschel zu knacken. Einige Fische verfügen erwiesenermaßen über ein Langzeitgedächtnis. Sogar Spielverhalten wurde bei einigen Fischarten dokumentiert, unter ihnen der Weiße Hai. Der will also auch nur spielen.

Von Aal bis Zander

Krebsleiden

Alle Kriterien, die für ein bewusstes Schmerzempfinden sprechen, finden sich auch bei zumindest einigen Gruppen von Wirbellosen. Die Gehirne einiger Arten sind erstaunlich komplex und haben funktionell klar getrennte Bereiche, um Schmerzempfindungen zu ermöglichen. Verhaltensexperimente, besonders mit Krebstieren und Weichtieren, weisen auf ein bewusstes Schmerzempfinden hin. Bei Garnelen und Einsiedlerkrebsen konnte man beobachten, dass leichte Stromstöße sie motivierten, ihre bisherige Behausung schneller zu wechseln. Dies geschah jedoch nicht unmittelbar nach dem Elektroschock, sondern erst, als ihnen die Situation geeignet erschien – weil die Beleuchtung schwächer bzw. ihnen eine alternative Behausung angeboten wurde. Weniger bevorzugte Gehäuse verließen die »geschockten« Einsiedlerkrebse eher. War jedoch der Geruch eines Fressfeindes wahrnehmbar, zögerten sie länger, ihre alte Behausung zu verlassen. Sie haben sich den Schmerz der Elektroschocks gemerkt und gegen andere Gegebenheiten abgewogen. Auch die Fressfeinde der Einsiedlerkrebse können das offenbar. Kraken ändern die Taktik, sich ihrer Beute zu nähern, wenn die Krebse eine nesselnde Seeanemone auf das von ihnen bewohnte Schneckengehäuse »gepflanzt« haben. Dann blasen die Kraken einen Wasserstrahl auf die Anemone und versuchen, den Krebs mit einem einzelnen ausgestreckten Arm zu erwischen. Auch wenn dieses Vorgehen weniger effizient ist, vermeiden sie damit schmerzhafte Berührungen mit der Anemone. Zumindest einige Krebs- und Weichtiere können demnach interne wie externe Informationen kombinieren und komplexe Entscheidungen treffen. Das lässt sich schwerlich allein mit reflexhaftem Verhalten auf einen unbewussten Schmerzreiz erklären.

Fischen fehlt zwar der Neocortex, also die Großhirnrinde, die bei Säugetieren die entscheidende Rolle bei der bewussten Schmerzwahrnehmung spielt. Offenbar ist der Neocortex aber keine Voraussetzung hierfür, da andere Hirnteile diese Aufgabe übernehmen können. Analoge Entwicklungen bei anderen Tiergruppen wie Krebsen und Weichtieren sind wahrscheinlich. Das bestätigt auch der philosophische Tierarzt Professor Jörg Luy. Auch bei Insekten sei das Artenspektrum so riesig und unterschiedlich, dass es von einer Art Biorobotern bis zu bewusst empfindenden Lebewesen reichen dürfte, glaubt er. Bei Bienen und anderen sozialen Insekten kann sich ein guter Teil der damit beschäftigten Wissenschaftler ein Schmerzempfinden vorstellen. Möglicherweise fühlen Fische und andere Tiere Schmerz und vielleicht auch Freude anders, als wir es kennen. Aber sie müssen keineswegs unfähig sein, vergleichbare Gefühlszustände zu erleben.

Fehlende Konsequenzen

Auch die Europäische Behörde für Lebensmittelsicherheit (EFSA) kennt wissenschaftliche Belege, die die Annahme stützen, dass zumindest einige Fischarten von ihren Hirnstrukturen her in der Lage sind, Schmerz und Angst zu empfinden. Allerdings sind nur wenige der etwa 20 000 bekannten Knochenfischarten im Detail untersucht worden, weswegen die

Von Aal bis Zander

Behörde Verallgemeinerungen, die das gesamte Spektrum an Fischarten einschließen, für unzulässig hält. Im österreichischen Tierschutzgesetz sind inzwischen Kopffüßer wie Kraken und Tintenfische sowie Zehnfußkrebse wie Hummer und Garnelen den Wirbeltieren in vielen Punkten gleichgestellt. Politisch sind echte Konsequenzen aus dem Schmerzempfinden von Meeresbewohnern dennoch ein Tabuthema. Zwar fordert die deutsche Tierschutz-Schlachtverordnung, wenn auch wiederum mit Ausnahmen, auch Knochen- und Knorpelfische vor der Schlachtung grundsätzlich zu betäuben. In der Praxis ist das aber eher selten der Fall und gerade bei Massenfängen auf See praktisch unmöglich. Wörtlich heißt es dazu: »Die Vorschriften dieser Verordnung sind nicht anzuwenden bei … einem Massenfang von Fischen, wenn es auf Grund des Umfangs und der Art des Fangs nicht zumutbar ist, eine Betäubung durchzuführen.« Auch wirbellose Meerestiere wie Hummer, Garnelen und Miesmuscheln braucht man gesetzlich bisher nicht zu betäuben, bevor man sie durch kochendes Wasser oder 100 Grad heißen Dampf tötet.

Tiere essen

Bis sich theoretisches Wissen in persönlichem Handeln niederschlägt, dauert es offenbar auch bei mir eine ganze Weile. Oder dieses Wissen löst sogar erst einmal eine gegenteilige Reaktion aus. In den letzten Tagen habe ich nämlich für meine Verhältnisse richtig oft Fleisch gegessen. Sogar ganz offen am Abendbrottisch meiner westfälischen Verwand-

Tiere essen

ten – ein Brot mit rohem Schinken. Doch irgendwas passiert gerade mit mir. Vielleicht liegt es an meiner aktuellen Lektüre, dem Buch *Eating Animals* (»Tiere essen«) von Jonathan Safran Foer, oder an meinen bisherigen Recherchen wie etwa den Berichten über die Probleme in deutschen Schlachthöfen. Irgendetwas hat wohl einen Prozess bei mir in Gang gesetzt. Plötzlich möchte ich kein Fleisch mehr essen und auch keinen Fisch mehr. Ich will da nicht mehr mitmachen, ausnahmslos. Vielleicht waren die vergangenen Tage wirklich meine letzten mit Fleisch. Wieder daheim, habe ich auf meine eigene allwöchentliche Öko-Räucherknacker verzichtet und wohlweislich nur zwei statt drei gekauft. Meine Tochter hat noch vor dem Mittagessen nahezu beide verputzt. Lediglich die Hülle der Wurst habe ich gekaut wie ein Kaugummi mit Wurstgeschmack. Warum gibt es so was eigentlich nicht? Es gibt ja auch Nikotinkaugummis für die Entwöhnung von Rauchern. Ein paar Tage später habe ich noch einmal Fisch gegessen, ein Lachsfilet, das noch bei uns im Tiefkühlfach gelegen hatte. Meine Tochter mochte es nicht, was meinen Anteil vergrößerte. Beim Einkauf für die Osterfeiertage habe ich dann die für mich üblichen Meeresprodukte wie Krabben, Sardellenpaste und Seehasenrogen-Kaviar im Supermarktregal liegen lassen. Es fiel mir nicht einmal schwer. Mal sehen, wie es weitergeht. Auf jeden Fall möchte ich mich erst einmal genauer mit den Methoden des Fischfangs beschäftigen.

Von Aal bis Zander

Fisch ahoi

Unter Tierschutzaspekten ist der Umgang mit Meerestieren von enormer Bedeutung, allein schon durch die schiere Masse an getöteten Fischen und anderen Meeresbewohnern. Allein bei den registrierten Wildfängen – also den Fischen, die man im Süß- und Salzwasser als Nahrung für Menschen, Zuchtfische und andere Nutztiere sowie als Köderfische und für industrielle Zwecke fängt – kommen Schätzungen auf eine jährliche »Ausbeute« von 1 bis fast 3 Billionen (3 000 000 000 000!) Fischen. Daneben wirken die weltweit jedes Jahr für den menschlichen Verzehr getöteten 3 Milliarden Säugetiere und 57 Milliarden Vögel (nach Angaben der Welternährungsorganisation FAO) fast wie eine Petitesse. Die Zahl der Fische wird anhand der jährlich gemeldeten Fangmengen in Tonnen grob berechnet. 90 Prozent der Fänge stammen aus dem Meer. Zu der jährlich gemeldeten Fangmenge von etwa 90 Millionen Tonnen Fisch kommen noch zwischen 11 und 26 Millionen Tonnen durch illegale Fischerei hinzu. Das bedeutet, dass vielleicht jeder fünfte Fisch aus illegalen Fängen stammt. Bei diesen Zahlen ebenfalls nicht berücksichtigt sind die nicht registrierten Fänge von Fischen, die als Lebendköder oder als Futter für Fisch- und Shrimpsfarmen dienen, sowie die Fische, die tödlich gestresst, erschöpft oder verletzt den Fangvorrichtungen entkommen oder in verloren gegangenen Fangvorrichtungen sterben. Zu der Zahl getöteter Fische kommen noch zahllose, aber nicht unbedingt schmerzlose Wirbellose und etliche Milliarden an Zuchtfischen hinzu. In den Mägen der Zuchtfische und an-

derer Nutztiere landet übrigens ein gutes Drittel der Wildfänge. Auch der Beifang darf nicht vergessen werden. Der ist
oft unerwünscht und kann oder darf nicht vermarktet werden, weswegen man ihn meist tot oder sterbend zurück ins
Meer kippt. Laut WWF (*World Wide Fund for Nature*) liegt pro
Kilo der gefangenen »Zielart« der Beifang bei bis zu 20 Kilo.
Nach vorsichtigen Schätzungen des WWF macht der Beifang
um die 40 Prozent des weltweiten Fischfangs aus. Die FAO
spricht von jährlich bis zu 30 Millionen Tonnen. Der WWF-
Beifangrechner im Internet zeigt anschaulich, welche Fischarten und »Meeresfrüchte« wie viel Beifang verursachen. Wer
also ungern Lebensmittel wegschmeißt, sollte effiziente Nahrung kaufen. Die meisten Meerestiere gehören nicht dazu. Da
überlässt man das Wegschmeißen lediglich den anderen.

Tröstlich finde ich den Gedanken, dass zumindest die
Wildfänge ein artgemäßes Leben hatten und nicht mit Antibiotika und ressourcenverschwendendem Mastfutter hochge-
päppelt werden mussten. Ein natürlicher Tod in freier Wildbahn dürfte zudem nicht wirklich angenehm sein, doch damit
begebe ich mich wieder auf das Argumentationsniveau von
»Der Wolf frisst ja schließlich auch das Lamm«. Hurz!

Raue See

So freundlich, wie der kürzlich verstorbene Käpt'n Iglo drein-
schaute, geht es auf hoher See nicht zu. Bis die Fischstäbchen
in der Pfanne brutzeln, muss einiges passieren, das mit Tierschutz aber auch rein gar nichts zu tun hat. Da mag der Fisch

Von Aal bis Zander

so nachhaltig gefangen worden sein, wie er will. Ökologische Labelprogramme für Wildfisch wie das Marine Stewardship Council (MSC) wollen sich bislang nicht auch noch um das Thema Tierwohl kümmern, wie es der Schweizer Verein *fair-fish.ch* fordert. Daher gibt es keine Kennzeichnung von Wild-fisch, der auf schonendere Weise gefangen und getötet wurde. Ohnehin gibt es davon nicht viel, denn schonende Fangmetho-den sind bislang wenig im Einsatz und für den Massenfang un-geeignet. Die verbreiteten Fangmethoden sind ziemlich rüde:

Fischfangmethoden

Schleppnetz

Mit riesigen, eng zulaufenden Netzen verfolgen Schiffe Fischschwärme, die sie mit Hightech orten oder anlocken. Zusammengetrieben im vollgestopften Ende des Netzes, ersticken etliche Fische oder sterben an Kreislaufversagen, weil sie unter dem Druck der anderen Leiber ihre Kiemen nicht mehr bewegen können. Bis die Schleppnetze heraus-geholt werden, können Stunden vergehen. Schon beim He-raufholen aus 20 Metern Tiefe können bei Fischen mit ge-schlossenen Schwimmblasen diese durch den schnellen Druckabfall platzen oder die Organe aus Mund und After drücken. Die Verfolgung und das Einfangen mit Schlepp-netzen dürfte bei den Tieren erhebliche Angst und Schmer-zen verursachen. Viele Grundschleppnetze, wie sie für Scholle, Krabbe und Seezunge Verwendung finden, zer-stören zudem den Lebensraum vieler Lebewesen, indem sie durch den Meeresboden pflügen. Der ungewollte Beifang an Krebsen, Muscheln, Seesternen und Jungfischen ist enorm hoch. Der Einsatz solch rabiater Grundschleppnetze hat die gleiche verheerende Wirkung, als würde man den Wald niederbrennen, um Rehe zu fangen.

Ringwadennetz

Mit diesem Netz wird ein Schwarm umkreist. Ist der Kreis geschlossen, ziehen die Fischer das Netz unten zu. Gegenüber den Schleppnetzen haben die Ringwaden den Vorteil, dass sie einzelne Fischschwärme selektiver fangen können und sie schneller an Deck holen. Allerdings zeigen die Fische hier, wenn das Netz den Schwarm umschlossen hat und zusammengezogen wird, ebenfalls deutliche Panikreaktionen. Auch beim Hieven auf Deck werden Tiere zerdrückt oder verletzt. Ringwadennetze nutzt man etwa zum Thunfischfang. Da sich im Ostpazifik Thunfische unterhalb von Delfinschulen (so heißen deren Schwärme) aufhalten, treibt man die Delfine teils mit Schnellbooten bis zur Erschöpfung zusammen. Dann schließt man das Netz um die Thunfische. Erlaubt man den im Netz mitgefangenen Delfinen zu entkommen, bevor der Fang eingeholt wird, kann der Thunfisch als delfinfreundlich gekennzeichnet werden. Es kann aber passieren, dass bei der Hetzjagd Delfinbabys von ihren Müttern getrennt werden und allein keine Überlebenschance haben. Alternativ setzt man zum Anlocken von großen Fischschwärmen Geräte ein. Das führt allerdings zu anderem unerwünschten Beifang wie Haien, Schildkröten und jungen Thunfischen.

Von Aal bis Zander

Kiemennetz

Es hängt als unsichtbarer Filter im Wasser und lässt Fische ab einer gewissen Größe nur mit dem Kopf durch die Maschen. Bei der Rückwärtsbewegung bleiben diese mit den Kiemen hängen und verheddern sich in ihrer Panik immer stärker. Es lässt sich schwer verhindern, dass sich Schildkröten, tauchende Vögel und Meeressäuger ebenfalls in den Maschen verfangen. Kleinmaschigere Netze führen zu größeren Beifängen, verletzen aber die gefangenen Tiere nicht so sehr. Kiemennetze können verloren gehen und über Jahre weiter Tiere fangen und töten (Ghost Fishing). Kiemennetze nutzt man in der deutschen Küstenfischerei als sogenannte Stellnetze zum Fang von Dorsch und Hering. Laut Bundesamt für Naturschutz verheddern sich viele der Vögel, die in den Fanggebieten rasten oder überwintern, in den feinen Maschen der Stellnetze und ertrinken. Die Bestände einiger Entenarten sind dadurch möglicherweise bereits gefährdet. Viele Beifänge gehen auf das Konto der Stellnetzfischerei von Zander, Hecht und Barsch. Allein in Mecklenburg-Vorpommern geht man – nach vorsichtigen Schätzungen – von rund 20 000 getöteten Seevögeln pro Jahr aus.

Langleine

Sie trägt ihren Namen zu Recht. Tausende Haken hängen hier an Leinen von bis zu 100 Kilometern Länge. Üblicherweise werden lebende Köderfische maschinell auf die Haken gespießt. Die Fischer holen die Leinen oft erst nach Tagen ein. Beifang von Seevögeln, Schildkröten und anderen

Fischen kommt auch bei Langleinen häufig vor. Dass auch Haie mitgefangen werden, ist nicht zum Nachteil der Fischer. Man schneidet ihnen beim sogenannten Finning die Flossen ab, um sie auf dem asiatischen Markt zu verkaufen. Haifischflossen zählen zu den teuersten Fischereierzeugnissen. Der »Rest« des Haies landet dann zum Sterben im Meer. Laut der Weltnaturschutzorganisation IUCN – das ist die mit der Roten Liste für bedrohte Arten – fallen jährlich über 30 Millionen Haie dieser Fischereimethode zum Opfer. Auch in der EU-Fischerei ist sie noch weitverbreitet, ja die EU ist sogar einer der wichtigsten Exporteure von Haifischflossen. Die EU-Kommission will die bedrohten Haie nun besser schützen: Die Fischer sollen künftig das ganze Tier anlanden müssen! Der Platz auf dem Schiff begrenzt somit ihre Fangmenge. Damit sich die Haie an Bord besser lagern lassen, soll es den Fischern erlaubt werden, die Flossen einzuschneiden und an den Haikörper zu »klappen«.

Angel und Leine

Schleppangeln an Schiffen, Angeln und Leinen oder Handleinen sind zum Teil beim Thunfischfang, ansonsten vorwiegend bei der handwerklichen Fischerei oder dem Freizeit-Angeln im Einsatz. Hier kommt es seltener zu unerwünschtem Beifang, eine automatische Entfernung des Hakens verstärkt jedoch die Verletzungsgefahr erheblich. Unter Tierschutzaspekten »unschön« ist dabei auch das Fangen größerer Fische mittels Spießen und die verbreitete Verwendung von lebenden Ködern. Köderfische haben bereits den Stress des Fanges und der zum Teil wochenlan-

*gen Aufbewahrung in engen Tanks hinter sich. An Haken
aufgespießte Lebendköder leiden natürlich, doch das Frei-
lassen von Köderfischen im offenen Meer, etwa um Thunfische anzulocken und bei ihnen einen Fressrausch auszu-
lösen (die Thunfische schnappen im Rausch nach allem,
auch nach Angelhaken), ist aus Sicht der Köderfische auch
kein Gewinn. Der Mensch bedient sich nicht allein der Bru-
talität der Natur, er schafft es, diese noch zu steigern.*

Und wenn sie nicht gestorben sind

Etliche Fische bleiben über Stunden und Tage verletzt in den
Fangvorrichtungen. Tierschützer fordern daher vor allem,
die Fangdauer stark zu verkürzen. Aber auch das Töten der
Tiere in der industriellen Wildfisch-Fischerei läuft bisher alles
andere als »human« ab. Schonende Methoden zur Massen-
schlachtung auf See gibt es noch nicht. Leben die Fische an
Bord oder Land noch, dauert es einer niederländischen Untersuchung zufolge zwischen einer und vier Stunden, bis die
erstickenden Tiere ihr Bewusstsein verlieren. Werden die Fische derweil auf Eis gekühlt, verlängert und verstärkt das vermutlich ihr Leiden. Viele Fische tötet man durch Ausnehmen
bei lebendigem Leib oder indem man, etwa bei Wildlachs, die
Kiemenbögen herausreißt. Eine vorherige Betäubung ist die
Ausnahme. Sogar ausgenommene Fische sind nicht unbedingt sofort tot. Bei dem bei Heringen üblichen Kehlen zieht
man die Eingeweide durch den Schlund heraus – dabei bleiben durchaus Teile davon im Bauch zurück. Gekehlte Heringe

werden laut der holländischen Studie erst nach 25 Minuten, manchmal erst nach über einer Stunde empfindungslos.

Wenn ich mir diese Fangmethoden so anschaue, erscheint mir mein Angeln im Urlaub damals wenig brutal. Woher auch immer mein Anglerwissen stammte, bei der Tötung wendete ich die als schonend geltenden Methoden an: entweder einen festen Betäubungsschlag auf den Kopf mit sofortigem Ausnehmen oder Entbluten, oder das Spiking, bei dem der Angler einen Metalldorn ins Fischhirn rammt. Sushi-Köche verlangen oft Fische, die auf diese Weise getötet wurden, weil sie für die beste Fischfleischqualität sorgt.

Zuchtfische aus Fischzuchten

Eine »humane« Tötung ist auch bei Zuchtfischen leider nicht die Regel. Elektrische Betäubungsbäder sind im Prinzip dafür gut geeignet. Sie setzen die Fische unter Strom und betäuben oder töten sie. So kann eine große Zahl von Fischen getötet werden, ohne sie bei Bewusstsein aus dem Wasser nehmen zu müssen. Die Methode findet zunehmend Verbreitung, birgt aber dennoch einige tierschutzrelevante Probleme. So warnt die Europäische Behörde für Lebensmittelsicherheit (EFSA), dass die Fische bei unsachgemäßer Anwendung leiden könnten, etwa wenn die Stromstärke zu gering ist oder – bei Einzelbetäubungen – die Fische mit dem Schwanz zuerst in die Anlage kommen. Die EFSA ist zudem unsicher, ob die gängigen Anlagen so arbeiten, dass die Fische vor dem Ausbluten richtig betäubt werden. Kennen wir dieses Problem nicht auch von den Schwei-

Von Aal bis Zander

nen? In einigen außereuropäischen Ländern wie Neuseeland und Chile narkotisiert man Fische mit Nelkenöl, das ins Beckenwasser geleitet wird. In Europa schrecken wohl die hohen Kosten für die Zulassung des Betäubungsmittels vor dieser Methode ab. Den Schlag auf den Hinterkopf gibt es auch bei Zuchtfischen. Bei der Betäubung per Hand muss der Fisch aus dem Wasser geholt werden, was für ihn Stress und Sauerstoffmangel bedeutet. Bei der automatischen Variante mit Betäubungsmaschinen muss sichergestellt sein, dass diese korrekt auf die jeweilige Größe des Fisches eingestellt ist, sonst trifft der Schlag nicht richtig. Weniger Stress vor der Tötung ist nicht nur gut für den Fisch, es verbessert bei Zuchtfischen und vermutlich auch bei Wildfängen die Fleischqualität. Aber darauf kommt es ja nicht unbedingt an, entscheidendere Kriterien sind meist geringe Kosten und eine einfache Anwendung.

Auch Zuchtfische lässt man zum Ersticken an Land liegen oder ohne Betäubung ausbluten, auch sie werden bei Bewusstsein ausgenommen. Lebende Aale in Salz zu entschleimen oder in Ammoniak zu betäuben, ist genauso barbarisch und zwar in Deutschland, nicht aber in der EU verboten. Viele Zuchtfische sterben »on the rocks«, sie ersticken in einem Eisbrei, der ihre Muskulatur lähmt. Der Temperaturschock dürfte zusätzliches Leiden verursachen. Gleiches gilt für die Umsetzung in sehr kaltes Wasser. Die Fische verlieren dadurch nicht das Bewusstsein, sondern nur die Fähigkeit, sich zu regen. Zur schnellen Tötung oder verlässlichen Betäubung sind diese Methoden völlig ungeeignet. Fischfarmbetreiber beabsichtigen mit der Kühlung, den Beginn und das Ende der Leichenstarre zu verzögern, um das Fleisch länger frisch zu halten. Auch die CO_2-Betäubung verursacht keine verlässliche Bewusstlosigkeit vor dem Entbluten. Während sie CO_2 ausgesetzt sind, zeigen Lachse Reaktionen, die auf erheblichen Stress hinweisen. Werden sie zuvor gekühlt, können sie die Reaktionen vermutlich nur aufgrund der Muskellähmung nicht mehr zeigen. Die CO_2-Betäubung ist daher ebenfalls eine Qual, mit oder ohne Unterkühlung, dies bescheinigt auch die EFSA, auch wenn ihr Gremium für Tiergesundheit und Tierschutz das etwas anders ausdrückt. Es spricht von »hohen Risiken einer Verletzung von Tierschutzprinzipien«. Dennoch ist in Deutschland die CO_2-Betäubung für Lachsartige wie die Regenbogenforelle zugelassen.

Die Vorbereitung auf die Schlachtung ist bei Zuchtfischen häufig ebenso wenig tiergerecht: Das Zusammendrängen der Fische, der Transport über Pumpen oder in Tanks, die vorübergehende Entnahme aus dem Wasser und besonders das Herausnehmen großer Mengen aus den Netzgehegen kann zu großem Stress und Verletzungen führen. Damit die Fische beim Transport durch einen verlangsamten Stoffwechsel weniger aktiv sind und die Wasserqualität der Transportbehälter durch ihren Kot nicht so beeinträchtigt wird, müssen die Tiere zudem einige Tage zuvor fasten.

Dreidimensionale Massentierhaltung

1970 stammten laut der Welternährungsorganisation FAO gerade einmal 4 Prozent der Fische und »Meeresfrüchte« aus der Zucht. Inzwischen ist es mit etwa 55 Millionen Tonnen

Von Aal bis Zander

im Jahr etwa die Hälfte aller vom Menschen verspeisten Meerestiere. Den größten Anteil an der Fischzucht nehmen mit etwas über 50 Prozent die Süßwasserfische wie der zu den Buntbarschen zählende Tilapia sowie Karpfenartige und Welse wie der Pangasius ein. Vietnam produziert 90 Prozent des Pangasius. Gut ein Viertel der in Aquakulturen gezüchteten Tiere sind Weichtiere wie Seeohren (eine Meeresschnecke), Miesmuscheln und Austern. Der Anteil von Krebstieren wie Garnelen, Wanderfischen wie Lachse und Meerforellen sowie von anderen Meeresfischen liegt zum Teil deutlich unter 10 Prozent.

Aquakultur reicht von Netzgehegen im offenen Meer bis zu geschlossenen Tanks an Land. Manche Arten lassen sich nicht künstlich züchten. Aale oder Thunfische werden daher als Jungfische in der Natur gefangen. Wie man es aus anderen industrialisierten Tierhaltungssystemen kennt, kontrollieren auch hier häufig Hightech-Systeme Futter, Licht und Wachstum. Um das Wachstum zu beschleunigen und das Fortpflanzungsverhalten zu ändern, nutzt man zudem Medikamente, Hormone und Gentechnik. Die Nutztierhalter in der Aquakultur ziehen keine verhaltensbiologischen Kriterien heran, um das Wohlbefinden der Tiere zu beurteilen. Ihnen reicht es, wenn es zu keinen offensichtlichen Erkrankungen kommt. Das gelingt allerdings zu Wasser oftmals ebenso schlecht wie an Land, denn in der intensiven Aquakultur ist die Besatzdichte ebenfalls sehr hoch, was zu den auch bei Landwirbeltieren bekannten Phänomenen führt.

Wenn sich Fische in der Natur in dichten Schwärmen aufhalten, sind alle Tiere in Bewegung. Das ist bei einem

Dreidimensionale Massentierhaltung

Schwarm intensiv gehaltener Zuchtfische kaum möglich. Eine reizarme, unstrukturierte Umgebung, fehlende Rückzugsmöglichkeiten, ein eingeschränktes Sozialverhalten, Verletzungen durch andere Tiere und das Becken sowie eine schlechte Wasserqualität verursachen Dauerstress und erhöhen damit die Infektionsgefahr. Der Befall mit Parasiten ist daher ein großes Problem, zumal diese sich in der Enge leicht ausbreiten können. Die Besatzdichte in vietnamesischen Pangasius-Zuchtteichen reicht von 20 bis zu 80 Fischen je Kubikmeter Wasser. Gegen das Infektionsrisiko aufgrund der hohen Tierdichte setzen die Halter Unmengen an Antibiotika ein, die häufig ungefiltert in die Umwelt gelangen und zur Resistenzentwicklung von Krankheitserregern führen können. Nur 0,2 Prozent des Pangasius stammen aus ökologischen Aquafarmen. In allen Fischfarmen verbreitet sind Meerläuse, die Haut und Schuppen verletzen, sodass die Fische von weiteren Infektionen befallen werden können. Züchter bekämpfen Meerläuse mit Chemikalien, allerdings haben sich auch hier schon Resistenzen ausgebildet.

Eine biologische Alternative zu diesen Chemikalien wären sogenannte Putzerfische, die Parasiten von der Hautoberfläche anderer Fische fressen, allerdings wären die Putzerfische unter den unnatürlichen Bedingungen ebenfalls großem Stress ausgesetzt. Bei Lachsen und Regenbogenforellen kommt es aufgrund aggressiver Auseinandersetzungen oft zur Flossenfäule. Und natürlich sind auch hier, wie bei den Nutztieren zu Lande, reichlich Medikamente im Einsatz. Fadenscheinige Argumente, die etwa bei Raubfischen vor einer zu geringen Besatzdichte warnen, weil die Tiere sich dann

Von Aal bis Zander

aufgrund des einsetzenden Territorialverhaltens gegenseitig noch mehr verletzen würden, klingen vertraut. Warum kupiert man eigentlich bei Fischen »aus Tierschutzgründen« noch nicht die Flossen und Schwänze? Es liegt auf der Hand, dass wandernde Arten wie Lachse, Forellen, Aale und Thunfische selbst in extensiven Biozuchten nie artgemäß gehalten werden können. Und über die Bedürfnisse anderer Arten weiß man längst noch nicht so viel, dass ein Biosiegel das Wohlbefinden garantieren könnte.

Fischgeschmack

Die Deutsche Gesellschaft für Ernährung (DGE) empfiehlt, ein- bis zweimal die Woche Fisch zu essen. Die Verbrauchsmenge der Deutschen im Jahr 2010 betrug 15,7 Kilo Fanggewicht pro Person. Da die Menge an verzehrfähigem Fisch knapp die Hälfte beträgt, wäre ein durchschnittlicher Jahresverbrauch von über 22 Kilo Fanggewicht nötig, um auf die von der DGE empfohlene wöchentliche Menge von 150 bis 220 Gramm zu kommen. Das entspräche einer Steigerung um 42 Prozent. Tatsächlich wurde in Deutschland in den vergangenen Jahren immer mehr Fisch gegessen. Noch genauer kennt das Fisch-Informationszentrum die deutschen Vorlieben: Alaska-Seelachs (23,3 Prozent), Hering (20,0 Prozent), Lachs (12,8 Prozent), Thunfisch (10,0 Prozent) und Pangasius (5,6 Prozent) waren 2010 die zwischen Nord-, Ost- und Bodensee am meisten konsumierten Fische. Diese »Big Five« machten mehr als zwei Drittel des Fischverbrauchs in Deutschland aus. Fast

Fischgeschmack

12 Prozent entfielen auf »Meeresfrüchte« wie Hummer, Scampi, Krabben, Austern, Calamares und Co. Nur 274 000 Tonnen Fisch und andere Meerestiere stammen dabei aus deutscher Produktion, 88 Prozent, fast 2 Millionen Tonnen, sind importiert – ein Viertel aus Entwicklungsländern. So viel vorerst zum Thema Fischkonsum. Warum die Deutsche Gesellschaft für Ernährung will, dass wir Fisch essen und ob und inwieweit der Verzehr von Fisch wichtig (oder vielleicht sogar ungesund) ist, damit werde ich mich noch ausführlicher im Kapitel »Wir können auch anders« beschäftigen.

Gestern waren wir zum Hochzeitstag in unserem Lieblingsrestaurant, das nur Fisch und vegetarische Gerichte führt. Es war zwar nicht das erste Mal, dass ich dort keinen Fisch gegessen habe, aber das erste Mal, dass die Fische auf der Speisekarte für mich tabu waren. Ich möchte schließlich nichts mehr auf meinem Teller liegen haben, das *auf jeden Fall* gelitten hat. Tabu ist für mich inzwischen ebenso – wie schon früher einmal – das Fleisch von Nutztieren und Wildtieren. Dabei hatte ich im Zuge meiner Recherchen fest vorgehabt, »Wildbret« zu essen. Dieses Vorhaben ist gegessen. Auf die Jagd zieht es mich dennoch.

Schrot und Horn

Freud und Leid von Jägern und Gejagten

Was du nicht kennst, das schieß nicht tot!

Des Jägers höchstes Gebot

Es ist noch dunkel, als der Handywecker piepst. Die Gänse sind auf ihrem Schlafplatz, einem See hier im Havelland, allerdings schon deutlich zu hören. Mit den ersten Sonnenstrahlen werden sie zu Tausenden aufsteigen, um sich auf den benachbarten Feldern für den Weiterflug in den Süden zu stärken. Schnell anziehen, Foto, Fernglas und raus. Draußen noch den linken Schuh anziehen – der durfte heute Nacht wegen Hundekacke nicht mit in den Campingbus. Der Schuh dürfte jetzt ziemlich kalt sein, die Wiesen sind mit Reif überzogen. Doch der Schuh ist weg. Halbseitig barfuß und zunehmend zornig humple ich über die eisigen Wiesen. Wer hat sich diesen Scherz erlaubt? Pampampam! Als die ersten Gänse auffliegen, wird geschossen. Im benachbarten Feld steht ein Jäger. Darf der das hier, so dicht am Naturschutzgebiet? Wer Gänse abknallt, klaut auch Schuhe, schießt es mir durch den Kopf. Wahrscheinlich hält er uns für Jagdgegner, die es zu behindern gilt. Doch wir sind eigentlich nur hier, um Vögel zu beobachten. Jetzt beobachte ich den Jäger eine Weile durchs

Fernglas und warte, ob er die Waffe auf mich richtet. Ich habe mich wohl die letzten Tagen zu sehr mit Jagdgegnern befasst – nicht der Jäger hat den Schuh gestohlen, sondern der Fuchs. 20 Meter von unserem Auto entfernt liegt er von Reif überzogen in der Wiese. Die Schnürsenkel wurden abgebissen und auch ein Stück der Silikoneinlage. So etwas macht kein Jäger.

Jägerlatein

Theoretisch kann ich sogar nachvollziehen, dass man an der Jagd »Spaß« haben kann, auch wenn das ein Spaß am Töten ist. Beim Angeln war mir das Töten unangenehm, aber das ganze Drumherum hat mir gefallen. Ebenso mag es Jägern gehen, und da sie das Tier nicht mit der Hand erschlagen, sondern mittels Fernwaffe »erlegen«, macht das womöglich wirklich Spaß. Jedenfalls erscheint mir das Jagen ehrlicher als andere Arten der Fleischgewinnung. Argumente für die Jagd finde ich auf der Website des Deutschen Jagdschutzverbands (DJV), dessen Präsident bis Sommer 2011 der ehemalige Landwirtschaftsminister Borchert war. Der DJV ist mit über 240 000 Mitgliedern (bei rund 350 000 Jagdscheininhabern) die größte Vereinigung von Waidmännern und -frauen in Deutschland und eine staatlich anerkannte, jawohl, Naturschutzvereinigung. Nachdem ich mich allerdings auch mit den kritischen (Internet-)Seiten der Jagd befasst habe, finde ich nun viele DJV-Argumente für das »Wildtiermanagement«, wie die Jagd auch genannt wird, weitaus weniger überzeugend als zuvor.

Schrot und Horn

Jäger und Gejagte

Für ein objektiveres Urteil über die Jagd setze ich daher auf
Derk Ehlert. Er war acht Jahre lang Jagdreferent für Berlin. Als
ich ihn in seinem Büro besuche, spricht er am Telefon gerade
über Vegetarier, doch es geht offenbar nur um die pflanzenfressenden Kaninchen der Stadt. Ehlert war für die Jagden in
Berlin zuständig, ohne selbst Jäger zu sein. Daher würden ihn
weder Jäger noch Tierschützer akzeptieren, sagt er. Das sei
ihm aber so ganz recht, da bleibe er unbefangen.

Da ich keine Ahnung habe, wer überhaupt in Deutschland was jagen darf, gibt mir Ehlert eine kleine Einführung
ins Jagdrecht.

Es gibt Berufsjäger und Förster, die die Jagd ebenfalls
dienstlich ausüben, den größten Anteil bei den Jägern in
Deutschland stellen aber die Hobbyjäger. Ihnen ermöglicht
es eine Pacht oder ein Erlaubnisschein, in einem bestimmten
Gebiet zu einer bestimmten Zeit eine bestimmte Anzahl von
Tieren, abhängig von Art, Alter und Geschlecht, zu schießen.
Jäger, die für mehrere Tausend Euro die ganze Pacht kaufen,
dürfen die Beute – so heißt das – behalten. Sie sind für ihr
Revier verantwortlich und müssen nachweisen, dass sie eine
gewisse Anzahl an Tieren schießen, denn sie haften sonst für
Wildschäden an Land- und Forstwirtschaft.

Was geschossen wird, darf aber nicht der Jäger oder Eigentümer allein entscheiden, das entscheiden das Bundes- und
Landesjagdgesetz mit den Schonzeitenverordnungen sowie
die Jagdbehörden. Die Zahl der zu schießenden Tiere richtet
sich zum Teil nach den Schäden, die den Behörden von den

Land- und Forstwirten aus den Revieren gemeldet werden. Eine jährlich ausgegebene »Streckenmeldung« sowie ein »Abschussplan« entscheiden dann, was die Jäger zur Strecke bringen dürfen. Da sind natürlich auch Tierarten dabei, die keine Schäden verursachen. Der gemeinnützige Verein »Komitee gegen den Vogelmord« kritisiert, dass die offiziellen Jagdstrecken, also die Zahl der erschossenen Wildtiere, ausschließlich von den Jägern selbst erhoben würden: »Eine Kontrolle auf Glaubwürdigkeit durch Behörden – und sei sie auch nur stichprobenhaft – findet in der Bundesrepublik nicht statt. Es ist davon auszugehen, dass die Jäger die Abschusszahlen von gefährdeten Arten (zum Beispiel Rebhühner, Baummarder) oder solchen, deren Abschuss in der Bevölkerung größeren Unmut auslösen könnte (zum Beispiel Höckerschwäne), absichtlich niedriger angeben.« Nähmen die Schäden an Land- und Forstwirtschaft überhand, zögen die Behörden die Abschusszahlen in den Streckenplänen nach oben, erklärt mir Ehlert. »Und Schadensmeldungen kommen bestimmt, denn Landwirte und Förster sind Ökonomen. Ich gehe durch den Wald und freue mich, dass da Vögel sind, der Förster sieht den Festmeter Holz und muss davon leben.«

Alles öko

Doch was zerstören Wildtiere in Wald, Feld und Flur überhaupt? »In Deutschland will man ja wieder naturnahe Wälder haben, in denen alles kreucht und fleucht und wachsen kann, was dazugehört«, sagt Elisabeth Emmert, »die Fichtenmonokulturen sind nicht mehr gewünscht.« Die Waidfrau ist Bun-

Schrot und Horn

desvorsitzende des Ökologischen Jagdverbands (ÖJV), der für eine zeitgemäße und naturverträgliche Jagd wirbt. Rehe, Hirsche und Gemsen (offiziell zur Strecke gebracht laut DJV-Jagdstatistik des Jahres 2010/2011: 1 138 593 Rehe, 132 505 Rot-, Dam- und Sikahirsche sowie 4473 Gemsen) fräßen aber bestimmte Jungpflanzen wie die von Laubhölzern und Tannen einfach lieber. Die jungen Fichten würden sie nicht so mögen, die wüchsen ungestört weiter. Auch bei den krautigen Pflanzen bevorzugten sie bestimmte Arten. Zu hohe Bestände an Reh und Hirsch führten daher zur Entmischung, erklärt mir Elisabeth Emmert. Wolle man in einem naturnahen Wald eine Vielfalt an Arten, müsse die Jagd diese Wildbestände so kontrollieren, dass die gesamte aus forstlicher und ökologischer Sicht gewünschte Waldvegetation aufwachsen könne, glaubt sie. »Wenn es strenge Winter gibt, die dazu führen, dass die Wilddichten nicht so hoch werden, kann es schon sein, dass dieses ganz natürliche System ohne Jagd funktioniert. Aber überall dort, wo man forstliche Zielsetzungen hat, wo man Wald und Wildbestände beeinflusst, dort muss man auch jagen, um das Verhältnis von Lebensraum und Wilddichte zur Zufriedenheit aller Interessen zu regeln, davon sind wir überzeugt.«

Auch Derk Ehlert sieht das Gebot zur Jagd menschlichen Interessen geschuldet: »Natürlich muss der Bestand reduziert werden, wenn man die Schäden am Wald sieht. Wenn man nicht bejagt, nehmen die Schäden zu. Das ist aber alles dem Wirtschaftswald gedient. In Flächen, die nicht bejagt und nicht bewirtschaftet werden, pendelt sich das ein. Wäre ja auch merkwürdig, wenn die Natur das nicht schaffen würde.

Wir leben aber unter wirtschaftlichen Zwängen. Die bringen uns dazu, tätig zu werden, weil sonst Klagen und Entschädigungsansprüche anstehen.«

Eigentümer land- oder forstwirtschaftlich nutzbarer Grundstücke sind in Deutschland zwangsweise Mitglied in einer Jagdgenossenschaft und müssen dort die Bejagung durch Jäger dulden, sofern sie auf ihrem Grundstück nicht selbst alleine jagdberechtigt sind. Und praktisch überall, wo tatsächlich Land- und Forstwirtschaft betrieben werden, wird auch gejagt. Wirtschaftlich ungenutzt bleiben in Deutschland nur 2 Prozent des Waldes.

Gehegt und gepflegt

Ursache für die hohen Bestände an Rehen und Hirschen und die daraus provozierte »ökologische Notwendigkeit« der Jagd oder der »Tierbestandsregelung« ist vor allem die Hege durch die Jägerschaft, etwa durch sogenanntes Kirren im Winter. Diese Lockfütterungen sind laut Jagdrecht in der praktizierten Menge und Intensität eigentlich gar nicht erlaubt, aber eher die Regel als die Ausnahme. »Wenn im Winter eine Notzeit erklärt wird, darf mehr als sonst erlaubt gekirrt, das heißt gefüttert werden«, sagt Derk Ehlert. Diese Fütterungen sollen verhindern, dass hungernde Tiere an die Bäume gehen und so den Wald schädigen. »Winterfütterungen helfen aber nicht gegen Verbissschäden«, sagt Elisabeth Emmert. »Die herkömmlichen Jäger behaupten das. Dass das Wild dann nicht mehr an der Vegetation knabbert, stimmt nicht, im Ge-

Schrot und Horn

genteil. Wenn man zusätzlich füttert, dann fördert man die Reproduktionsrate.« Futtermais provoziere geradezu den Verbiss, weil Hirsche als Ausgleich zu dem trockenen Futter Bäume schälten. Derk Ehlert kennt das Problem ebenfalls, doch die Behörden stehen unter Druck. »Durch die Fütterungen kommen die hohen Bestände durch den Winter. Wenn man als Behörde die Notzeit allerdings nicht erklärt, drohen die, die den Wald forstwirtschaftlich nutzen, mit Klagen, und auch aus den Kreisen der Jägerschaft wurde schon geklagt.« Zwar wird die Wildfütterung gesetzlich immer weiter eingeschränkt, weil man die negativen Konsequenzen kennt, aber es wird nicht kontrolliert, und es kommt häufig zu illegalen Kirrungen.

Die Sorge der Jäger um die Wildbestände in strengen Wintern ist einleuchtend. »Der normale Durchschnittsjäger möchte hohe Wildbestände, da lässt es sich einfach jagen«, sagt Elisabeth Emmert. »Auch wenn der Jäger wenig Zeit hat oder die Wetterbedingungen nicht so günstig sind, sieht er trotzdem immer Wild und kann etwas erlegen. Zudem ist die Auswahl so größer, denn er möchte ja auch Trophäen bekommen. Das ist schon eine wichtige Motivation für den herkömmlichen Jäger.« Doch diese Haltung kritisiert der ÖJV: »Wir Jäger müssen da Abstriche machen und nicht nur hohe Wilddichten verlangen und dass wir leicht jagen können. Das kann nicht über den anderen Interessen zum Schutz und zur Nutzung der Wälder stehen.«

Wildschweinparadies

Bei den Wildschweinen (offiziell zur Strecke gebracht laut DJV-Jagdstatistik des Jahres 2010/2011: 585 244) sind in den vergangenen Jahrzehnten die Bestände regelrecht explodiert. Während vor 50 Jahren in Deutschland »nur« 50 000 Wildschweine erlegt oder überfahren worden seien, seien es im Jagdjahr 2008/2009 fast 650 000 gewesen, berichtet Derk Ehlert. Er sieht die Landwirtschaft als Hauptverursacher dafür, dass es so viele Schwarzkittel gibt. »Das Angebot an Mais und Raps ist ein Eldorado für Wildschweine. Und durch die Biogasanlagen wird noch mehr Mais angebaut. Teilweise wird der auch erst im Winter geerntet und steht so als Nahrung noch länger zur Verfügung. Die Sauen haben im Mais zudem die Möglichkeit, sich zu verstecken, und entziehen sich so der Jagd. In ein Maisfeld geht kein Jäger rein. Wenn Sie wirklich mal Sauenkontakt haben wollen, gehen Sie in ein Maisfeld«, sagt Derk Ehlert. Dass die »Vermaisung« der Landwirtschaft ein wichtiger Faktor sei, glaubt auch Elisabeth Emmert, doch reiche der Mais auf den Feldern als Futter für das ganze Jahr nicht aus. Weil aber rund ums Jahr mit Mais und Getreide gekirrt würde, habe das die Reproduktionsraten der Wildschweine stark erhöht. Und dass die Jäger die Schweine zu wenig bejagten, beklagt Elisabeth Emmert ebenfalls. »Zum Teil schaffen sie es nicht, zum Teil wollen sie das auch nicht, weil sie selbst bei Wildschweinen an hohen Wilddichten interessiert sind.« Das Problem der hohen Bestände ist hier offenbar ebenfalls hausgemacht. Und weil die Schweine Schäden in der Landwirtschaft verursachen, indem sie zu viel Mais fressen oder Wiesen aufwühlen, sodass diese dann schlechter zu bewirtschaften sind, »müssen« sie geschossen werden. Auch die Botaniker fordern laut Derk Ehlert manchmal: »Haut uns den Bestand klein! Wir haben keine Orchideen mehr.«

Obwohl so viele Wildschweine geschossen werden, nimmt ihr Bestand weiter zu. Derk Ehlert glaubt nicht mehr, dass die Jagd eine Möglichkeit ist, den Bestand an Sauen nachhaltig zu reduzieren. »Wird der Mais geerntet, stehen zwar ringsumher die Jäger und versuchen, die Sauen rauszuschießen. Das bringt aber meist wenig, weil sie bis zum Schluss drinbleiben und dann alle auf einmal rausrennen. Und wenn von 20 Sauen 10 zur Strecke gebracht werden, ist das nicht erfolgreich. Erstens sind die anderen danach ›jagderfahren‹, und zweitens können sie sich entsprechend stark reproduzieren.«

Um die Reproduktionsraten wirkungsvoll zu verringern, müsse man mehr Frischlinge schießen, also Tiere unter einem Jahr, sagt Derk Ehlert, denn Wildschweine könnten schon mit neun Monaten trächtig werden und mit einem Jahr Junge haben. Er fordert, schon Tiere unter 15 Kilo »rauszuholen«. »Je eher, desto besser. Wir meinen mit Frischlingsbejagung sogar Kesselschüsse, also Schüsse ins Nest. Aber wer schießt gerne Kinder? Die meisten Jäger sagen, sie gehen an so kleine Frischlinge nicht ran. Denen kann man unterstellen – zu Recht oder zu Unrecht –, dass sie ja nur nicht das schießen wollen, was sie morgen ernten können. Selbst wenn es Prämien gibt auf Frischlinge unter 15 Kilo, dann bringt das kaum etwas. Aber um den Bestand zu verringern, wäre es sehr dienlich. Es ist heute das Ziel, der Bache einen Frischling zu lassen und alles andere rauszuschie-

Wildschweinparadies

ßen, bevor der Herbst kommt. Da heißt es: ›Schießt, was das Zeug hält!‹«

Auch bei der Verbreitung der Schweinepest spielen die ganz jungen Frischlinge eine entscheidende Rolle. Die Viruserkrankung überträgt sich leicht auf Hausschweine, etwa über Dreck an den Stiefeln, und ist daher sehr gefürchtet. Hausschweine dürfen aufgrund von Handelsabkommen nicht geimpft werden. Daher impft man bei Ausbrüchen der Schweinepest die Wildschweine, wodurch wiederum ihr Bestand anwachsen kann.

Der Fuchs geht um

Früher war es die Tollwut, jetzt ist es der Fuchsbandwurm, der als Rechtfertigung der Jägerschaft für die Jagd auf Füchse herhalten muss (offiziell zur Strecke gebracht laut DJV-Jagdstatistik des Jahres 2010/2011: 519368). Doch das Infektionsrisiko mit dem Fuchsbandwurm ist insbesondere für normale Waldbesucher minimal. Eher infizieren sich Jäger beim unvorsichtigen Umgang mit erlegten Füchsen. Bei der Bekämpfung der Fuchstollwut hatte die Bejagung keinen Erfolg, in Deutschland wurde sie erst durch Impfköder ausgerottet. Die Zahl der Füchse hat sich seither allerdings rapide erhöht. Aber auch das sei ökologisch gesehen überhaupt kein Problem, sagt Elisabeth Emmert, auch wenn herkömmliche Jäger behaupteten, dass hierdurch Hasen oder bodenbrütende Vögel schwer leiden würden. Denn ob es von diesen Tieren hohe Bestände gebe, hänge vom Lebensraum ab, von der Zahl der Hecken oder Wild-

Schrot und Horn

kräuter und davon, wie viel Fläche intensiv landwirtschaftlich genutzt werde, nicht von der Zahl der Füchse. »Für uns ist die so begründete Jagd auf Füchse Kurzschlussökologie«, sagt Elisabeth Emmert. »Beutegreifer wie der Fuchs sind ein natürlicher Faktor. Es gibt Mechanismen, die verhindern, dass die sich uferlos ausbreiten.« Durch die Jagd wird die Zahl der Füchse jedenfalls nicht längerfristig reduziert. Wissenschaftliche Untersuchungen haben ergeben, dass selbst bei einem Abschuss von drei Vierteln eines Bestands im nächsten Jahr wieder die gleiche Zahl an Tieren da ist. Und so verhalte es sich auch mit dem Waschbären (offiziell zur Strecke gebracht laut DJV-Jagdstatistik des Jahres 2010/2011: 67 706), sagt Derk Ehlert. »Ich bin Vogelkundler, und ich sehe, was durch Waschbären geräubert wird, auch an großen und seltenen Vogelarten. Aber ob ich Waschbären töte oder nicht, spielt überhaupt keine Rolle. Insofern könnte man auch da die Bejagung einstellen.«

Der ÖJV sei nicht prinzipiell dagegen, dass Füchse bejagt werden, sagt Elisabeth Emmert. »Aber die sollen deswegen bejagt werden, weil man sie nutzen will. Wenn man die im Winter erlegt und das dichte Fell verwendet für einen Mantel oder Ähnliches, ist das okay. Aber die im Sommer totzuschießen, wo das Fell zu dünn für so etwas ist, oder auch Jungfüchse zu töten und sie dann wegzuwerfen, das finden wir nicht gerechtfertigt.«

Den Abschuss von jährlich vielen Tausend Hunden und schätzungsweise über 200 000 Katzen, angeblich aus Jagdschutzgründen, lehnt der ÖJV ebenfalls ab, denn dieser schade dem Ansehen der Jagd mehr, als er im Einzelfall *nützen könne. (Offiziell zur Strecke gebracht wurden laut DJV-Jagdstatistik des Jahres 2010/2011 0 Hunde und 0 Katzen, denn die Jahresjagdstrecken dokumentieren nur erschossene Wildtiere.) Ich frage Derk Ehlert, warum Jäger Hunde und Katzen überhaupt schießen. »Sie haben das Recht dazu, und dann machen sie es, warum, kann ich nicht sagen. Die Argumentation lautet, dass die Tiere räubern würden. In Berlin ist der Abschuss von Hunden und Katzen eingestellt worden, denn da gab es so einen politischen Druck, auch weil man den erforderlichen Abstand zu Siedlungen nicht einhalten konnte.«*

Schrot oder Kugel

Ich bin natürlich nicht nur daran interessiert, warum, sondern auch wie gejagt wird. Besonders grausam ist die immer noch praktizierte Fallenjagd, denn sie verursacht häufig eine stunden- bis tagelange Todesqual. Die Fallen verstümmeln oder verletzen nicht nur Haustiere, sondern manchmal auch Menschen. Für den ÖJV ist die Fallenjagd eine nicht mehr zeitgemäße Art der Jagd (insbesondere die Totschlagfallen, in denen Tiere nicht nur gefangen, sondern verletzt bzw. getötet werden), weil Fallen grundsätzlich nicht gezielt für eine bestimmte Tierart ausgelegt werden können. Auch Derk Ehlert findet Fallen grausam und ökologisch unsinnig. Die Tiere seien zwar häufig sofort tot, sofern die Fallen ordentlich angebracht worden wären, sagt er. Aber es komme durchaus vor, dass auch geschützte Tiere getötet würden.

Schrot und Horn

Kleinere Tiere wie Füchse, Fasane und Hasen, im Ausland bisweilen auch größere wie Rehe schießt man mit Schrot. Vom Hochsitz aus, wenn die Tiere sitzen oder stehen, kann man sie hingegen mit Kugelmunition treffen. Sind die Tiere in Bewegung, etwa bei Treibjagden, verwenden die Jäger üblicherweise Schrot, auch um das Risiko für die anderen Jagdteilnehmer gering zu halten. Schrot streut zwar sehr, aber die Geschosse fliegen dafür nicht sehr weit. Um ein Tier tödlich zu verletzen, muss der Schrot aus weniger als 30 Metern abgefeuert werden, bei Rehen sind es nur 25 Meter. Es heißt, die getroffenen Tiere sterben an einem Schock, also unmittelbarem Kreislaufversagen. Ob das tatsächlich stimmt oder die Tiere doch den Verletzungen der einzelnen Geschosse erliegen, ist selbst in Jägerkreisen umstritten. Besonders problematisch ist der Schrotbeschuss bei Vögeln, weil diese zum Teil in Gruppen fliegen und auch die Schussdistanz oft unterschätzt wird. Dadurch verdoppelt sich nach Schätzungen von Jagdkritikern die Zahl der durch die Jagd getöteten Gänse, Enten und Tauben (offiziell zur Strecke gebracht laut DJV-Jagdstatistik des Jahres 2010/2011: 65 617 Wildgänse, 418 418 Wildenten und 812 028 Wildtauben). Verletzt werden noch viel mehr. »Sie können davon ausgehen, dass, wenn eine Gans mit Schrot beschossen wird und runterfällt, neun Gänse verletzt weiterfliegen«, sagt Derk Ehlert.

Ein Schuss, kein Treffer

Der deutsche Jäger ist im Schnitt 59 Jahre alt. Obwohl der Jagdschein alle drei Jahre verlängert werden muss, ist es nicht erforderlich, Schießübung nachzuweisen, so wie es der ÖJV fordert. Daher ist es nicht verwunderlich, dass nicht jeder Schuss sofort tötet. Egal ob Schrot oder Kugel, Schwein oder Kaninchen, es kommt immer wieder vor, dass Tiere entkommen, vor allem bei sogenannten Bewegungsjagden wie Treib- oder Drückjagden. Immer wieder bleiben dabei einzelne Tiere irgendwo verletzt im sogenannten Wundbett liegen. »Da können Sie davon ausgehen, dass sich das Tier unglaublich quält«, sagt Derk Ehlert. Gerade bei Gesellschaftsjagden oder der Jagd in der Dämmerung werden häufiger die Tiere nur angeschossen. »Im Gesetz steht, dass nach jedem nicht sicheren Schuss eine Nachsuche erfolgen muss«, sagt Derk Ehlert. Doch er bezweifelt, dass diese auch immer erfolgt. Der Prozentsatz an angeschossenen Tieren bleibt nebulös. Offiziell ist er meist gering. Doch bei vielen Jagden, bei denen er dabei war, waren sich selbst gestandene Jäger oft sicher, dass sie danebengeschossen hatten, bevor ein Nachsuche-Hund das Gegenteil bewies. Derk Ehlert plädiert daher für das Prinzip, dass jeder Schuss, der nicht zum unmittelbaren Erlegen eines Tieres geführt hat, grundsätzlich nachgesucht wird. »Diese Haltung gibt es bei vielen. Bei vielen allerdings auch nicht, denn es ist sehr aufwendig. Bei Bewegungsjagden sind da 20 Hunde und 100 Jäger. Da könnte man gleich die Jagd abbrechen. Außerdem sind verletzte Sauen das Gefährlichste, was man sich vorstellen kann.«

Schrot und Horn

Wildschwein vs. Mastschwein

Und wie ergeht es dem Tier, wenn der erste Schuss »sitzt«? Eigentlich verlangt sowohl das Tierschutzgesetz als auch das EU-Hygienerecht, dass nur Schüsse abgegeben werden, die wirklich tödlich sind, wie sogenannte Blattschüsse, bei denen der Tod nach vier bis sechs Sekunden eintritt, weil lebenswichtige Organe oder Gefäße zerstört werden. Doch letztlich sei die Diskussion, wie man tierschutzgerecht töte, ohnehin absurd, findet Derk Ehlert, »denn Töten ist Töten«. Da stellt sich für ihn eher die Grundsatzfrage, ob man es überhaupt verantworten kann, Fleisch zu essen. »Ich bin kein Vegetarier, ich bin überzeugter Fleischesser, aber ich hab das ganz erheblich reduziert, seitdem ich mich mit der Jagd befasse. Und wenn ich was esse, dann gezielt Wildfleisch. Sitzt der Blattschuss, dann hat das Tier gerade noch Eicheln gefressen, noch fünf Sekunden gelitten und ist dann tot umgefallen. Für mich besteht der Unterschied zu Schlachttieren nicht in der Art des Tötens, sondern in der Art des Lebens davor. Nur wenn ich diese Vergleiche heranziehe, ist es für mich selbst in Ordnung. Beim ersten Mal habe ich das schwer verkraftet, das Töten mitanzusehen. Das Tier muss dann aufgebrochen, also ausgeweidet werden, dann wird das Fell über die Ohren gezogen. Ist schon für einen Stadtmenschen etwas Ungewohntes, wenn man überall Jäger sieht, die Messer in der Hand halten und die Innereien rausziehen. Ich fand das zu Anfang extrem eklig. Jäger essen zwar auch Schweinefleisch, das nicht gejagt wird. Ich behaupte dennoch, dass der Jäger, der ein Tier selber erlegt, einen stärkeren Bezug zur Natur hat als viele, die im Supermarkt Fleisch einkaufen gehen.«

Schwer im Magen

Wildfleisch ist sicher das ökologisch gesehen unbedenklichste Fleisch, der Anteil am gesamten Fleischverzehr beträgt jedoch noch nicht einmal 2 Prozent. Wild enthält weniger ungesunde Fette als Fleisch von Masttieren, keine Antibiotika, und die Tiere leben meist viel gesünder als Tiere in der industriellen Produktion. Dennoch gibt es gesundheitlich Bedenkliches über Wild zu lesen. Wildschweine sind in manchen Regionen noch mit radioaktivem Cäsium aus Tschernobyl belastet, das Fleisch darf dann zum Teil nicht verkauft werden. Zudem gehört Wild zu den am meisten mit Blei belasteten Lebensmitteln. Wildschweine nehmen als Pilzfresser ohnehin größere Mengen des natürlich vorkommenden Schwermetalls auf. Aber eine wesentliche Ursache für den hohen Gehalt sieht das Bundesinstitut für Risikobewertung (BfR) in der bei der Jagd verwendeten Bleimunition, die im Wildbret winzige Bleipartikel hinterlassen kann. Durch das großzügige Entfernen des Fleisches um den Schusskanal herum lässt sich wohl einiges entfernen, jedoch nicht alles. Und unnötigerweise Fleisch wegzuschneiden, sei ja auch nicht sinnvoll, findet Elisabeth Emmert. »Wenn wir ringsum 30 bis 40 Zentimeter wegschneiden, ist ja das halbe Reh weg.«

Blei gilt, anders als andere »Umweltkontaminanten«, bereits in geringster Dosierung als schädlich. Bei Kindern kann es die Nerven und bei Erwachsenen die Nieren schädigen. Laut einer Veröffentlichung des BfR wurde in Wildschweinfleisch bis zu 4,7 und in Wildentenfleisch bis zu 3,2 Milligramm je Kilogramm gefunden. Bei den meisten anderen

Schrot und Horn

Lebensmitteln liegt der Bleigehalt weit unter 1 Milligramm. Da aber Lebensmittel mit niedrigem Gehalt wie Getränke, Gemüse, Obst, Nüsse und Kakao sowie Getreide und Milchprodukte im Vergleich häufiger verzehrt werden, sind diese Nahrungsmittel dennoch die Hauptursache der Bleibelastung im Körper. Vegetarier, die viel von diesen Produkten essen, nehmen übrigens geringfügig mehr Blei auf als der Durchschnitt. Dennoch überwiegen die gesundheitlichen Vorteile der »pflanzenlastigen Kost«. Da bei der Durchschnittsbevölkerung die Aufnahme von Blei ohnehin hoch ist, sollte laut BfR jede zusätzliche Aufnahme vermieden werden. In den bei Wildfleisch üblichen Verzehrmengen ist die Bleiaufnahme zwar nicht bedenklich, das trifft jedoch nicht auf Jägerhaushalte zu, in denen es mehrmals pro Woche Wild gibt. Auch bei Kindern bis sieben Jahren können selbst niedrige Dosierungen das Nervensystem schädigen, genauso wie bei Embryos. Schwangere können in ihren Knochen eingelagertes Blei an den Fötus abgeben. Daher sollten Frauen im gebärfähigen Alter laut BfR die Bleimengen generell so gering wie möglich halten und zumindest während der Schwangerschaft ganz auf mit Bleimunition geschossenes Wild verzichten.

Blei bleibt

Das Blei landet nicht nur im Wildbret und somit auf unseren Tellern. Geschätzte 1500 Tonnen des Schwermetalls gelangen in Deutschland jährlich in Form von Schrot- und Kugelmunition in die Umwelt, obwohl Blei als gefährliches Umwelt-

Blei bleibt

gift hinlänglich bekannt ist. »Es ist unglaublich, dass Blei in Deutschland noch erlaubt ist«, zürnt Derk Ehlert. »Wir versuchen, Blei aus unserer Umwelt herauszuholen, wo es nur geht. Überall ist Blei verboten, nur bei der Munition nicht.« Umweltverbände und Forschungsinstitute mahnen schon lange, dass die Bleimunition zum qualvollen Tod vieler Seeadler führt, die sich mit dem Fleisch von angeschossenen Gänsen vergiften. Doch die Jägerschaft scheint bei der Umstellung auf ökologischere Geschosse träge zu sein. Im Wesentlichen stecke die deutsche Munitionsindustrie dahinter, verrät mir Elisabeth Emmert. Die Jäger seien nur schlecht beraten. Bleifreie Kugelmunition gebe es schon jahrzehntelang und sei in anderen Ländern weitverbreitet. Mittlerweile sei die Kupfermunition auch günstiger geworden und koste genauso viel. »Die deutschen Hersteller haben das nur verpennt.« Zwar hätten diese inzwischen auch schon bleifreie Munition im Angebot, aber noch nicht in der gewünschten Vielfalt. Und je schneller die bleifreie Munition sich hierzulande durchsetze, desto mehr Marktanteile verliere sie. Daher verschleppten die Hersteller seit Jahren die Diskussion und redeten immer wieder Probleme herbei, damit der Wechsel nicht so schnell kommt. Dabei hätten die Deutsche Versuchsanstalt, das Institut für Zoo- und Wildtierforschung und andere in Untersuchungen festgestellt, dass Kupfergeschosse genauso wirksam seien und von ihnen keine größere Gefahr durch Querschläger ausgehe. »Ab 2012 sind in Berlin und einigen anderen Bundesländern nur noch bleifreie Geschosse erlaubt«, sagt Derk Ehlert. »Leider folgen der Deutsche Jagdschutzverband und einige Bundesländer dem noch nicht.« Solange nach Aussagen der Kritiker bleifreier Munition noch keine eindeutigen Ergebnisse vorliegen und einwandfrei geklärt ist, dass bleifreie Munition sicher anwendbar ist, wird es in vielen Bundesländern kein Verbot von Bleimunition geben. Das bedeutet drei weitere Jahre Verzögerung und somit viele weitere Seeadler, die an Bleivergiftung sterben.

Ein Jäger aus Kurpfalz

Den Jäger, mit dem ich zur Jagd verabredet war, hat ein Schuss erwischt, wenn auch nur ein Hexenschuss. Ein paar Wochen später treffe ich ihn dann doch. Sein Haus ist kaum zu verfehlen. Geweih und Geländewagen weisen auf den Wohnsitz eines Waidmanns und ehemaligen Försters hin. Seit 48 Jahren geht Peter L. auf die Jagd. Inzwischen hat er eine eigene Pacht. Die Scheinwerfer seines schweren SUV bewegen sich wie wachsame Augen, als er aus der Einfahrt rollt. Des Jägers Hund, eine Deutsche Bracke, begleitet uns im Kofferraum in den Odenwald. Auf dem Rücksitz liegt das Gewehr. Die Munitionsschachtel sieht aus, als sei sie für Zigarillos gemacht. L. entnimmt drei Patronen und bindet sich einen Gürtel mit einem langen Jagdmesser um. L. ist kein Ballermann. Er wirkt ruhig und besonnen und hat sich schon ziemlich viele Gedanken über das Jagen gemacht. Hat er nicht manchmal Mitleid mit einem Tier? Er schieße nur dann, sagt er, wenn er überzeugt sei, dass er das Tier gleich töte. Dann bräuchte man seiner Ansicht nach kein Mitleid zu empfinden, »dann ist es ein Lebenszyklus, der beendet wird, ohne dass die andere Kreatur

Ein Jäger aus Kurpfalz

leidet«. Die Bracke bleibt im Auto, sie wird nur zur Nachsuche gebraucht. Falls er ein Tier doch nicht richtig trifft. Falls wir überhaupt eins treffen, denn die Wilddichte hier ist aufgrund von forstwirtschaftlichen Interessen nicht besonders hoch.

Trotz trüben Wetters sind heute Spaziergänger unterwegs. Mir ist es ein bisschen peinlich, als »Jäger« andere Waldnutzer anzutreffen. Nicht immer sind die Begegnungen freundlich, erzählt L. Diesmal schon. Er plaudert wie mit alten Bekannten. Auch in seinem Umfeld gibt es Leute, die Jäger für Rohlinge und brutale Menschen halten. Doch das entspricht nicht seiner Erfahrung mit der Jägerschaft. Er spürt da keine Schlachthofmentalität, sondern durchweg eine ausgeprägte Verantwortung – etwa wenn er Jagdgäste hat und die Nachsuche nach einem angeschossenen Tier am nächsten Tag fortgesetzt werden muss. »Da können die wenigsten schlafen. Die haben ein echt schlechtes Gewissen, weil sie einem Tier Schmerz verursachen.«

Ich folge L. ins Dickicht, der in dem dicken Tarnanzug und mit dem Gewehr am Rücken für mich eher wie ein Söldner als ein Jäger ausschaut. Fünf Meter geht es, ich voran, auf glitschigen Sprossen in die Höhe. Ich denke kurz an Jagdsaboteure, die auch gern mal Hochsitze ansägen. Dann sitzen wir in dem 30 Jahre alten gepolsterten Ansitz, mit Schiebefenster und einem Hornissennest, das inzwischen von Ohrenkneifern bewohnt wird. Hier fühlt sich L. »eingebettet in des Lebens Kommen und Gehen«, wie er sagt, inmitten einer ziemlich unberührten Natur. Daraus zieht er seelisch-geistigen Gewinn. »Hier sind Sie in einer anderen Welt, vor allem auch

Schrot und Horn

Auf die Pirsch geht ein Jäger lieber gut getarnt. Es muss aber nicht immer der klassische Lodenmantel sein.

Ein Jäger aus Kurpfalz

nachts, da kommt das Mystische. Das ist eine Faszination, die einen zurückführt an die Ursprünge, wo wir herkommen.«

Seit wir den Weg verlassen haben, wird nur noch geflüstert. Ich muss husten. »Das sind die Waffen eines Vegetariers«, scherzt L. Er hat mir zuvor den Ball zugeschoben, ich solle, wenn es so weit sei, entscheiden, ob er abdrücken soll oder nicht. Es ist klar, dass ich das nicht will, auch wenn mich wahrlich interessiert, wie ich den Tod eines Rehs oder Wildschweins erleben würde. L. ist durchaus motiviert, Beute zu machen. Er schießt nur Tiere, die er essen kann, und er isst gerne Wildbret. Seine Tiefkühltruhe ist leer, und die letzte Jagd liegt etliche Wochen zurück. Vor uns liegt ein Wildacker mit Senfpflanzen für die Rehe und Wildschweine sowie das Gewehr, das mich – abgesehen von Gewicht und Zielfernrohr – an meine Winnetou-Silberbüchse aus Kindertagen erinnert. Mit dem Fadenkreuz kommt es mir nahezu simpel vor, etwas ins Visier zu nehmen, selbst über eine Distanz von 80 Metern. Ein Tier aus dieser Entfernung zu schießen, würde mir vermutlich leichter fallen als aus nächster Nähe. Nur will ich es nicht, egal, ob ich glaube, ein Tier zu »kennen« oder nicht. Das höchste Jägergebot (»Was du nicht kennst, das schieß nicht tot!«) geht mir da nicht weit genug. Ein Waldkauz ruft. Ansonsten schluckt der aufziehende Nebel alle Geräusche. Ob das nicht seltsam sei, über das Leben eines Tieres zu entscheiden, frage ich. »Bevor Sie als Jäger das Gewehr in die Hand nehmen«, sagt L., »müssen Sie die Entscheidung über Leben und Tod schon getroffen und sich über diese inneren Skrupel hinweggesetzt haben, eine Kreatur aus der Wildbahn zu nehmen.« Das Töten erfolgt nach Regeln. Taucht ein

Schrot und Horn

Reh mit seinem Kitz auf, schießt er zuerst das Kitz. Nie umgekehrt. Häufig schaut sich das Reh nach dem Kitz um, dann schießt er das »zweite Stück«. Tierkinder zu töten klingt grausam für mich, doch mir fällt ein, dass in der Landwirtschaft die allermeisten Nutztiere schon im Kindes- oder Jugendalter geschlachtet werden, ohne dass sie jemals Zeit mit ihrer Mutter verbracht hätten.

Es sei für den Jäger allerdings wichtig, das Töten richtig einzuordnen, nämlich als etwas, das zum Leben dazugehöre, sonst schade er sich letztendlich seelisch, sagt L., und er bringe sich um die Chance, die die Jagd biete. Und weil man als Jäger in den Kreislauf aus Leben und Tod eingeordnet sei und das durch sein Handeln repräsentiere, habe die Jagd für ihn einen besonderen Stellenwert in der Gesellschaft. Aber L. kennt auch die Augenblicke, wo er vom Mond oder der untergehenden Sonne und der wunderschönen Natur so fasziniert ist, dass sich in ihm etwas dagegen sträubt zu töten. »Dann lässt man den Finger krumm und genießt das auch.«

Ein Stück weit kann ich die Gedanken und Gefühle des Jägers nachempfinden. Dennoch bin ich ganz froh, dass wir ohne Beute den Rückweg antreten.

Vegetarier sind Mörder!?

Über Hähnchen, Hennen, Tierbefreier
und ein Kuh-Altersheim

Ich bin ein Veganer – Stufe 5!
Ich esse nichts, was einen Schatten wirft.

Jesse Grass aus *Die Simpsons*

»Iss doch mal wieder eine Bratwurst«, rät mir Steffi beim Mittagstisch im Kreise unserer Kollegen. Sie will nicht glauben, dass ich jetzt endgültig auf Fleisch verzichten will. Schon steigt der nächste Kollege mit ein: »Dann darfst du aber auch keine Gummibärchen oder Schokolade essen, weil da auch Sachen von geschlachteten Tieren drin sind.« Jaja, dem Vegetarier schlägt bisweilen die Häme der Fleischesser entgegen. In der Tat steckt in Gummibärchen meistens Gelatine aus Schweinehaut. Und Schokolade wie auch Käse enthalten oft Süßmolke, die mithilfe von Lab gewonnen wird, das aus den Mägen geschlachteter Kälber stammen kann. So penibel muss der Vegetarismus-Kritiker jedoch gar nicht argumentieren, denn auch für Milch und Eier werden jedes Jahr zig Millionen Tiere gequält und getötet. Darüber klärt etwa die Website eines radikalen Veganers, *vegetarier-sind-moerder. de*, auf. Der Vegetarier macht es anscheinend keinem recht.

Vegetarier sind Mörder!?

Dennoch, warum sollte ich als Vegetarier auf Gummibärchen und Schokolade verzichten oder überhaupt irgendetwas nicht dürfen? Verliere ich dann Karmapunkte? Wer ist schon konsequent konsequent? Viele Bekannte von mir, die sich selbst als Vegetarier bezeichnen, essen Fisch. Ich selbst habe das ja auch 13 Jahre so gehandhabt. Niemand hat mir nahegelegt, entweder keinen Fisch mehr zu essen oder mich nicht mehr als Vegetarier zu bezeichnen. Insgeheim dürften sich ja viele über solche Inkonsequenzen freuen. Und wer Spaß an Gesinnungsolympiaden hat, darf anderen dafür Punktabzug erteilen. Ein fleischessender Freund hatte mir einst bei einer Paddeltour vorgehalten, dass ich auf die Salami zurückgriff, nachdem wir alle Käsevorräte verspeist hatten. In seinem Wertesystem war ein inkonsequenter Vegetarier schlimmer als jemand, der ohnehin immer Fleisch isst. Vielleicht wollte er die Salami auch bloß für sich alleine haben.

Der Hahn ist tot!

Die Viehzählung des Statistischen Bundesamtes für das Jahr 2009 hat mich geschockt: Gut 100 Millionen Hühnereier waren allein für die Legehennenproduktion in Deutschland bebrütet worden (2010: rund 113 Millionen). Die Tiere aus Betrieben mit weniger als 200 Vögeln und solchen für Zucht und Vermehrung waren dabei nicht mit eingerechnet. Aus den Eiern waren rund 40 Millionen »Gebrauchslegeküken« geschlüpft (2010: etwa 44 Millionen). Diese waren logischerweise weiblich, denn Legeküken wachsen zu Eier legenden

Der Hahn ist tot!

Legehennen heran. Doch was wurde aus den anderen 60 Millionen Eiern?

Natürlich schlüpft nicht aus jedem Ei ein Küken. Es ist aber anzunehmen, dass das Geschlechterverhältnis in etwa ausgewogen ist. Für die vermutlich in gleicher Anzahl geschlüpften Hahnenküken macht die Statistik keine Zahlenangaben. Die männlichen »Legehennen« werden nach dem Schlüpfen von Mitarbeitern der Brütereien aussortiert. Früher konnten nur gut ausgebildete »Kükensexer« das Geschlecht anhand der winzigen Geschlechtsorgane erkennen. Dank geschickter Zucht lässt sich dies inzwischen einfach anhand der Gefiederfarbe ausmachen. Die ungewollten Hahnenküken werden dann mit CO_2 vergast (ein qualvoller Erstickungstod) oder landen direkt im »Muser« oder Homogenisator, einem sehr schnell rotierenden Häcksler. Schließlich werden sie verbrannt oder zu Tierfutter für Pelztierfarmen, Zoos oder Hunde und Katzen weiterverarbeitet. Im Muser landen auch alle übrigen Eier, aus denen keine Küken geschlüpft sind, sowie die zu spät geschlüpften Küken, egal ob männlich oder weiblich. Das Aussortieren dieses sogenannten »Nachschlupfs« lohnt sich nicht. Anschaulich dokumentiert wird das »Kükensexen« in einem zweiminütigen Filmausschnitt, der 2006 im *ZDFdokukanal* ausgestrahlt wurde und den man sich mittlerweile im Internet auf mehreren Videoplattformen ansehen kann.

Den Hahnenküken der Legehennen-Rassen bleibt das Heranreifen zum Masthähnchen erspart. Diese Rassen wurden speziell zum Eierlegen gezüchtet und würden daher nur spärlich Fleisch ansetzen. Um die Lege- bzw. Fleischleistung der

Vegetarier sind Mörder!?

Hühner zu steigern, sind die Hühner Hybride, also Kreuzungen aus Elterntieren mit unterschiedlichen Eigenschaften. Und weil Hybride ihre Turboleistung nur sehr begrenzt weitervererben, stammt jede neue Kükengeneration aus wenigen internationalen Zuchtbetrieben, die aus den Erbanlagen speziell »ausgetüftelter« Zuchttiere Küken erzeugen. Zwei Konzerne teilen sich 90 Prozent des Weltmarktes.

Ausweg Ökoei?

Sieht die Situation in der ökologischen Tierhaltung nicht besser aus?, frage ich mich als großer Fan von Eiern. An Ostern darf es bei mir auch gerne mal ein halbes Dutzend sein. Mein Fachmann für Ökolandwirtschaft, Professor Bernhard Hörning von der Hochschule für nachhaltige Entwicklung in Eberswalde, befasst sich speziell mit der ökologischen Tierhaltung. Leider hat er da keine guten Nachrichten für mich: »In der ökologischen Geflügelhaltung sind die Tiere die gleichen wie in der konventionellen Landwirtschaft.« Sie stammen aus den wenigen riesigen Zuchtkonzernen, die auch die konventionellen Betriebe beliefern und für Puten, Lege- und Masthühner ausschließlich Hybridtiere anbieten. In der Biolandwirtschaft sind die Zuchtalternativen bislang sehr beschränkt. Das Problem mit den männlichen »Eintagsküken« kennt man dort genauso. »Auch wenn die männlichen Küken der Legehennen nicht in den Biobetrieben selbst getötet werden, sondern schon vorher in den Brütereien, bleibt da eine gewisse Betroffenheit zurück«, sagt Hörning. »Man ist sich in

Ausweg Ökoei?

den Biobetrieben dieser Sache bewusst, und es gibt verschiedene Bestrebungen, dort eine eigene Züchtung aufzubauen. Aber anders als bei der Haltung ist das etwas, das mehrere Jahre dauert, denn man kann nicht von heute auf morgen eine neue Rasse züchten.« Man forscht am sogenannten Zweinutzungshuhn – die Weibchen legen Eier, und die Männchen setzen dennoch ausreichend Fleisch an. Früher war die Doppelnutzung ganz normal, allerdings mit deutlich geringerer »Leistung«. Heutzutage wird versucht, durch viel Geld und intensive Forschung ein Zweinutzungshuhn zu schaffen, das die heutigen Leistungsanforderungen erfüllt. Das Problem beim Zweinutzungshuhn: deutlich weniger Eier und Fleisch. »Dies müsste der Verbraucher entsprechend honorieren«, sagt Hörning, »und das ist ein Hauptproblem in der ganzen Geflügelbranche: Durch die extreme Intensivierung sind die Produkte dermaßen billig, dass alle Alternativen deutlich teurer werden. Das Hähnchen würde viermal so viel kosten. Das geht dann nur in Richtung Premiumprodukt für Wenige.« Durch die Billigstpreise für Fleischwaren, mit denen der Handel auf den sogenannten »Schweinebauchseiten« seiner Reklamezeitungen die Kundschaft in die Geschäfte lockt, ist den Menschen das Gefühl dafür, was Fleisch eigentlich kostet, komplett abhandengekommen.

Im eigentlich noch jungen Alter von anderthalb Jahren sind die meisten Hennen »fertig« oder nicht mehr wirtschaftlich, denn Körper und Knochen machen die hohe Eiproduktion nicht lange mit. Das Fleisch der Legehennen wandert in die Suppe, sozusagen wie früher. Nach Angaben des Bundes für Ökologische Lebensmittelwirtschaft gibt es selbst in Biobe-

Vegetarier sind Mörder!?

trieben nur selten ein zweites Legejahr für die Tiere. Zucht-
versuche auf eine längere Nutzungsdauer sind schwierig und
teuer, auch diese Eier würden dann deutlich mehr kosten.

Ich wollt', ich wär kein Huhn …

Wie erging es den 35 Millionen deutschen Legehennen in Betrieben mit mindestens 3000 Haltungsplätzen, die 2010 mit einer
durchschnittlichen Legeleistung von 0,8 Eiern am Tag zusammen knapp 10 Milliarden Eier legten? 93 Prozent lebten in Betrieben mit 10000 und mehr Haltungsplätzen. Bei Biolegehen-
nen dürfen es zumindest pro Stalleinheit nicht mehr als 3000
sein. Selbst wenn Hühner einige Dutzend Artgenossen individuell erkennen können, ist in dieser Größenordnung eine stabile
Rangordnung unmöglich. Das führt zu dauerhaftem Stress. Bietet der in der Biohaltung vorhandene Auslauf den Hühnern als
ehemaligen Waldbewohnern nicht genügend Deckung vor tierischen Fressfeinden, erhöht das ebenfalls den Stresspegel – falls
sie sich überhaupt nach draußen trauen. Ein weiterer Stressfak-
tor kommt durch die ökologische Fütterung hinzu: Das Biofutter eignet sich für die Hochleistungszuchten nicht optimal und
führt bisweilen zu einer Proteinunterversorgung. Die unterver-
sorgten Vögel reagieren stärker auf die Farbe Rot und picken
dadurch häufiger auf blutige Stellen oder die manchmal ausge-
stülpten Kloaken (Unterleibsausgänge) der anderen Tiere. Aufgrund dieses Federpickens und Kannibalismus kommt es bei
Biohennen verstärkt zu Verletzungen, zumal bei Biohühnern
die Schnäbel nicht systematisch kupiert werden dürfen.

Ich wollt', ich wär kein Huhn...

Des Deutschen Appetit auf sein Frühstücksei ist groß, viele Eier werden zudem mehr oder weniger unerkannt in Torten und Kuchen, Salatsoßen und Eiernudeln konsumiert. 2010 kam man hierzulande so auf 214 Eier pro Kopf. Nur die Hälfte der Eier stammte aus Deutschland, über 10 Milliarden kamen aus dem Ausland. So liefert der Blick auf die Haltungsbedingungen in der EU ein genaueres Bild von den in Deutschland verspeisten Eiern als die deutschen Zahlen alleine. Folgende Angaben zur EU-weiten Hennenhaltung 2010 habe ich von der Europäischen Kommission erhalten: 3 Prozent der EU-Hennen wurden ökologisch gehalten (in Deutschland etwa 6 Prozent), haben also vom Gesetz her Zugang ins Freie. Weitere 11 Prozent waren in Deutschland wie in der EU konventionelle Freilandhennen. Jeweils etwa 20 Prozent lebten in Bodenhaltung (in Deutschland 66 Prozent) sowie in »ausgestalteten Käfigen« (in Deutschland 17 Prozent). Diese Käfige bieten nur geringfügig mehr Platz als die alten Legebatterien. In Deutschland müssen sie ein wenig größer sein, die Haltung heißt hier »Kleingruppenhaltung« und ist der Nachfolger der Käfigbatterie. 2002 hatte die damalige deutsche Landwirtschaftsministerin Renate Künast zwar ein vollständiges Verbot der Legebatterien durchgesetzt, dieses wurde jedoch 2006 nach dem Regierungswechsel kurz vor Inkrafttreten zurückgenommen, und man erlaubte die – lediglich romantisch klingende – Kleingruppenhaltung, die noch immer eine Form der Käfighaltung ist. Die alten Batteriekäfige sind in Deutschland seit 2010 endgültig verboten. In der gesamten EU gilt ein Verbot für die alten Batteriekäfige seit 2012. 2010 lebten in der EU aber immerhin noch 45 Prozent der Legehennen in den »gu-

Vegetarier sind Mörder!?

ten alten« Legebatterien. Das fristgerechte Ende dieser Haltungsform zum Jahreswechsel 2011/2012 wurde nicht in allen EU-Ländern eingehalten. Nach Angaben von foodwatch e. V. lebten im Frühjahr 2012 in der EU schätzungsweise noch 50 bis 100 Millionen Hühner verbotenerweise in den alten Käfigen. Es verwundert mich, dass noch immer so viele Käfigeier erzeugt werden (die mit der 3 auf dem Ei), zu denen ja auch die aus der Kleingruppenhaltung gehören. Selbst Discounter bieten inzwischen keine Schaleneier aus Käfighaltung mehr an. Professor Hörning klärt mich auf: »Etwa die Hälfte der Eier in Deutschland wird für die verarbeitende Industrie erzeugt, und dort interessiert nur der Preis – die Käfigeier sind billiger.« Da ich über einer Bäckerei wohne, sehe ich bisweilen, dass dort große Mengen an Tetrapaks mit Vollei für die Backwaren angeliefert werden. Ich möchte lieber nicht wissen, aus welcher Haltung die Eier stammen.

Hat sich die Situation der Legehennen in Deutschland mit der Umstellung von der bisherigen Käfighaltung auf die Kleingruppenhaltung wenigstens ein bisschen verbessert? Was Hörning erzählt, ernüchtert: »Die Kleingruppenhaltung in Deutschland ist ja nichts anderes als ein ausgestalteter Käfig mit Nest, Sitzstange und Scharrvorrichtungen. Da ist nur minimal mehr Platz, vielleicht ein Bierdeckel mehr pro Huhn und 5 Zentimeter mehr Höhe.« Ich bin entsetzt, als ich Bilder aus der Kleingruppenhaltung sehe. Die Ähnlichkeit zur Käfigbatterie ist erschreckend. Der »Scharrbereich« ist eine perforierte grüne Fußmatte. Die Sitzstangen sind aus Metall und laufen in nur geringer Höhe durch den Käfig. Sie bieten nicht genug Platz dafür, dass alle Insassen gleichzeitig darauf

Ich wollt', ich wär kein Huhn ...

sitzen können. Das vorgeschriebene Einstreubad könne technisch nicht umgesetzt werden, sagt Hörning. »Man kann gar nicht solche Einstreumengen in die Käfige bringen, dass man von einer dauerhaft vorhandenen Einstreuschicht sprechen könnte. Somit können die Tiere auch nicht das für die Körperpflege so wichtige regelmäßige Sandbaden durchführen. Insofern ist die Kleingruppenhaltung nur wenig besser und aus Tierschutzgründen abzulehnen.« Die Aufnahmen aus der Kleingruppenhaltung mit dem ganzen Dreck wecken in mir Assoziationen an Ratten, die im Heizungskeller hausen. Man muss es sich wirklich einmal vor Augen halten: Da werden Lebensmittel produziert, von denen die Industrie behauptet, sie seien hochwertig, und dann stammen sie aus vollkommen verdreckten Käfigen. Wachteleier sollen ja angeblich etwas für Gourmets sein. 500 000 werden jährlich in Deutschland verspeist. Doch auch die Wachteln leben zumeist in Käfigen.

Meine Mutter erfährt von mir am Telefon, dass ich meinen Eierkonsum fortan einzuschränken gedenke. »Das jetzt nicht auch noch, Andi. Also den Hühnern tut es doch nicht weh, wenn man ihnen die Eier wegnimmt.« Ich kläre sie kurz und knapp über die Produktionsbedingungen auf. Sie ist einigermaßen erschüttert und kann mein Ansinnen nun besser verstehen. Ich verzichte aber nicht ganz auf Eier, denn eine Kollegin bringt mir von einem befreundeten Bauern gelegentlich welche mit. Unregelmäßig, denn die Hühner legen nur unregelmäßig. Dafür sind sie frei laufend, ohne Selektion und Muserei. So gibt es sonntags auch mal Ei.

Vegetarier sind Mörder!?

Milch ohne Kuh

Heute habe ich das erste Mal daran gedacht, Reismilch zu kaufen; nein keinen Milchreis, sondern Milch aus Reis. Ein Hinweis auf vegane Tendenzen bei mir? Nachdem meine Recherchen zur Eiproduktion meinen Eiverbrauch rapide gedrosselt haben, komme ich nicht umhin, mich genauer mit der Milch zu beschäftigen – und sehe mich vorsichtshalber schon mal nach Alternativen um. Der Bioladenpreis von 2 Euro für 1 Liter H-Milch aus Reis ist stolz. Ob das überhaupt schmeckt? Die Antwort des Bioladenbesitzers meines Vertrauens »Na, wenn es nicht sein muss ...« hält mich vorerst von diesem Versuch ab.

Ein paar Tage später habe ich sie mir nun doch gekauft. Leicht gräulich sieht sie im Glas aus, etwa wie Waschwasser, keinesfalls so strahlend weiß wie auf der Packung. Immerhin, vom Geschmack bin ich positiv überrascht. Sie schmeckt tatsächlich nach Milchreis, die Reismilch. Im Kaffee mag ich sie mir einstweilen nicht vorstellen. Zum Müsli passt sie prima, da merkt man den Unterschied eigentlich gar nicht.

Meine nächste Entdeckung: Sojamilch – das, was viele Menschen mit Laktose-Unverträglichkeit trinken. Offiziell darf sie nicht Milch, sondern nur Sojadrink heißen. Sagt aber niemand. Und weil Sojamilch, anders als Kuhmilch, als Getränk und nicht als Lebensmittel gilt, kommen 19 statt 7 Prozent Mehrwertsteuer drauf. Was für ein Unsinn! Sojamilch ist oft, warum auch immer, gezuckert. Sieht im Glas aus wie Kondensmilch, wird beim Aufschäumen aber schön milchweiß. Und sie schmeckt im Kaffee erstaunlicherweise genauso gut wie Milch, vor allem die ungesüßte. Mir jedenfalls. Meine Tochter ist zunächst nicht überzeugt: »Bäh-Schaum!«

Wie komme ich dazu, auch meinen Milchkonsum infrage zu stellen? Nun, was den Klimaschutz angeht, liegt es auf der Hand, denn Rinder stoßen das Treibhausgas Methan aus, egal, ob sie nun Fleisch liefern oder Milch geben sollen. Aber auch in puncto Tierschutz sind meine Überlegungen begründet: Die Haltung von Milchkühen sieht in Wirklichkeit anders aus, als ich mir das gerne vorgestellt habe.

Kühe sind nicht dumm, nur dumm dran

Das sagt Professor Holger Martens, Direktor und Experte für Kuhgesundheit vom Institut für Veterinär-Physiologie der Freien Universität in Berlin. Er erzählt mir, wie die Sache mit der Milch funktioniert, nämlich wie bei allen Säugetieren: Damit eine Kuh überhaupt Milch gibt, muss sie trächtig werden. Selbst ich als Biologe habe offenbar an das Märchen von der Milchkuh geglaubt, die einfach so immer gemolken werden kann. In der Regel wird ab einem Alter von etwa anderthalb Jahren mittels künstlicher Besamung für die Trächtigkeit gesorgt. Nach neun Monaten kalbt die Kuh und produziert Milch. Mit dieser ersten Laktationsphase beginnt die Nutzungsdauer. Das neugeborene Kälbchen wird zumeist gleich von der Mutter getrennt. Ab diesem Zeitpunkt wird die Kuh gemolken, zehn Monate lang. Drei Monate nach der Geburt sollte sie dann auch möglichst wieder trächtig sein. Die letzten beiden Monate vor der Geburt des nächsten Kälbchens

Vegetarier sind Mörder!?

müssen sich Kuh und Euter erholen. Die Kuh wird in dieser »Trockenstehzeit« nicht mehr gemolken. Nach der Geburt steigert sich die Milchleistung der Mutterkuh innerhalb weniger Tage auf über 40 Liter am Tag. Diese Tagesleistung erreicht sie nur dank intensiver Zucht und mit energiereichem Kraftfutter. So hat sich seit 1950 die Milchleistung pro Laktation im Bundesdurchschnitt von 4000 Litern auf 8000 Liter verdoppelt. Sogar Herdendurchschnittsleistungen von über 10 000 Litern und Milchleistungen einzelner Kühe von 14 000 Litern sind nichts Ungewöhnliches mehr. Klingt beeindruckend, hat aber vermutlich einen Haken.

Milk sucks!

Dass das Leistungsvermögen der Kühe inzwischen an seine Grenzen stößt, zeigt sich daran, dass die Erkrankungen zunehmen. Dafür ist Martens Spezialist: »Während einer Laktationsphase erkranken bisweilen mehr als die Hälfte der Kühe eines Betriebes. Das beeinträchtigt natürlich deren Lebensqualität und verkürzt auch die Lebensdauer der Tiere.« Wenn die Weiterversorgung der Kuh nicht mehr wirtschaftlich ist, kommt es zu frühzeitigen »Abgängen«, also dem Ausscheiden aus dem Produktionsprozess – die Tiere werden geschlachtet. Die Kühe der verbreiteten Rasse Holstein Friesian haben mittlerweile im Schnitt eine Lebensdauer von weniger als fünf Jahren. Damit erreichen sie noch nicht einmal ihr Leistungsmaximum und schon gar nicht ihr natürliches Lebensalter, das bei 25 Jahren liegen kann. Die Ursache für die häufigsten Gesundheitsprobleme wie Euterentzündungen, Klauenerkrankungen und Fruchtbarkeitsstörungen liegt neben der Haltung und Fütterung in der »negativen Energiebilanz« der Kühe, eigentlich ein natürliches Phänomen. Wie bei anderen Säugetieren hat die Versorgung des Nachwuchses mit Milch auch bei der Kuh hohe Priorität und führt dazu, dass sie eigene Energiereserven dafür bereitstellt. »Dann können die Tiere gar nicht so viel fressen, wie sie an Energie verlieren«, sagt Martens. Da die Kühe zur Produktion von immer mehr Milch gezüchtet wurden, hat sich das Ausmaß dieser energetischen Unterversorgung enorm vergrößert und ihre Dauer verlängert. Eine Milchproduktion von 40 Litern täglich erfordert mehr als das Vierfache der Energie, die die Kuh für sich selbst braucht. Da diese Energiemenge selbst mit Kraftfutter nicht gedeckt werden kann, verliert die Kuh inzwischen in den ersten Monaten nach einer Geburt über 100 Kilo Gewicht. Und da die Milchleistung viel leichter zu vererben ist als das Futteraufnahmevermögen, können die Züchter auch nicht gegen die energetische Unterversorgung anzüchten und die »Lebensmilchleistung« offenbar kaum weiter steigern – zumal erwiesenermaßen ein Zusammenhang zwischen Leistung und Erkrankungshäufigkeit besteht.

Dumm dran sind auch die Bauern

Die Schuld sieht Veterinär Martens nicht bei den Landwirten. Auch die seien sich über die züchtungsbedingte Problematik der hohen Milchleistung und der kurzen Nutzungsdauer der

Vegetarier sind Mörder!?

Kühe im Klaren. Die Landwirte würden gar nicht noch mehr Milch pro Kuh wollen, erzählt Martens, die wollten, dass die Kühe länger im Betrieb blieben. So aber hätten die Kühe eine durchschnittliche Nutzungsdauer von zweieinhalb Laktationen, und das sei ökonomisch absolut unbefriedigend. Nicht einmal die Bio-Milchkühe würden im Schnitt wesentlich länger gehalten. Das optimale Leistungsvermögen der Kuh ergebe sich in der dritten oder vierten Laktation. In der fünften gehe es dann langsam runter. »In nur zweieinhalb Laktationen müssen ja auch die Aufzuchtkosten erwirtschaftet werden«, sagt Martens, »und das ist in hohem Maße unwirtschaftlich. Aufgrund dieses vorzeitigen Ausscheidens hat sich die Lebensmilchleistung der Kühe in den vergangenen 50 Jahren nicht verändert.« Sie liege nach wie vor bei 20 000 Litern.

Die Bauern setzen deshalb oft auf Masse. Zwei Drittel aller 4,2 Millionen deutschen Milchkühe standen 2010 in Herden mit mehr als 50 Tieren. 72 Prozent lebten in Laufställen und immerhin noch 27 Prozent in Anbindehaltung. In Bayern fielen darunter sogar mehr als die Hälfte aller Haltungsplätze. Dort ist auch der Anteil der weidenden Kühe mit 16 Prozent viel geringer als im übrigen Deutschland. Bundesweit standen 2009 wenigstens 42 Prozent aller Milchkühe fast ein halbes Jahr lang auf der Weide.

Was passiert eigentlich mit den Kälbchen? Die weiblichen Nachkommen werden wie ihre Mütter als Hochleistungsmilchkühe gehalten, die männlichen kommen in die Kälbermast. Dazu werden sie zum Teil quer durch Europa in die Mastbetriebe transportiert. In Deutschland dürfen die Kälbchen bis zur achten Lebenswoche in einer Einzelbox mit Vollspaltenboden und ohne Einstreu gehalten werden. Sofern man sie nicht als Jungbullen weitermästet, werden sie nach wenigen Wochen, spätestens aber nach einigen Monaten geschlachtet. Dann liefern sie das Fleisch für Döner oder Wiener Schnitzel und, als Nebenprodukt, das tierische Lab für die Süßmolke im Käse und in der Schokolade.

So gesehen ist die vegetarische Ernährung äußerst unbefriedigend, wenn es einem darum geht, Tierleid zu vermeiden. Von ihren Müttern getrennte, gemästete und geschlachtete Kälber, gemuste Eintagshahnenküken sowie frühzeitig ausgelaugte und geschlachtete Legehennen und Milchkühe sind die Kollateralschäden der vegetarischen Küche.

Planet Vegan

Zurück in den Zustand des arglosen Fleischgenusses meiner Kindheit und Jugend möchte ich nicht. Selbst meine ständige Versuchung in Form von Thüringer Bratwürsten reizt mich nicht mehr. Und jetzt mag ich noch nicht mal mehr »aus Recherchegründen« Fleisch essen, wie ich es mir doch für mein Buch vorgenommen hatte. Meine Frau hatte anfänglich vermutet, dass ich das Buch über Fleischkonsum nur schreibe, um wieder Fleisch essen zu können. Das tat ich ja dann auch, kurzzeitig. Und nun das: weder Fisch noch Krabben, Milch und Joghurt aus Soja- statt Kuhmilch, Margarine statt Butter, kein Käse und keine Eier mehr. Mein letztes Ei vom Bauernhof war befruchtet. Das fand ich zwar nicht ganz so schlimm und habe es gegessen, aber es hat mir den Abschied erleich-

Vegetarier sind Mörder!?

tert. Denn ich habe erfahren, dass auch meine Bauernhofhühner nach drei Jahren dran glauben müssen. Den Ausschlag für meinen Ausstieg aus dem Konsum von Tierprodukten haben wohl nicht die durchaus überzeugenden Sachargumente gegeben, sondern eine persönliche Begegnung – zwei sympathische junge Männer, die beide seit einigen Jahren vegan leben, aber »ansonsten ganz normal wirken«: Ich hatte Sebastian Zösch vom Vegetarierbund und Mahi Klosterhalfen von der »Albert Schweitzer Stiftung für unsere Mitwelt« für meine Recherchen getroffen, passenderweise in einem neu eröffneten veganen Restaurant. Mein Vorurteil, dass Veganer naive und die Natur verklärende Realitätsverweigerer sind, fand ich hier absolut nicht bestätigt. Jetzt bin ich anscheinend selbst ein Veganer, jedenfalls fast. »Strenger Vegetarier« nannte man das früher. Klingt richtig fies, wobei mir auch der Begriff Veganer noch ein wenig Angst macht. Hört sich an, als wäre man außerirdisch. Außerdem könnte das Etikett, Veganer zu sein, die Umwelt schnell dazu veranlassen, Polizei zu spielen und zu kontrollieren, ob man die selbst aufgestellten Regeln denn auch wirklich einhält. Von einer Kollegin erfuhr ich, dass sie das vegane Leben aufgab, weil sie Schuhe (aus Leder!) zu gerne mag. Immerhin brauche ich seitens anderer Veganer keine Strenge zu fürchten, da ich derzeit kaum welche näher kenne. Meine Lederschuhe werde ich jedenfalls auftragen, und das dauert noch eine ganze Weile. Fragt mich jemand, ob ich Veganer bin, schwäche ich das bislang meistens ab. »Ich versuche, auf tierische Produkte zu verzichten«, antworte ich lieber. Doch selbst das schockt offenbar die meisten. Mitleidsvoll erkundigt man sich: »Du isst jetzt auch keinen Käse

Planet Vegan

mehr? Was isst du denn dann Leckeres?« Laub oder trocken Brot mit Olivenöl, möchte ich da antworten. »Veganer dürfen ja gar nichts mehr essen«, stellt meine westfälische Schwägerin beim Mittagessen fest, die nicht weiß, dass ich jetzt dazugehöre und dass die Pilzpfanne mit Knödeln, die ihr sichtlich schmeckt, vegan ist. Unbewusster Teilzeitveganismus ist stärker verbreitet, als man denkt. Und mit ein paar Tricks lässt sich ausgesprochen vieles sogar für andere unbemerkt veganisieren. Der öffentliche Eindruck ist ein anderer. So zeigt das »Erklärfernsehen« zum Thema gern, wie aus einer Palette überwiegend tierischer Nahrungsmittel alles entfernt wird, bis nur noch eine Schale mit Getreide und etwas Obst und Gemüse zurückbleiben. Ja toll, das also soll veranschaulichen, was ein Veganer essen »darf«. Überhaupt »dürfen«! Ich entscheide noch immer selbst, was ich essen will. Meine »Essbehinderung« ist freiwillig, was meine Motivation noch mehr steigert. Gutes, aber auch gesundes Essen ist mir sehr wichtig, vielleicht sogar noch mehr als vorher, weil ich obendrein zeigen will, wie einfach es geht. Und ich lerne: Es gibt sehr viele Möglichkeiten, sich zu Hause und in einer Stadt wie Berlin sogar auswärts nahezu problemlos lecker und vegan zu ernähren.

Bin ich eingeladen, ist es allerdings ehrlich gesagt nicht ganz einfach, konsequent zu bleiben. Die Hochzeit eines Freundes war ein erster Praxistest. Den schnellen Griff zur Menükarte, um möglichst frühzeitig Unannehmlichkeiten für sich oder die Gastgeber abzuwenden, kenne ich noch aus Vegetariertagen. Doch schon beim Vorspeisenteller wird's für den frischgebackenen Veganer verdammt eng. Zucchini-

Vegetarier sind Mörder!?

Quark-Häppchen sind immerhin vegetarisch. Dazu teile ich mir mit einem Bekannten ein Schinken-Melonen-Röllchen ungleich auf. Der Kellner ist verständnisvoll, erkennt »meine Not« und serviert mir weitere Quark-Häppchen. Die Hauptspeisen werden glücklicherweise als Büfett angerichtet, da fällt man als Beilagenesser nicht so auf. Vegan ist auch das von mir gewählte Kartoffelgratin nicht, dafür verschmähe ich erstmalig die reichhaltige Käseplatte. Ob der Kuchen ohne tierische Inhaltsstoffe war, habe ich gar nicht erst gefragt.

Inzwischen erfreue ich mich sogar an der Reaktion der anderen, wenn herauskommt, dass ich mich vegan ernähre. Vegetarier sind ja fast schon Mainstream, müssen sich kaum mehr erklären. Als Veganer ist man hingegen noch ein echter Außerirdischer.

Vegane Starter-Woche

Als Veganer in der Welt der Fleischesser und Vegetarier Fuß zu fassen, ist nicht leicht. Aber auch in meiner neuen veganen Welt fühle ich mich noch ein wenig fremd. Zeit für einen Zwischenbericht:

Montag: Ein kurzer hungriger Einkauf in einem Hamburger Discounter: Drei Brötchen gegriffen. Jetzt noch was Herzhaftes drauf. Oh! In den Kühlregalen gibt es nur Fleisch und Käse. Sogar die Gemüsefrikadellen enthalten noch 25 Prozent Fleisch! Für Veganer definitiv trostlos.

Dienstag: Seit eben weiß ich, dass auch Wein unvegan sein kann. Weine werden zum Teil mittels Gelatine gefiltert oder

Vegane Starter-Woche

mit Eiklar geschönt, veganer Wein aber eben nicht. Auf veganen Wein zu achten, hebe ich mir mal für später auf. Ein Kollege mit einer ehemaligen Affinität zu veganer Lebensweise weiß zu ergänzen, dass Bier, jedenfalls Flaschenbier, nicht vegan sei, weil die Etiketten mit einem Kleber aus tierischen Stoffen geklebt würden. Also jetzt langt's aber!

Mittwoch: Ein Stück Schokokuchen in meinem schönen Lieblingscafé. Ist er vegan? Vermutlich nicht. Auch wenn sie hier vegane Eissorten und Sojamilch-Kaffee verkaufen, traue ich mich gerade nicht, danach zu fragen. Es ist voll, und alle scheinen meiner Bestellung zu lauschen. Was, wenn sie keinen veganen Kuchen haben? Muss ich heute dann darauf verzichten? Oder demonstriere ich souveräne Inkonsequenz?

Donnerstag: Almdudler sei die erste vegetarische Limonade der Welt, behauptet das Plakat. Ich stutze, sofern man beim Mit-dem-Fahrrad-Vorbeifahren stutzen kann. Was soll denn bitteschön an Limonade nicht vegetarisch sein? Noch nicht mal das Taurin im Energydrink Red Bull stammt aus Stierhoden. Ich weiß, dass es einen roten Farbstoff aus Blattläusen gibt – ob der auch in Limos drin ist? Und wären solche Limos dann nur nicht vegan, wohl aber vegetarisch? Ich komme schon ganz durcheinander. Immerhin freue ich mich, dass sich damit inzwischen werben lässt. So weit ist es also schon gekommen.

Freitag: Die Bäckerei, bei der ich gerne Kaffee zum Mitnehmen mitnehme, wirbt mit veganem Vollkornbrot. Ist denn das normale Brot, das ich esse, am Ende gar nicht vegan? Das vegane sei ohne tierische Inhaltsstoffe, eben für die Leute, die darauf angewiesen seien, erfahre ich auf meine Nachfrage.

Vegetarier sind Mörder!?

Wer mag wohl darauf angewiesen sein?, frage ich mich. Was an herkömmlichem Brot nicht vegan ist, können sie mir leider nicht beantworten. Ein paar Wochen später frage ich erneut nach: »Das vegane Brot wird ohne Hefe gemacht.« Aha. Hefe ist in der Tat nicht pflanzlich. Aber Tiere sind Hefepilze definitiv auch nicht.

Samstag: Mittagessen in einem vegetarischen Restaurant. Die Auswahl ist groß – für Vegetarier, nicht für Veganer. Ich fühle mich wie bei Besuchen in regulären Restaurants zu vegetarischen Zeiten.

Sonntag: Ich bin bei C. zum Frühstück eingeladen. Noch will ich nicht sagen, dass ich vegan lebe. Den Espresso? Äh, schwarz bitte. Ihm fällt es nicht auf. Konfitüre hat er leider gerade nicht da. Aufs Brötchen gibt es daher für mich, nun, eigentlich nichts. Dann halt Honig, ist noch das »veganste« hier. Vielleicht sage ich nächstes Mal doch vorher was.

Vegane Alternativen zu Eiern und Milch

Eialternativen:

Abgesehen vom Ei in der Schale, Spiegelei und Eischnee lassen sich Eier beim Backen, Binden und Panieren leicht ersetzen. Mit Seidentofu und Kurkuma kann man sogar veganes Rühr-»Ei« machen. Eifreie Mayonnaise gibt es zu kaufen, oder man stellt sie selbst aus Rapsöl, Senf und Sojamilch her. Bei vielen Rezepten, die nach 1 oder 2 Eiern verlangen, können diese einfach weggelassen werden. Im Internet findet man zahlreiche Tipps und Rezepte zum Ko-

Vegane Starter-Woche

chen und Backen ohne Ei, so etwa beim Vegetarierbund unter *www.vebu.de.*

Speisestärke, Mehl aus Mais, Soja oder Kichererbsen und andere Stärkemehle eignen sich als Bindemittel unter anderem für Kuchen, Gebäck, Panade, Burger und Bratlinge. Man rührt sie mit Wasser an oder vermischt sie direkt mit den anderen Zutaten. Da Kichererbsen- und Sojamehl einen Eigengeschmack haben, empfiehlt es sich, weniger davon zu nehmen oder sie für geschmacksintensive Gerichte und Backwaren wie zum Beispiel Schokokuchen zu verwenden. Sojamehl kann den Teig etwas schmierig machen. Speisestärke verleiht wie auch Backpulver dem Kuchen eine besondere Lockerheit. Sie lässt sich gut mit den genannten Mehlsorten kombinieren. 1 Esslöffel Stärke oder Mehl entspricht 1 Ei. Die Flüssigkeit des Eis kann man mit veganen Milchalternativen ersetzen.

Johannisbrotkern-, Guarkern- und Pfeilwurzelmehl sind ebenfalls gute Bindemittel, aber relativ teuer. Man kann sie vorab mit Wasser verrühren. Guarkernmehl ist nicht zum Backen geeignet. Bei diesen Mehlsorten entspricht 1 Teelöffel 1 Ei.

Kokosfett kann man verwenden, um beim Backen einen Teil des Öls oder der Margarine zu ersetzen. Es verbessert die Konsistenz des Teigs.

Reife Bananen lockern den Kuchenteig auf. Im fertigen Kuchen bleibt ein leichter Bananengeschmack erhalten. ½ zerdrückte Banane entspricht 1 Ei.

Vegetarier sind Mörder!?

Apfelmus oder Apfelmark eignet sich besonders gut für Muffins und feuchte Teige. Der Apfelgeschmack verschwindet beim Backen fast vollständig. 3 Esslöffel Apfelmus entsprechen 1 Ei.

Ei-Ersatzpulver ist ein fertiges Bindemittel aus dem Reformhaus. Es besteht zum Beispiel aus Maisstärke und Lupinenmehl und wird mit Wasser angerührt. Das Bindemittel eignet sich ideal für Kekse, Kuchen oder Bratlinge. 1 Teelöffel des Pulvers mit etwas Wasser vermischt ersetzt 1 Ei.

Gemahlene **Leinsamen** eignen sich vor allem für Vollkorn-Backwaren. 2 Esslöffel Leinsamen mit 3 Esslöffeln Wasser vermengt entsprechen 1 Ei.

Milchalternativen:

Sojadrink (Sojamilch) gibt es ungesüßt, gesüßt, gemischt mit Reis-»Milch« sowie angereichert mit Kalzium oder Omega-3-Fettsäuren. Die Produkte können sich geschmacklich deutlich voneinander unterscheiden. Sojadrinks bekommt man auch mit Vanille-, Schoko- oder Fruchtgeschmack.

Reis-, Hafer-, Mandel-, Hirse- und Hanfdrinks sind süßlich und haben jeweils einen typischen Eigengeschmack.

Sojamilch zum Backen lässt sich mit Kokosnussmilch ersetzen. Das macht den Teig fluffig und saftig, aber auch ein wenig fettig.

Soja-, Hafer- und Reissahne (Cuisine) eignen sich beim Kochen und für Dressings hervorragend als Ersatz für Sahne aus Kuhmilch. Einige Produkte lassen sich mit Sahnestandmittel (»Sahnesteif«) zu Schlagsahne aufschlagen.

Ein Flyer in meinem neuen veganen Lieblingsrestaurant weist mich auf einen Kongress von Tierbefreiern hin. Gemeint sind damit nicht unbedingt die Menschen, mit denen man nachts Hühner und Pferde stehlen kann, sondern solche, die sich für Tierrechte und damit für die gesellschaftliche Befreiung der Tiere einsetzen. Natürlich alles Veganer. Da will ich hin!

Die Tierbefreier

Schwarz. Fast alle sind schwarz gekleidet auf dem Kongress der Tierbefreier. Sie sind jung, tätowiert und zerpierct. Ich fühle mich wie auf einer Antifa-Veranstaltung und versuche, eindeutige Insignien des Veganismus auszumachen, weiß aber ja noch nicht einmal, wie diese aussehen könnten. Mit Mühe habe ich meine Frau überredet, nicht den direkten Weg in den Sommerurlaub zu nehmen, sondern wenigstens einen Tag auf dem Kongress dabei zu sein. Als Neu-Veganer hoffe ich, hier Gleichgesinnte zu treffen. Wir sind einen Umweg von etwa 300 Kilometern gefahren und auf einer hübschen mittelalterlichen Burg gelandet. Dort heben wir gleich den Altersdurchschnitt, Kinder gibt es kaum. Die einzige – noch sehr junge – Mutter eines zehn Monate alten Kleinkindes nimmt mit meiner Frau Kontakt auf: »Ist euer Kind auch vegan?« »Nein, die isst alles«, antwortet meine Frau. Sie verkneift es sich zurückzufragen, ob der Hund der anderen Mutter denn vegan sei. Der Mütterkontakt bleibt knapp. Dass Hunde von Veganern tatsächlich oft vegan oder vegetarisch ernährt werden, erfährt meine Frau erst später. Das funktioniert erstaun-

Vegetarier sind Mörder!?

licherweise meist wohl ganz gut und kann für den Allesfresser Hund sogar gesundheitliche Vorteile haben.

Ich informiere mich derweil über das aktuelle Programm. Der Workshop zum Poststrukturalismus fällt aus. Anarchie und Bildung ist kein Widerspruch. Aus der kleinen Halle der Burg vernehme ich leise Klaviermusik und die sanften Klänge von Gary Jules' »Mad World«. Ich lasse meinen Blick über den grasbewachsenen Innenhof der Burg schweifen und genieße den beschaulichen Moment. Dann öffne ich die Tür zur Halle. In die melancholische Musik mischt sich die Geräuschkulisse Tausender Puten. Es ist ein Video der Tierrechtsorganisation PETA, das Bilder aus der »verrückten Welt« der Tierhaltung zeigt. Ich lausche lieber einer Diskussion unter freiem Himmel und lerne: Fleischverzicht ist immer Herrschaftskritik. Es geht nicht einfach darum, das Leiden von Tieren zu vermeiden, sondern jedwede Herrschaft über andere. Politisch linke Veganer haben es anscheinend nicht leicht. Die »Fleisch-Linken« bremsten die Arbeit der Tierbefreier immer wieder mit Diskussionen, wird geklagt, und befänden, veganes Leben sei bourgeois. Denn der Arbeiter, mit dem die Linke ja solidarisch ist, isst traditionell Fleisch. Ich erfahre vom Anti-Antispe-Problem. So gibt es innerhalb der linken Szene immer wieder Kritik am Antispeziesismus, also der Kritik am Speziesismus, der die ungleiche Behandlung von Lebewesen allein aufgrund der Zugehörigkeit zu einer Spezies rechtfertigt. Die Wortwahl der Tierbefreier klingt für mich speziell. Fische werden nicht gefischt, sondern ermordet, statt Fleisch spricht man bzw. mensch von Leichenteilen. Geschlechtsneutrale Sprache ist hier sowieso üblich. Auf die Klotüren, wo sonst »Herren« und

»Damen« steht, hat jemand Aufkleber mit Feldern zum An-
kreuzen geklebt: Angekreuzt wurden aber weder »Male« noch
»Female«, sondern »Fuck you!«. Manchmal fühle ich mich
hier richtig rückständig.

Antitierwas?

Um zehn Uhr am nächsten Morgen eile ich zum Vortrag über
einen Antitierbenutzungshof. Doch zuvor stimmen die rund
40 Anwesenden über ein Statement des Tierbefreierkongres-
ses zum neuen Hühner-Mega-Schlachthof in Wietze bei Celle
ab. Die Schlussredaktion erfolgt – eine grausige Vorstellung
für jeden Autoren – im Kollektiv: »Schreib doch lieber ›die Befreiung von Tieren‹ als ›der Tiere‹.« Wedelnde Hände zeigen
Zustimmung an. Endgültig abgestimmt wird anschließend
mit »dafür ohne Vorbehalt«, »dafür mit Vorbehalt«, »dagegen,
aber man will sich nicht in den Weg stellen« oder mit Veto.
Der Einzelne hat im Kollektiv erstaunlich viel Macht. Endlich
beginnt der Vortrag. Anders als auf manchen Gnadenhöfen
wie dem aus dem Fernsehen bekannten Gut Aiderbichl werden auf dem Antitierbenutzungshof Tiere nicht für Kutsch-
fahrten, zum Reiten, für Streichelzoos oder sonst wie »benutzt«. Die Haltung der Rednerin erscheint mir recht radikal:
Sogenannter Tierschutz sei abzulehnen, das sei ein Zeichen
für Herrschaftsverhältnisse. Verbesserungen wie Freilandhaltung bei Hühnern verfestigten nur die Tierausbeutung. Derlei
Maßnahmen seien bloß ein Feigenblatt für alle Tierbenutzer,
die Hunde und Katzen süß fänden, aber problemlos Schwein,

Vegetarier sind Mörder!?

Kuh und Huhn verspeisten. Auf dem Antitierbenutzungshof wandern selbst die wenigen Eier der Hühner und Gänse sowie die Wolle der Schafe auf den Müll. Die Rednerin empfindet es als respektlos, sich daraus Socken zu stricken, denn hinter jedem Bündel Wolle stecke noch Gewalt. Darüber muss ich erst mal nachdenken. Berücksichtigt man, dass Schafe so abhängig gezüchtet wurden, dass sie geschoren werden müssen, und die Schur oft sehr brutal vor sich geht, leuchtet mir ihre Haltung ein: Tiere und ihre Produkte werden nicht benutzt. Punktum. Andere sind da nicht so strikt, zumindest beim »Containern«. Diese sinnvolle Verwertung noch essbarer Lebensmittel, die Supermärkte oder andere Geschäfte als Abfälle in Container werfen, ergänzt für manche bloß den Einkauf, für andere ist es gelebte Kritik an der Konsum- und Wegwerfgesellschaft. Hier wird heiß darüber diskutiert, ob auch unvegane Produkte wie Haselnusstafeln oder gar »Leichenteile« – zumindest für Hund oder Katz – containert werden dürfen. Die Vortragende fordert, nur vegan zu containern, denn »Erbsen können ohne Gewalt erzeugt werden, Milch nicht«. Lauch auch, basta!

Gesinnungsolympiade

Im nächsten Vortrag erfahre ich, dass es noch weitaus strengere Ernährungsformen gibt als die vegane: Rohkost und Urkost, die beide aber nicht unbedingt vegan sein müssen, dann der Fruta- oder Fruktarismus, bei dem nur Pflanzenteile gegessen werden, ohne die Pflanze zu verletzen oder zu töten,

Gesinnungsolympiade

und schließlich die Lichtkost, bei der es nur noch »Prana«, also Lebensenergie pur aus feinstofflicher Lichtnahrung, gibt. Wie lange die Lebensenergie strikter Lichtköstler anhält, ist gelinde gesagt umstritten. Rohköstler muten dagegen richtig bodenständig an. Sie essen nichts über 42 Grad Erhitztes, normalerweise. Es soll jedoch auch hier gelegentlich zu Fressattacken mit veganem Fast Food kommen, heißt es. So kann selbst veganes Essen manchem ein schlechtes Gewissen machen. Und ein schlechtes Gewissen wollen Rohköstler anderen offenbar häufig machen, jedenfalls beklagt die Vortragende die »penetrante Propaganda von Rohköstlern«, der sie als Veganerin oft ausgesetzt sei. Von Rohkostpropaganda bin ich glücklicherweise noch völlig verschont, wo ich doch nicht mal Veganer im Bekanntenkreis habe.

Die PowerPoint-Präsentation dreht sich nun um die jahrhundertealte asiatische Tradition der Fleischalternativen – nicht um »Herrgottsbscheißerle«, wie die schwäbischen Maultaschen auch heißen, die in der Fastenzeit »heimlich« den Fleischhunger stillen sollten, sondern um echte vegetarische oder vegane Alternativen. Ein halbes veganes »Hähnchen« aus Sojaprotein mit vorbildsnaher genoppter Oberfläche dreht sich dazu auf der Leinwand und sorgt nach einer Weile für Unmut. Ein Zuhörer drängt, das Bild der Hendl-Attrappe doch endlich wegzunehmen. »Schön, dass dir das Bild nicht gefällt«, lobt die Vortragende besänftigend, muss sich aber weitere Kritik anhören: »Ich habe mich bei deinem Vortrag nicht so wohlgefühlt, der war so autoritär.« Vereinzelt wedeln zustimmende Hände. Der Umgang der Vortragenden mit dem Publikum und umgekehrt ist für mich ungewohnt.

Vegetarier sind Mörder!?

Bald zerfällt die Veranstaltung durch inhaltsarme Beiträge wie die endlos langen Abfolgen sich aufeinander beziehender Diskussionsbeiträge in Internetforen: »Ich habe mich nur gemeldet, um anzuzeigen, dass sich welche gemeldet haben.«

Frustrationen

Ich bin froh, draußen auf einer Wiese das gekochte (!) vegane Essen genießen zu können. Ein junges Mädchen sitzt, wie schon beim Vortrag, mit einer auffallend schön gewachsenen Möhre herum, ohne daran zu knabbern. Ich ertappe mich bei dem albernen Gedanken, dass es sich dabei um ein von Frutariern aus der Küche befreites Wurzelgemüse handeln könnte. Eine etwas ältere Tierbefreierin erklärt sich bereit, mir ein paar Fragen zu den Absichten der Anwesenden zu beantworten. Ihr Ziel sei die vollständige Befreiung der Tiere aus der Verfügungsgewalt des Menschen und die Befreiung aller fühlenden Wesen von jeglicher Herrschaft. Leider seien sie diesem Ziel in all den Jahren noch nicht wirklich näher gekommen. Ein Weg der kleinen Schritte wäre dennoch nichts für sie. Warum außer uns kaum Ältere anwesend wären, will ich noch wissen. Irgendwann seien die Leute frustriert und zögen sich ins Private zurück, vermutet sie. Den Rückzug ins Private strebe ich jetzt auch erst mal an. Wenn ich mich als Veganer bislang am Rande der Gesellschaft gefühlt habe, konnte ich hier immerhin feststellen, dass ich von diesem Rand noch ein ganzes Stück entfernt bin.

Absicht war es sicher nicht, als ich beim Einsteigen ins

Auto eine Schnecke zertrete. Im Grunde kann ich vielen Argumenten der Tierbefreier zustimmen, dennoch bin ich frustriert, hier trotz ähnlicher Gesinnung keine Mitstreiter gefunden zu haben. Mich strapazieren die pauschale Herrschaftskritik und die anscheinend gänzlich kompromisslose Haltung, die mir wenig Erfolg versprechend erscheint. Bei mir provoziert sie sogar den innigen Wunsch, mir im nächsten Supermarkt eine Wurst zu kaufen, eine echte, aus Fleisch! Da der Laden bereits geschlossen hat, stellt sich mir die Gewissensfrage dann doch nicht. Am darauffolgenden Tag halten wir bei McDonald's an der Autobahn, natürlich nur für einen Kaffee mit Sojamilch. Ein Ortsschild weist nach Wietze, wo der größte Schlachthof Europas mit 27 000 Hühner-Schlachtungen pro Stunde entstehen soll.

Butenland

Wer auf dem Land aufgewachsen ist, hat ein anderes Verhältnis zu Tieren, nicht so »sentimental« wie der Städter, heißt es gerne. Ich kenne jedoch einige Vegetarier, die ihren Ernährungsstil gerade damit begründen, dass sie auf dem Land aufgewachsen sind, mit einem Bauernhof in der Familie oder Nachbarschaft. Nun habe ich von einem ehemaligen Demeter-Biobauern mit Milchkühen und Mastbullen gehört, der seine Tiere weder melkt noch schlachtet, sondern einfach leben lässt. Er und seine Freundin ernähren sich sogar vegan. Das muss ich mir anschauen. Urlaub auf dem Bauernhof!

Wir treffen Jan Gerdes auf Hof Butenland im friesischen

Vegetarier sind Mörder!?

Butjadingen inmitten einer Herde riesiger Kühe und dem beeindruckenden Leitochsen Willem. Am Stall hängt ein Schild »Kuh-Altersheim«. Im Schatten sitzen Dutzende von Hühnern, dazwischen mehrere Hunde und Katzen. Enten und Gänse marschieren über den Hof. Zudem gibt es noch Pferde, Kaninchen und vier Schweine. Eines davon, der dicke Prinz Lui, räkelt sich gerade im Hundekorb, der für ihn viel zu klein ist. Jans Freundin Karin lockt ihn mit Sojajoghurt wieder heraus. Einige Tiere sehen ziemlich mitgenommen aus. Sie sind alt oder stammen aus schlimmen Haltungsbedingungen. Karin kennt die Geschichte jedes einzelnen Tieres.

Als Kind hatte Bauer Jan, wie ihn meine Tochter nennt, keine Beziehung zu den Nutztieren auf Hof Butenland, den schon die Großeltern bewirtschafteten. »Die Kühe waren für mich wie irgendwelche Sachen, die es auf dem Hof gab, wie der Trecker, das Auto und alles andere auch. Das gehörte dahin«, erzählt er. Wie auch anderswo üblich kamen die Tiere aus der Anbindehaltung im Mai auf die Weide, nur zum Melken wurden sie in den Stall getrieben. Die Kälber trennte man gleich nach der Geburt von ihren Müttern. Die kleinen Kälber saugten dann an allem, was sie kriegen konnten. »Das fanden wir als Kinder natürlich süß, wenn die am Finger nuckelten. Aber das war reine Verzweiflung, weil die einfach die Mutterbrust gesucht haben«, sagt Bauer Jan.

Als Jan den Beschluss gefasst hatte, Bauer zu werden, war für ihn klar, dass die Tierhaltung auf Butenland wesentlich artgemäßer werden sollte. Außerdem stellte er auf biologische Wirtschaftsweise um. Nach der Übernahme des Hofes

Butenland

Im Altersheim: Leitochse Willem mit Huhn

Vegetarier sind Mörder!?

erneuerte er den alten, dunklen und schlecht belüfteten Stall. Die Kühe standen fortan auf Einstreu statt auf Beton und Gummimatten. Im Winter blieben sie nicht mehr durchgängig an der Kette und durften stundenweise auf den Hof. Er richtete ihnen eine Abkalbebox für die Geburt der Kälber ein und sorgte dafür, dass sie ihre Kälbchen zumindest 14 Tage lang behalten durften. Für das Kalb sei jeder Tag bei der Mutter ein Gewinn, sagt Jan. Besser seien neun Monate. Aber ein Bauer, der überwiegend von der Milchwirtschaft lebe, habe gar keine andere Wahl, als die Kälber möglichst bald nach der Geburt wegzunehmen. Wenn sich Mutter und Kalb schon kennengelernt hätten, sei das unheimlich dramatisch. Die Trennung sei dann immer brutal, egal ob nach 14 Tagen oder drei Monaten. Kühe und Kälber riefen einander, und sie würden ihre Stimmen auch über Hunderte von Metern erkennen. Einige wenige Milchviehbetriebe betreiben eine sogenannte muttergebundene Kälberaufzucht. Dort dürfen die Kälbchen in einem Zeitraum von einigen Wochen bis zu wenigen Monaten bei ihren Müttern saugen. Zusätzlich werden die Mutterkühe gemolken. Allerdings ist die Milch-Ertragsmenge so natürlich geringer, die Wirtschaftlichkeit daher zweifelhaft, und nach der Trennung leiden Kühe wie Kälber dort ebenfalls.

Nach 20 Jahren Kühemelken, Kälbermästen und Zum-Schlachten-Verkaufen konnte er dem Bauerndasein nichts mehr abgewinnen. »Ich war nie zufrieden«, sagt Jan. »Ich hatte doppelte Arbeit, aber es war nicht wirklich artgemäß. Irgendwann kam der Punkt, wo ich keiner mehr sein wollte, der für die Menschen Fleisch produziert.« Auch mit den Milchkühen hatte er zunehmend Mitleid. »Weil es Säugetiere sind, denen man immer die Kinder nimmt. Das ist schon ein ziemlicher Schmerz«, glaubt er. »Und keine Kuh lässt sich freiwillig vom Bauern melken. Der muss erst mal den Willen der Kuh brechen. Das geht bei Kühen sehr einfach, weil das sehr liebe, sanftmütige Wesen sind.« Dazu fixiere man ihre Beine mit Seilen, oder zwei Männer hielten sie fest und bögen den Schwanz nach oben, bis sie sich das Melken gefallen lasse. Nach dem vierten oder fünften Mal lasse sie sich dann »freiwillig« melken, weil sie merke, dass Widerstand zwecklos ist. Auch bei anderen Nutztieren kann Jan sich nicht vorstellen, dass sie neben dem eigenen Kind freiwillig ein anderes Lebewesen an ihr Euter lassen. Er weiß, dass Schafe sich energisch zur Wehr setzen, wenn ein fremdes Lamm saugen will. »Da wird gestoßen und getreten. Und warum sollte der Mensch das dürfen? Das geht nur mit Gewalt.«

Willems Rettung

Noch ohne Plan für die Zukunft beschloss Bauer Jan, alle seine Tiere an den Schlachter zu verkaufen. Die Kühe wurden in einen großen doppelstöckigen Transporter getrieben. Karin konnte das nicht mit anschauen, sie hätte den Lastwagenfahrer am liebsten weggeschickt. Zwölf Tiere gingen dann aus Platzgründen nicht mehr rein, unter ihnen der Ochse Willem. Sie sollten ein paar Wochen später abgeholt werden. Nachdem fast die ganze Herde abtransportiert worden war, ging es auch Bauer Jan schlecht. »Das war schon schlimmer, als wenn man

Vegetarier sind Mörder!?

drei, vier Kühe weggibt.« Und weil Tiere getötet worden seien, die gar nicht hätten getötet werden müssen, habe er ein verdammt schlechtes Gewissen gehabt, erinnert er sich. »Da war ich richtig fertig.« In den darauffolgenden Tagen reifte der Entschluss, die übrig gebliebenen Tiere als Hoftiere zu behalten und ihnen ein langes Leben zu versprechen. Das war der Anfang des Kuh-Altersheims.

Natürlich sind sie seither Gesprächsstoff in der Nachbarschaft. Und man wundert sich, dass sie beide erst morgens um neun Uhr aufstehen, wohingegen andere schon ab sechs arbeiten müssen. Sie haben aber auch Zuspruch von anderen Bauern erhalten, die aus den gleichen Gründen wie Jan keine Tiere mehr halten. Und die irgendwann auf freien Flächen Kühen die Chance geben wollen, alt zu werden, weil sie es ebenso fürchterlich finden, was in der Landwirtschaft passiert. Inzwischen gibt es keine Form der Tierhaltung mehr, die für Bauer Jan akzeptabel wäre. »Ich bin so weit zu sagen, wir haben als Lebewesen überhaupt nicht das Recht, andere Tiere zu züchten und zu nutzen.« Seit Bauer Jan auf dem eigenen Hof mitbekommen hat, wie ausgepowert selbst die Biohennen sind und wie früh sie sterben, mag er selbst deren Eier nicht mehr essen. Seit ein paar Jahren ernähren er und Karin sich daher vollständig vegan. Nicht von heute auf morgen. Es fing vor 25 Jahren mit einem vegetarischen Tag in der Woche an. »Als erster Schritt ist vegetarisch immer gut«, sagt Jan. »Keiner wird vom normalen Esser zum Veganer. Wenn jemand sagt, ich bin Vegetarier, aber irgendwann werde ich Veganer, ich schaffe es nur noch nicht, dann finde ich das o.k.« Er versteht auch Vegetarier, die sich aus gesund-

Willems Rettung

heitlichen Gründen so ernähren. »Aber wenn einer sagt, ich bin Vegetarier, weil ich nicht mit ansehen kann, wie Tiere gehalten werden, und das Tierleid verhindern will, kann ich das nicht akzeptieren. Es fängt an bei den Eiern, ob es nun Bioeier sind oder konventionelle. Die männlichen Küken sind grundsätzlich über und werden vernichtet. Und bei der Milch, beim Käse und bei der Butter ist es ja ebenfalls so, dass die männlichen Kälber und auch die weiblichen Tiere, die nicht mehr genug Milch produzieren, alle geschlachtet werden.« Er sei aber schon froh über alle, die sich überhaupt Gedanken machten über das Leben und über die Gesundheit und die über Tiere und Tierschutz nachdächten. »Ich weiß nicht, ob das eine Frage von Intelligenz oder von Sensibilität ist«, sagt Jan. »Auf der anderen Seite hast du Menschen, denen ist das so was von egal. Die freuen sich aufs nächste Grillen, Bierchen dabei, und Ruhe ist.«

Schwein gehabt

Seuchen von Tieren, Keime im Essen und
Antibiotika im Stall

*Da die Resistenzen zunehmen und nur wenige
neue Antibiotika in den letzten Jahren entdeckt
und marktreif wurden, ist das Problem der
Antibiotika-Resistenz inzwischen eine Bedrohung der öffentlichen Gesundheit.*

Europäisches Zentrum für die Prävention
und die Kontrolle von Krankheiten, ECDC
(Übers. d. Autors)

Das aufgeblasene Gummischwein am Fuß der Berliner Ge-
dächtniskirche entdecke ich schon von Weitem. Drum herum
reihen sich Stände mit Grünen Smoothies, Sojaeis und Sei-
tan-Burgern, Tierrechtsliteratur sowie Infos über Jagd, Milch
und Stadttauben. Ich bin das erste Mal auf einem vegan-vege-
tarischen Sommerfest und aufgeregt, weil ich hoffe, auf den
amerikanischen Bestsellerautor Jonathan Safran Foer zu treffen, der aus seinem Buch *Tiere essen* lesen soll. Angeblich hält
er sich gerade in seinem ehemaligen Wohnort Berlin auf, weil
sein Buch just auf Deutsch erschienen ist. Das Publikum ist
eine bunte Mischung aus Touristen und Aktivisten, tätowier-

Schwein gehabt

ten Veganern und Durchschnittsdeutschen. Die Stimmung ist entspannt, die Sonne scheint, und die Kinder hüpfen in der Hüpfburg-Kuh. Bevor ich mich ans Essen mache, sammle ich Eindrücke und Infomaterial und komme schnell ins Gespräch mit Standbetreuern und Besuchern. Mein Gegenüber hat einen amerikanischen Akzent und erstaunliche Ähnlichkeit mit Foer. Ich spreche ihn darauf an. Er raunt mir zu: »Yeah, it's me, but don't tell!« Vladimir macht aber nur Spaß, und sein Doppelgänger kommt wohl auch gar nicht hierher. Aus Foers Buch wird bloß ein deutscher Schauspieler lesen.

Ich vernehme Megafon-Protest. Er richtet sich nicht gegen den einzelnen Bratwurst-im-Bauchladen-Verkäufer vor der Kirche, sondern gegen einen Stand von Jagdgegnern auf dem Fest. Huch, mag da mancher denken, was haben denn Veganer gegen Jagdgegner? Hinter dem Verein der Jagdgegner stehe das »Universelle Leben«, kurz UL, heißt es. Die Sekte, die bis 1984 »Heimholungswerk Jesu Christi« hieß, predigt Vegetarismus, Tierliebe und Alkoholabstinenz. Ihr wird aber aus Tierrechtskreisen zuweilen Totalitarismus und Antisemitismus vorgeworfen. Bevor ich mich endlich an einem der vielen Essensstände vegan verköstigen kann, stelle ich fest, dass meine Frau ein Dutzend Mal versucht hat, mich auf dem Handy zu erreichen. Sie hat sich übergeben, und ich muss sofort nach Hause, um die Betreuung unserer Tochter zu übernehmen. Abends geht es meiner Frau besser, und ich kann fleischessende Freunde zum Grillen treffen. Neben ihren Echtfleisch-Würstchen erwärme ich Sojabratwurst für mich und plaudere über meine Erfahrungen beim Tierbefreiungskongress. Die Haltung der Tierbefreier erntet Gelächter und

Schwein gehabt

Kopfschütteln. Ich selbst fand ja die Sprache der Tierrechtler ebenfalls skurril, aber ihre konsequente Ablehnung jeglicher Tierausbeutung teile ich inzwischen weitestgehend. Darüber schweige ich. Vegan sei halt gerade Zeitgeist, höre ich vom Grill. Vegane Ernährung und das Eintreten für Tierrechte – nur eine Mode wie Nerdbrillen und Chinohosen?

Gurkenalarm

Ein weiterer Grillevent von Freunden fällt in die Zeit von EHEC. Es gibt wahre Massen an Fleisch, aber die Gastgeberin hat extra für mich einen veganen Salat gemacht, ausgerechnet mit Gurken. Ich hoffe das Beste. Es ist natürlich gut gegangen, die Gurken waren schließlich unschuldig. Schuld an der Infektionswelle im Frühsommer 2011 waren Sprossen aus ägyptischen Bockshornkleesamen. Über diese Sprossen hatten sich in Deutschland rund 4000 Menschen mit einem besonders gefährlichen EHEC-Stamm angesteckt. Der Stamm O104:H4 sondert ein sehr gefährliches Gift ab und verursacht zum Teil schwerste Durchfälle und Nierenschäden. Über 50 Menschen waren hierzulande an den Folgen der Infektion gestorben. Ganz aktuell, im Februar 2012, lese ich von einem neuen Fall in Deutschland, von einem kleinen Mädchen, das an EHEC gestorben ist. Diesmal ist es ein anderer, sehr verbreiteter Stamm. Wie sich das Mädchen infiziert hat, ist bislang unklar. Bei ihren Nachforschungen im Einzelhandel haben die Behörden einen Rohmilchkäse mit EHEC-Bakterien entdeckt. Allerdings waren die Keime darauf nicht die, die den Tod des Mädchens verursacht haben.

In »normalen« Jahren erkranken rund 1000 Menschen in Deutschland an EHEC, schwere Komplikationen und Todesfälle sind allerdings sehr selten. Die EHEC-Erreger gehören zu den *Escherichia-coli*-Bakterien *(E. coli)* und wurden erstmals 1977 entdeckt. Sie leben eigentlich im Darm von Wiederkäuern wie Rindern, Schafen und Ziegen, die selbst nicht daran erkranken. Die Keime können aber über ihren Kot, verschmutztes Wasser oder bei der Schlachtung auf Lebensmittel übertragen werden. Ansteckungen erfolgen laut Robert Koch-Institut (RKI) bei den am häufigsten betroffenen Kindern unter drei Jahren direkt über die Tiere, bei Älteren meist über nicht ausreichend erhitzte tierische Lebensmittel wie nicht durchgegartes Fleisch oder Rohmilchprodukte. Das RKI sieht etwa durch den »Verzehr von Lammfleisch und von streichfähigen Rohwürsten (Zwiebelmettwurst, Streichmettwurst, Teewurst)« ein erhöhtes Erkrankungsrisiko. Manchmal waren aber auch roh gegessene pflanzliche Lebensmittel wie die oben genannten Sprossen die Ursache. In den wenigsten Fällen ließ sich jedoch die genaue Infektionsquelle aufdecken.

Tier-Mensch-Beziehung

Zwei Drittel aller Infektionen beim Menschen sind sogenannte Zoonosen. So bezeichnet man Infektionskrankheiten – zum Beispiel durch Bakterien, Viren, Einzeller oder Pilze –, die von Tieren auf Menschen übertragen werden und umgekehrt. Die Übertragung kann über direkten Kontakt, über Lebensmittel oder andere Wege erfolgen. Eine stetig

Schwein gehabt

wachsende Zahl von Viren oder Bakterien schafft es, die Barriere Tier – Mensch zu durchbrechen. Von den in den vergangenen Jahrzehnten beim Menschen neu aufgetretenen Erregern stammen drei Viertel von Tieren. Für eine Epidemie oder gar Pandemie, also eine länder- bzw. kontinentübergreifende Ausbreitung, muss der Erreger sich aber auch effizient zwischen Menschen übertragen. Bekannte Beispiele von Zoonosen sind die gefährlichen Viruserkrankungen, die tatsächlich Pandemien verursachten, oder solche, bei denen besonders viele Erkrankte starben: die »Schweinegrippe« oder Neue Grippe durch das Influenzavirus H1N1 (Pandemie 2009), SARS durch ein Coronavirus (Pandemie 2002), die Vogelgrippe durch das Influenzavirus H5N1 (erstmalige Infektion von Menschen 1997), AIDS durch HIV (Pandemie seit den 1980er-Jahren) sowie lokale Ausbrüche von Viralem Hämorrhagischem Fieber durch das Ebolavirus (erstmalige Infektion von Menschen 1976) und das Marburg-Virus (erstmalige Infektion von Menschen 1967). Während SARS-, Marburg-, Ebola- und HI-Viren vermutlich von Wildtieren wie Fledermäusen und Primaten (etwa über den Kontakt mit für den Verzehr bestimmtem sogenanntem Buschfleisch) auf den Menschen übertragen wurden, werden die Grippeviren mit der Nutztierhaltung in Verbindung gebracht.

In 80 Tagen um die Welt

Pandemieviren können dann entstehen, wenn ein für das Immunsystem der meisten Menschen unbekanntes Virus, wie beispielsweise ein bei Vögeln vorkommendes Grippevirus, sich genetisch so verändert, dass es Menschen krank macht und sich effizient zwischen Menschen überträgt. Das war vermutlich bei der Spanischen Grippe von 1918 der Fall, durch die weltweit innerhalb weniger Monate zwischen 25 und 50 Millionen Menschen starben. Eine weitere Möglichkeit für die Entstehung von Pandemieviren ist die Vermischung der genetischen Information zweier unterschiedlicher Virentypen. Das kann passieren, wenn ein Tier etwa mit zwei verschiedenen Subtypen von Grippeviren gleichzeitig infiziert ist. Das neue Virus kombiniert dann womöglich Eigenschaften von beiden Ursprungsviren. Die Grippepandemie von 1968 mit schätzungsweise 1 Million Toten löste ein neuer Virustyp aus, der vermutlich aus einem von Menschen und einem von Vögeln stammenden Virus entstanden war.

Ansteckungsgefahr Schweinegrippe

Auch das »Schweinegrippen«-Influenzavirus H1N1 von 2009 entstand offenbar durch eine Kombination verschiedener Viren, denn es enthält Erbinformationen der Grippeviren von Vögeln, von Schweinen und von Menschen. Mit diesem H1N1-Virus haben sich über den Menschen in mehreren Ländern auch Schweinebestände angesteckt. Schweine zeigten sich sehr empfänglich für den pandemischen H1N1-Virus. Beim Menschen war das Virus ebenfalls hoch ansteckend. Anders als zunächst befürchtet starb aber nur einer von 10 000 Infizierten daran. Dennoch kostete die Schweinegrippe nach vorsichtigen Schätzungen weltweit 18 000 Menschen das Leben.

Schwein gehabt

In Deutschland wurden beim Robert Koch-Institut zwischen Mai 2009 und April 2010 insgesamt 252 Todesfälle nach vom Labor bestätigter Infektion mit dem Influenzavirus gemeldet. Ungewöhnlicherweise starben vor allem jüngere Menschen, teilweise auch ohne besondere Risikomerkmale, an der Neuen Grippe. Drei Viertel der Toten waren jünger als 60 Jahre. Bei den saisonalen Grippewellen war es bisher immer umgekehrt gewesen. Die »Zahl der verlorenen Lebensjahre« lag somit bei der Neuen Grippe viel höher. In der Grippesaison 2010/2011 waren die Erreger der Neuen Grippe H1N1 noch sehr verbreitet, allerdings waren viele Menschen bereits immunisiert – durch Impfungen oder weil sie sich bereits im Vorjahr angesteckt hatten. Wie bei der Pandemie von 2009 tauchten die schweren Verläufe auch 2010/2011 hauptsächlich bei Menschen unter 65 Jahren auf. In der vergangenen Saison 2011/2012 gab es wider Erwarten kaum Fälle von H1N1.

Mutationsgefahr Vogelgrippe

Einige Formen der Vogelgrippe verlaufen für die infizierten Tiere ausgesprochen harmlos. Nicht so der Erreger H5N1 der aggressiven Geflügelpest, der bei Hühnern, Puten, Enten, Gänsen und wild lebenden Wasservögeln meist zum Tod führt. Infizierte Nutztierbestände werden gekeult, also vorsorglich komplett getötet, um die weitere Ausbreitung zu verhindern. An die weltweiten Reaktionen zur Eindämmung der Tierseuche wie die Stallpflicht für Geflügel im Jahr 2006,

Mutationsgefahr Vogelgrippe

das Ausgehverbot für Katzen und die Panik bei jedem toten Schwan, der auftauchte, dürften sich die meisten noch erinnern. Bei Menschen kann das H5N1-Virus bislang noch keine Pandemie auslösen, weil es von Mensch zu Mensch praktisch nicht übertragbar ist. Auch die Übertragung von Vögeln auf den Menschen erfolgt nur bei sehr engem Kontakt mit infizierten Tieren. Falls eine Ansteckung erfolgt, verläuft die Infektion beim Menschen allerdings in etwa 60 Prozent der Fälle tödlich. Von den bis April 2012 weltweit gemeldeten 602 Infizierten starben 355. Bisher kann sich das Virus schlecht an menschliche Zellen anheften. Viele Forscher halten es jedoch für möglich, dass sich H5N1 an den Menschen anpasst, wenn es einen Organismus als Zwischenwirt findet, der sowohl menschliche Viren als auch das Vogelgrippevirus in sich trägt. So könnte dann ein genetisch verändertes Virus entstehen, das eine effektive Ansteckung von Mensch zu Mensch möglich macht. Ein geeigneter Zwischenwirt ist das Schwein. Schweine können sich, wie ja schon geschehen, mit Grippeviren von Menschen und Vögeln infizieren. Sie gelten unter Fachleuten als »ideale Mischgefäße«. Es besteht ein hohes Risiko, dass bei den riesigen Schweinebeständen weltweit ein neues gefährliches Virus entsteht, das die leichte Übertragbarkeit von menschlichen Grippeviren mit der hohen Sterblichkeit der Vogelgrippe H5N1 kombiniert. Wie gefährlich diese Kombination ist, zeigt die Diskussion über die Ergebnisse zweier Forschergruppen aus den Niederlanden und den USA. Ron Fouchier von der Erasmus-Universität in Rotterdam und Yoshihiro Kawaoka von der Universität in Madison, Wisconsin, hatten 2011 in Hochsicherheitslaboren durch

Schwein gehabt

gezielte Mutationen des Vogelgrippevirus H5N1 bzw. durch eine Kombination mit Genen des Schweinegrippevirus H1N1 jeweils Viren entwickelt, mit dem sich zumindest Frettchen untereinander per Tröpfcheninfektion, also über die Atemluft, ansteckten. Aus Angst vor Bioterrorismus sollen die Ergebnisse nicht, wie sonst üblich, vollständig veröffentlicht werden. Die Forscher halten die Herstellung solcher Superviren in Laboren dennoch für dringend erforderlich, um die Mechanismen ihrer Entstehung zu verstehen und um Impfstoffe testen oder entwickeln zu können. Bloß fünf Mutationen sind nach Angaben der Wissenschaftler nötig, damit das aggressive Vogelgrippe-Virus H5N1 so ansteckend wird wie das Schweinegrippe-Virus H1N1.

Abgestumpfte Waffen: Antibiotika

Eine weitere große Gefahr, die von Erregern aus dem Tierreich ausgeht, ist die zunehmende Resistenz von Bakterien gegenüber Antibiotika. Diese wichtigen Medikamente helfen zwar nicht gegen Viren, aber gegen Bakterien und Pilze. Es sind rund 8000 Antibiotika bekannt, die zum Teil natürliche Stoffwechselprodukte von Bakterien und Pilzen sind, zum Teil aber auch künstlich oder gentechnisch hergestellt werden. Bis zur marktreifen Entwicklung eines neuen Antibiotikums vergehen um die zehn Jahre. Nur etwa 100 Antibiotika lassen sich derzeit für Therapien bei Menschen oder Tieren einsetzen. Schon bald nachdem man den großen medizinischen Nutzen der ersten Antibiotika (wie das Penicillin von

Zufallsprodukte

Der jüngste Skandal um antibiotikaresistente Keime im Fleisch bringt den Protest auf die Straße.

Alexander Fleming) erkannt hatte, fand man Erreger, die sich plötzlich nicht mehr durch die Wirkstoffe abtöten oder im Wachstum hemmen ließen.

Zufallsprodukte

Bakterien können sich unglaublich schnell vermehren. Die menschlichen *E.-coli*-Darmbakterien beispielsweise können sich unter idealen Voraussetzungen jede halbe Stunde verdoppeln. Nach 15 Stunden sind es da schon über 1 Milliarde. Bei der schieren Masse an Bakterien entstehen oft Mu-

Schwein gehabt

tationen, die dann zufällig eine Resistenz gegenüber einem Antibiotikum aufweisen. Beim Einsatz eines Antibiotikums setzen sich dann die durch die Resistenz genetisch begünstigten Bakterien in der Bakterienpopulation leicht durch. Das Antibiotikum hindert die Bakterien ohne Resistenz an der Vermehrung, sodass die resistenten Bakterien Platz und Nährstoffe alleine nutzen können. Dosierung und Anwendungsdauer können die Resistenzentwicklung stark beeinflussen: Bis zur vollständigen Resistenz von Bakterien sind oft mehrere Mutationen erforderlich. Ist das Antibiotikum zu niedrig dosiert, um alle teilresistenten Bakterien abtöten zu können, aber hoch genug, um alle empfindlichen Konkurrenten auszuschalten, haben die begünstigten Bakterien Zeit, sich zu vermehren und weitere Mutationen zu durchlaufen. Auch eine Unterbrechung der Antibiotika-Behandlung kann den teilresistenten Bakterien die Zeit verschaffen, schließlich vollständig resistent zu werden und sich auszubreiten.

Eine Gefahr geht nicht nur von den resistenten Erregern selbst aus. Sie können die erfolgreiche Eigenschaft der Resistenz als genetische Informationsschnipsel über eine Art Bakteriensex an andere Bakterien weitergeben. Resistenzgene können auch übertragen werden, wenn ein resistentes Bakterium mit Viren infiziert ist. Die Viren können Bakteriengene einbauen und an andere Bakterien weitergeben. In beiden Fällen können die Erbinformationen an unterschiedliche Bakterienstämme weitergegeben werden.

Man hört gelegentlich, dass Menschen gegen Antibiotika resistent werden. Gemeint ist damit jedoch, dass bestimmte Bakterien dagegen resistent werden, die der Mensch

Zufallsprodukte

auf oder in sich trägt. Immerhin machen Bakterien zahlenmäßig den Großteil von uns aus: 10 Billionen Körperzellen stehen 100 Billionen Bakterien gegenüber, von denen fast alle im Verdauungstrakt, vor allem als Darmflora im Dickdarm leben. Infektionen mit resistenten Erregern können bei Menschen (und Tieren) die Dauer einer Erkrankung verlängern oder deren Verlauf erschweren. Bisweilen sind dann Krankenhausaufenthalte nötig, oder es wird sogar lebensbedrohlich. Vor den möglichen Folgen der Entwicklung warnt das Europäisches Zentrum für die Prävention und die Kontrolle von Krankheiten: »Die Situation wird schlimmer mit dem Auftreten neuer Bakterienstämme, die gegen mehrere Antibiotika gleichzeitig resistent sind (bekannt als multiresistente Bakterien). Solche Bakterien könnten eventuell gegenüber allen vorhandenen Antibiotika resistent werden. Ohne Antibiotika könnten wir zum ›vorantibiotischen Zeitalter‹ zurückkehren, in dem Organtransplantationen, Krebs-Chemotherapie, intensivmedizinische Behandlungen und andere medizinische Verfahren nicht länger möglich wären.« (Übers. d. Autors)

Springen die üblichen Therapien zur Behandlung nicht an, sprechen die Mediziner von »Therapieversagern«. Ein prominentes Opfer multiresistenter Keime war der französische Schauspieler Guillaume Depardieu, der Sohn von – genau – Gérard Depardieu. Während einer Knieoperation hatte sich die Wunde mit dem berüchtigten Klinikkeim infiziert, dem eine Vielzahl von Antibiotika nichts anhaben kann. Infolge der Infektion wurde sein chronisch schmerzendes Bein nach 17 erfolglosen Operationen amputiert. Fünf Jahre später starb Depardieu mit nur 37 Jahren an einer nicht in den Griff zu be-

231

Schwein gehabt

kommenden Lungenentzündung, was offenbar ebenfalls eine Folge der Infektion mit dem multiresistenten Erreger gewesen war.

Der Klinikkeim MRSA

Der berüchtigte antibiotikaresistente Klinikkeim ist eine Variante des Bakteriums *Staphylococcus aureus*, übersetzt heißt das »goldenes Traubenkügelchen«. Das klingt harmlos, und eigentlich ist der Keim es auch. An der Körperoberfläche und den Schleimhäuten sind die Keime kein Problem. 30 Prozent der Menschen in Europa tragen *Staphylococcus aureus* auf der Haut. Gelangen die Keime aber in Wunden oder treffen sie auf ein geschwächtes Immunsystem, drohen Wund- und Harnweginfektionen, Blutvergiftung und Lungenentzündung. Ich selbst habe nach einer Knie-OP damit unangenehme Bekanntschaft gemacht, mit hohem Fieber und der Notwendigkeit einer zweiten Operation, um die Wunde zu säubern. Die fehlerhafte Anwendung von Antibiotika in Krankenhäusern und unzureichende Hygiene fördern die Entwicklung von widerstandsfähigen Bakterienstämmen, so auch bei *Staphylococcus aureus*. Da man den widerspenstigen Klinikkeim früher anhand seiner Unempfindlichkeit gegenüber dem Antibiotikum Methicillin nachgewiesen hat, nennt man ihn MRSA, also methicillinresistenten *Staphylococcus aureus*. Methicillin wird allerdings seit vielen Jahren nicht mehr therapeutisch eingesetzt. Oft übersetzen – auch Mediziner – MRSA mit multiresistenter *Staphylococcus aureus*. Das passt noch besser, denn

Der Klinikkeim MRSA

inzwischen ist MRSA gegen viele weitere Antibiotika un-
empfindlich, darunter auch Penicillin. Je nach Land ist der
Anteil an multiresistenten Varianten bei *Staphylococcus aureus* in Europa sehr verschieden und reicht von wenigen bis
zu etwa 50 Prozent. Für Deutschland gibt das Europäische
Zentrum für die Prävention und die Kontrolle von Krankheiten (ECDC) die Verbreitung im Jahr 2010 mit etwas über
20 Prozent an. Das Robert Koch-Institut geht davon aus, dass
1 bis 2 Prozent der Bevölkerung mit multiresistenten *Staphylococcus aureus* besiedelt sind. Das beeinträchtigt die Gesundheit eigentlich nicht, beinhaltet aber etwa im Falle von Operationen oder anderen Verletzungen das Risiko einer schlechter
beherrschbaren Infektion. Träger der Keime können diese
auch übertragen, ohne selbst daran zu erkranken.

Das ECDC geht für die EU von jährlich 3 Millionen Infektionen mit multiresistenten Erregern aus, von denen 50 000
tödlich verlaufen. Wenn die üblichen Antibiotika nicht mehr
wirksam sind, müssen die Ärzte auf schlechter verträgliche
oder weniger wirksame Alternativen zurückgreifen. Längere
Krankenhausaufenthalte sowie größere Komplikationen und
Todesfälle können die Folge sein. Bei schweren Fällen nutzt
man sogenannte Reserveantibiotika, die man für normale
Therapien nicht einsetzt, um eine Resistenzentwicklung
zu vermeiden. Diese gelten als »Last Line of Defense« – die
letzte Verteidigungslinie.

Schwein gehabt

Aus dem Schweinestall: MRSA ST398

Neben dem Klinikkeim registriert man zunehmend Fälle, in denen sich Menschen außerhalb von Krankenhäusern mit MRSA infiziert haben. So hat sich der gefährliche Stamm USA300, der zudem ein wirksames Gift produziert, in den USA über das ganze Land verbreitet. In Deutschland ist er bislang nur für wenige Infektionsfälle mit MRSA verantwortlich. Ein anderer neuer MRSA-Stamm (ST398) tauchte 2004 zum ersten Mal in den Niederlanden und im Münsterland auf – in der Schweinezucht. 2009 war der Keim bereits in fast der Hälfte der untersuchten deutschen Schweinemastbetriebe im Stallstaub nachweisbar. Mehr als die Hälfte aller hierzulande geschlachteten Schweine trägt inzwischen den multiresistenten Keim. Mittlerweile gibt es ihn auch bei Mastkälbern, Pferden, Milchkühen und Geflügel.

Besonders gefährlich kann es werden, wenn der Erreger aus dem Stall in die Klinik gelangt und dort in Kontakt mit anderen MRSA-Stämmen kommt, was offenbar schon gelegentlich passiert ist. Das Robert Koch-Institut warnt, dass Menschen mit Kontakt zu Nutztieren ein bis zu 138-fach höheres Risiko haben, von MRSA besiedelt zu sein. In Deutschland tragen bereits 86 Prozent der Schweinehalter und bis zu 45 Prozent der Veterinäre MRSA-Keime. Selbst Angehörige von Schweinehaltern ohne regelmäßigen Tierkontakt sind gelegentlich mit dem Keim besiedelt. Ob auch Menschen, die in der Nähe von Tierhaltungsanlagen wohnen, ein höheres Risiko für eine Besiedlung mit den Keimen haben, ist bislang nicht bekannt. In den Regionen mit hoher Nutztierdichte

Aus dem Schweinestall: MRSA ST398

wie in Niedersachsen und Westfalen gelangen die Keime über Patienten oft in Krankenhäuser. Im Münsterland fand man schon 2006 bei 17 Prozent aller MRSA-Nachweise den Stallkeim ST398. Eigentlich sollten alle Patienten, die in Nutztierbetrieben arbeiten, vor ihrer Einlieferung untersucht und gegebenenfalls mit speziellen antibakteriellen Medikamenten behandelt werden, so, wie es die Kommission für Krankenhaushygiene und Infektionsprävention des Robert Koch-Instituts empfiehlt. Dass dies auch tatsächlich immer geschieht, wird von manchem Experten infrage gestellt.

Das Robert Koch-Institut sorgt sich besonders um die zwischen Staphylokokken übertragbare Resistenz gegen Linezolid. Dieses Reserveantibiotikum wird gerade bei Infektionen mit MRSA benötigt. Seit einiger Zeit weiß man, dass Staphylokokken bei Schweinen über eine übertragbare Linezolid-Resistenz verfügen können. 2010 hat man den tierischen Stamm MRSA ST398 mit Linezolid-Resistenz auch bei einem Landwirt nachgewiesen, der im Krankenhaus behandelt wurde. Aus Spanien kennt man bereits mehrere Fälle von Infektionen mit Linezolid-resistenten Klinikkeimen. Würde der Stallkeim solche Eigenschaften mit dem besonders gefährlichen Klinikkeim MRSA USA300 austauschen, wäre das ein großes Problem, sagt der Direktor des Instituts für medizinische Mikrobiologie des Universitätsklinikums Münster, Georg Peters. Infektionen mit MRSA USA300 können ohnehin nur mit Reserveantibiotika behandelt werden, die nicht immer gut wirken oder schlecht verträglich sind. Schwere Lungenentzündungen sind eine häufige Folge der Infektionen, die bei fast jedem zweiten Patienten tödlich verlaufen sind. Verständlich,

Schwein gehabt

dass Peters fordert, alles Erdenkliche zu unternehmen, um eine Kombination aus beiden Stämmen zu verhindern.

MRSA im Essen

Das Bundesamt für Verbraucherschutz und Lebensmittelsicherheit (BVL) hat Anfang 2012 zum zweiten Mal Ergebnisse über das Auftreten von zoonotischen Erregern in der Lebensmittelproduktion veröffentlicht. MRSA ließ sich von den Erzeugerbetrieben bis zum Lebensmittel im Einzelhandel häufig nachweisen, schreibt das BVL. Ein Fünftel der Staubproben aus Mastputen- und Mastkälberbetrieben, zwei Drittel der Halshautproben im Schlachthof und ein Drittel der Proben von frischem Putenfleisch im Einzelhandel waren mit dem multiresistenten *Staphylococcus aureus* verunreinigt. Die Erkenntnis ist nicht neu: Schon 2009 hatte das Bundesinstitut für Risikobewertung die Erreger auf rund 42 Prozent des getesteten Putenfleischs gefunden, bei Hühnerfleisch waren es 22 Prozent, bei Kalbfleisch 13 Prozent und bei Schweinefleisch 12 Prozent; bei den Proben von Schweinehack wurde man sogar doppelt so häufig fündig. Auch in noch nicht wärmebehandelter Rohmilch hat man den Keim gefunden. 2011 hat ein Forscherteam zudem einen ganz neuen MRSA-Stamm in der Kuhmilch und in Dänemark und Großbritannien auch beim Menschen identifiziert.

Küchenhygiene

Was etwas beruhigt, ist die Tatsache, dass die Zahl der Erreger auf Lebensmitteln meist gering ist und die Bakterien sich dort nicht stark vermehren können. In den wenigen Fällen, in denen bisher eine MRSA-Infektion über Lebensmittel zustande kam, waren die Keime von MRSA-infizierten Personen auf die Lebensmittel gelangt. Als sicher gelten bislang wärmebehandelte Lebensmittel wie pasteurisierte Milch und durcherhitztes Fleisch. Von Milch kann ein Risiko ausgehen, wenn sie, wie bei Rohmilchkäse, nicht erhitzt wird. Auch im Abtauwasser von Tiefkühlhühnern kann die Keimzahl deutlich erhöht sein. Experten raten dazu, in der Küche unbedingt bestimmte Hygienemaßnahmen einzuhalten: Rohes Fleisch sollte man nicht mit dem Mund berühren und Hände, Arbeitsflächen, Messer und Schneidbretter nach dem Kontakt damit gründlich reinigen. Das Robert Koch-Institut empfiehlt Verbrauchern, beim Verarbeiten von Geflügelfleisch Einmalhandschuhe zu tragen. So könnten wenigstens keine Keime in kleine Hautverletzungen eindringen und – wenn es dumm läuft – eine schwer behandelbare Infektion verursachen. Denjenigen möchte ich gern mal sehen, der Broiler mit Latex an den Händen zubereitet. Ich fürchte, dass die meisten Menschen beim Umgang mit rohem Fleisch nicht einmal das Mindestmaß an Küchenhygiene einhalten. Da brauche ich nur an diverse Grillerlebnisse zu denken, bei denen jeder sein rohes Fleisch mit den Händen auf den Grill packte und sich danach mit Gurkensalat, Brot und Tiramisu versorgte. Wie das in Imbissen und Restaurants abläuft, stelle ich mir lieber gar nicht erst vor. Mahlzeit!

Keime im Essen –
Salmonellen und Co.

Neben MRSA sind auch Salmonellen, Campylobacter, E. coli und Listerien gefährliche Keime, die aus der Tierhaltung über Lebensmittel auf den Menschen übertragen werden. Erkrankungen durch Salmonella und Campylobacter gehören zu den in Europa häufigsten Zoonosen. In Deutschland sorgen sie jährlich jeweils für 50 000 bis 60 000 gemeldete Fälle von Darmentzündungen. Ein Fünftel der Infektionen mit Salmonellen geht auf schweinefleischhaltige Lebensmittel zurück. Geflügelfleisch dürfte noch häufiger die Ursache sein. Bei Menschen mit geschwächter Abwehr, Älteren und Kindern kann eine Salmonellose schwer verlaufen und eine Antibiotika-Behandlung erforderlich machen. Noch öfter als mit Salmonellen ist Geflügelfleisch mit Campylobacter verunreinigt – Ursache für die meisten bakteriellen Darmerkrankungen in Deutschland. Kalbfleisch ist ebenfalls betroffen. Das Bundesamt für Verbraucherschutz und Lebensmittelsicherheit fand jüngst bei Putenfleisch in 17 Prozent der Fälle Campylobacter, in 5 Prozent der Fälle Salmonellen. Weil die Keime in deutschen Geflügelbeständen und tierischen Lebensmitteln verbreitet sind, steigt die Zahl der Infektionen an, mutmaßt das Robert Koch-Institut. In den Schlachthöfen gelangen die Erreger aus dem Darm auf das Fleisch der Tiere und von dort zum Konsumenten.

Die Gift bildenden E.-coli-Darmbakterien (VTEC), zu denen auch EHEC gehört, fand das Bundesamt für Verbraucherschutz und Lebensmittelsicherheit (BVL) in über einem Viertel der Kotproben von Mastkälbern, bei 14 Prozent der Tiere *im Schlachthof, in 6 Prozent des frischen Kalbfleisches und immerhin noch in 3 Prozent des verarbeiteten Kalbfleisches. Listerien sind nur für vergleichsweise wenige Infektionen verantwortlich. Hier bereitet aber die recht hohe Sterblichkeitsrate von fast jedem fünften Infizierten Sorge. Die Zahl der Infektionen hat sich laut der Europäischen Behörde für Lebensmittelsicherheit (EFSA) und des Europäischen Zentrums für die Prävention und die Kontrolle von Krankheiten (ECDC) um fast 20 Prozent erhöht. Listerien wurden sogar in verzehrfertigen Lebensmitteln wie Räucherfisch, hitzebehandelten Fleischerzeugnissen und Käse nachgewiesen.*

Bakterieller Informationsaustausch

Unglücklicherweise zeigen sich Gift bildende *E. coli, Campylobacter* und Salmonellen zunehmend gegen moderne Antibiotika resistent, darunter solche, die die Weltgesundheitsorganisation (WHO) als besonders wichtig für die Humanmedizin einstuft. Diese Resistenzen fand man ebenfalls bei den an sich harmlosen *E. coli* in Masthühnern und -kälbern sowie auf dem Fleisch von Hühnern, Puten und Schweinen. Man spricht hierbei von Extended Spectrum Beta-Lactamasen oder kurz ESBL bildenden *E. coli*. Sie können Enzyme herstellen, die »Beta-Lactamasen mit breitem Wirkungsspektrum«, die Antibiotika der Gruppe Beta-Lactame unwirksam macht. Dazu zählt etwa das gute alte Penicillin. Die Zahl der Infektionen mit ESBL bildenden *E. coli* beim Menschen liegt bereits über der von MRSA. Die Ansteckung erfolgt anders als bei MRSA

Schwein gehabt

meist nicht in Krankenhäusern, und die Betroffenen sind im Schnitt 20 Jahre jünger. Zwar erkranken nicht alle Infizierten, bei manchen kann eine Infektion aber lebensbedrohlich werden. Die Behandlungsmöglichkeiten sind in einem solchen Fall begrenzt, und die Ärzte müssen auf Reserveantibiotika zurückgreifen. Ältere, Kranke, Kinder, Schwangere und Menschen mit geschwächtem Immunsystem sind auch bei ESBL-Infektionen besonders gefährdet.

Das Bundesinstitut für Risikobewertung (BfR) warnt vor einem weiteren Problem: Wie bei anderen Keimen können auch hier die Resistenzinformationen im menschlichen Darm an andere Bakterien weitergegeben werden. Die Empfänger der Resistenzgene können harmlos sein, aber auch krank machen. Das zur menschlichen Darmflora gehörende *E. coli* etwa kann an anderen Stellen Erkrankungen auslösen und gilt als Hauptverursacher von Harnweginfekten. Mit dem ESBL-Gen ausgestattet, ließen sich solche *E.-coli*-Infektionen nur noch sehr schwer behandeln. Für den starken Anstieg von ESBL-Infektionen beim Menschen scheint ebenfalls die Tierhaltung ein bedeutender Faktor zu sein. Das BfR sieht in der Übertragung ESBL bildender Bakterien von Tieren ein Gesundheitsrisiko für den Menschen und hält eine Ansteckung über Lebensmittel für möglich. Wer häufiger in Kontakt mit rohem Fleisch kommt und nicht penibel die Regeln der Küchenhygiene einhält, ist daher stärker gefährdet.

Wie im Saustall

Warum kommen überhaupt so viele resistente Keime aus der Tierhaltung? Natürlich, weil dort so viele Antibiotika eingesetzt werden. In den USA ist der Einsatz von Antibiotika nicht nur vorbeugend, sondern auch als Wachstumsbeschleuniger erlaubt – als würden die Nutztiere nicht ohnehin schon unter ihrem Turbowachstum leiden. Wenigstens der Einsatz als Wachstumsförderer ist in der EU seit 2006 verboten. Der Umsatz mit Antibiotika hat dennoch erst einmal deutlich zugelegt. Ob das allein mit den wachsenden Beständen zu erklären ist? Sobald ein Tier im Stall erkrankt, wird auch in Deutschland der gesamte Bestand vorbeugend behandelt – selbst bei harmlosen Infektionskrankheiten. Wenn ein Tierarzt unter 30 000 Küken ein krankes Tier fände, reiche das aus, um vorsorglich alle mit einem Antibiotikum zu behandeln, kritisiert Rupert Ebner in einem Interview mit der Süddeutschen Zeitung. Der praktizierende Tierarzt und Rinderzüchter kennt die Branche. Er war bis vor ein paar Jahren Vizepräsident der bayerischen Landestierärztekammer. Der Landvolkkreisverband Hannover, ein Interessenverband von Bauern und Tierhaltern, schreibt über diese Praxis: »Die Behandlung von Einzeltieren ist in der Regel nicht möglich bzw. wenig Erfolg versprechend aufgrund des dynamischen Geschehens im Falle von Infektionskrankheiten.« Natürlich ist der Infektionsdruck in den vollen Stallungen hoch. Der Fehler liege aber im System, glaubt Ebner, denn Massentierhaltung lasse sich nur mit einer hohen Medikamentierung der Tiere aufrechterhalten. Je mehr Tiere auf engem Raum gehalten werden und je

Schwein gehabt

mehr Nutztiere einer Art innerhalb einer Region vorkommen, desto größer ist auch das Erkrankungsrisiko. Durch hohe Besatzdichten und prinzipiell hohe Tierzahlen in Ställen kann es sogar überproportional ansteigen. Zudem sind die gestressten Hochleistungstiere weitaus anfälliger für Erkrankungen. Dem begegnet man dann mit der freizügigen Gabe von Antibiotika. Gelegentlich wird dabei die Dosierung herabgesetzt und dafür die Behandlungsdauer unnötig in die Länge gezogen. Statt einer therapeutischen zeigt das Antibiotikum dann nur die wachstumsfördernde Wirkung.

Man wundert sich immer wieder. Unvernünftigerweise verwendet man für Tiere Antibiotika aus den gleichen chemischen Gruppen, die auch in der Humanmedizin genutzt werden, schreibt das Europäische Zentrum für die Prävention und die Kontrolle von Krankheiten (ECDC). Die häufige Verwendung eines Antibiotikums löst aber nicht nur gegen dieses Resistenzen aus, sondern auch gegen andere Antibiotika, die der gleichen chemischen Gruppe angehören. 1996 entzog man in Deutschland dem zur Leistungssteigerung genutzten Avoparcin die Zulassung als Futterzusatz. Man hatte festgestellt, dass sein Einsatz bei Enterokokken (Darmbakterien) Resistenzen gegenüber dem Reserveantibiotikum Vancomycin auslöste. Vancomycin wurde ausschließlich in der Humanmedizin verwendet, bei Infekten, die nicht mit gängigen Antibiotika behandelt werden konnten.

Aus der Praxis

Experten warnen davor, dass der vorbeugende Einsatz bei noch nicht erkrankten Tieren, die Massenbehandlung, eine zu geringe Dosierung, eine lang anhaltende Behandlung sowie der Einsatz von Antibiotika mit breitem Wirkspektrum oder von Kombinationen besonders zur Resistenzbildung beitragen. All das ist allerdings Teil der Praxis in deutschen Mastbetrieben. Das Landesamt für Natur, Umwelt und Verbraucherschutz Nordrhein-Westfalen (LANUV) hat 2011 festgestellt, dass nicht nur 96 Prozent der Masthühner mit Antibiotika behandelt wurden, sondern auch, dass die Behandlung bis zu 26 Tagen dauerte und bis zu acht Wirkstoffe eingesetzt wurden. Das Bundesinstitut für Risikoforschung (BfR) nimmt an, dass Schweine, Mastkälber und Rinder bis zu sechs Mal im Jahr mit Antibiotika behandelt werden. Geschätzt kommen in Deutschland etwa 900 Tonnen Antibiotika in der Tierhaltung zum Einsatz. Das wäre dann mindestens das Dreifache der in der Humanmedizin eingesetzten Menge. Genaue Zahlen liegen für die Tierarzneien bisher nicht vor. Noch immer gibt es keine vollständige zentrale Erfassung aller verschriebenen Präparate, obwohl das schon lange gefordert wird.

Damit in den geschlachteten Tieren keine Rückstände mehr zu finden sind, endet die Antibiotika-Behandlung spätestens ein paar Tage vor dem Schlachttermin. Kälber und Geflügel dürften aber vom ersten bis zum letzten Tag mit Aspirin behandelt werden. Dieses Schmerzmittel werde neben Antibiotika ebenfalls massenhaft verschrieben, um das System am Laufen zu halten, so Tierarzt Ebner in der Süddeut-

Schwein gehabt

schen Zeitung. Unter Betäubung hielten Hühner die Schmerzen an den entzündeten Fußballen eher aus – sie sollen ja bis zuletzt fressen können. Tierschutzwidrige Zustände würden durch die reichliche Abgabe von Medikamenten ermöglicht, beklagt Ebner.

Und die Verbraucher gehen in der Regel fälschlicherweise davon aus, dass die Tiere, die sie essen, gesund waren.

Schweinesystem

Für die Landwirte wie für die Tierärzte ist es schwer möglich, aus der gängigen Praxis auszusteigen. Das beginnt schon damit, dass viele landwirtschaftliche Familienbetriebe in den vergangenen Jahrzehnten zu Lohnmästern wurden, die von großen, zum Teil multinationalen Unternehmen abhängig sind. Eigenständige unternehmerische Entscheidungen sind für die »Bauern« kaum mehr möglich. Tiere und Futtermittel gehören den Unternehmen, die üblicherweise über Vertragstierärzte für die gesundheitliche Betreuung sorgen. Schulden bei den Banken für neu gebaute Ställe und Ähnliches zwingen die Landwirte oft, in diesem System zu bleiben. Aber auch die Tierärzte sind ökonomisch davon abhängig, dass sie in die Bestände der Tierhalter gehen dürfen. Die Tierärzte sollten die Landwirte eigentlich dahingehend beraten, dass sie möglichst wenige Medikamente einsetzen müssen. An der Beratung würden die Veterinäre aber nicht verdienen, so Ebner im Interview mit der SZ. Die lebten von den verschriebenen Präparaten. Anders als in der Humanmedizin dürfen Tierärzte

244

Schweinesystem

die Arzneien, die sie verschreiben, auch gleich verkaufen. Ebner geht sogar so weit, zu sagen, dass keine Tierarztpraxis ganz legal arbeiten könne, wenn sie wirtschaftlich überleben wolle. Verstöße gegen das Arzneimittelgesetz seien daher an der Tagesordnung. Es sei gute tierärztliche Praxis, bei Krankheitsfällen den Bestand zu untersuchen. Laut Ebner reiche es aber meist aus, wenn der Tierhalter den Veterinär um ein Antibiotikum bitte. Der verschreibe dann das Medikament auch ohne Untersuchung. Die Landwirte legten verbotenerweise Vorräte an Antibiotika an und behandelten zuweilen lediglich nach telefonischer Absprache mit dem Veterinär die Erkrankungen, die sie glaubten festgestellt zu haben. Bisweilen schrieben Ärzte gar falsche Diagnosen auf, um vorzutäuschen, dass eine Antibiotika-Behandlung gerechtfertigt sei. Es ist schließlich eine Win-win-Situation für Halter und Ärzte: Die Tierärzte verdienen am Verkauf der Antibiotika, die Antibiotika lassen schlechte Haltungsbedingungen zu und beschleunigen nebenbei das Wachstum der Tiere. Die Pharmafirmen belohnen zudem mittels großzügigen Rabatten die Veterinäre, die große Mengen an Antibiotika abnehmen. Eine wirksame Kontrolle der Medikamentenabgabe hingegen ist offenbar bisher nicht möglich oder nicht gewollt.

Tiere aus ökologischer Tierhaltung dürften weniger mit resistenten Keimen belastet sein, denn dort gelten weitaus strengere Regeln für den Umgang mit Antibiotika. Hühner, die mit mehr als einem Antibiotikum behandelt werden, dürfen nicht mehr unter dem Biolabel verkauft werden. Allerdings gibt der Tierarzt Matthias Wolfschmidt von foodwatch e. V. zu bedenken, dass auch Tiere unter Demeter- und Bioland-Hal-

245

Schwein gehabt

tungsbedingungen nicht zwangsläufig gesünder seien als aus konventionellen Betrieben, denn auch deren Zieldefinition sei es nicht, gesunde Tiere zu haben, da gehe es eher um artgemäße Haltungsbedingungen.

Alles fließt

Der ehemalige Veterinäramtsleiter Hermann Focke warnt in seinem Buch über den Antibiotika-Missbrauch in der intensiven Nutztierhaltung *Die Natur schlägt zurück* davor, dass mit den Ausscheidungen der Tiere, etwa über die Gülledüngung, 80 Prozent der verabreichten Antibiotika oder deren noch teilweise wirksamen Abbauprodukte auf landwirtschaftlichen Nutzflächen landen. Von dort geht es ins Oberflächen- und Grundwasser. Mancherorts ist dadurch schon das Trinkwasser erheblich belastet. Die ständige Belastung durch Antibiotika führt bei den Keimen im Boden und Grundwasser zu Resistenzentwicklungen. Gemüsefelder darf man zwar nur vor der Aussaat düngen, bei der sogenannten Kopfdüngung von Getreide kommt die belastete Gülle aber mit der Nutzpflanze in Kontakt. Feldsalat und Winterweizen – und in experimentellen Studien noch weitere Pflanzen – können durch die Gülledüngung offenbar Antibiotika-Rückstände über ihre Wurzeln aufnehmen. In der Umwelt oder über die Lebensmittel aufgenommen, können diese Rückstände dann dazu führen, dass sich andernorts resistente Keime entwickeln.

Ich bin froh, dass wenigstens in meiner Küche keine Lebensmittel zubereitet werden, die besser nur mit Gummi-

Alles fließt

handschuhen angefasst werden sollten. Über das Risiko, sich zu Hause mit gefährlichen Keimen zu infizieren, brauche ich mir keine Gedanken machen – über die Bedrohung, die weltweit von Viren und Bakterien aus Tierhaltungsbetrieben ausgeht, aber schon. Diese Bedrohung ist jedoch wohl nicht die einzige globale Gefahr, der wir uns durch unseren Umgang mit Nutztieren aussetzen.

Erde, Wasser, Feuer, Luft

Über Klimaschweine, Ressourcenmangel
und Hunger

*Erst wenn der letzte Baum gerodet, der letzte
Fluss vergiftet, der letzte Fisch gefangen ist,
werdet ihr merken, dass man Fleisch nicht
essen sollte.*

Frei nach einem Spruch der westdeutschen
Umweltbewegung der 1980er-Jahre, angeblich
eine Weissagung der Cree-Indianer

In der Zusammenfassung ihrer populären Veröffentlichung
Lifestock's Long Shadow, zu Deutsch »Der lange Schatten der
Nutztiere«, von 2006 schreibt die Ernährungs- und Land-
wirtschaftsorganisation der Vereinten Nationen – oder kurz
Welternährungsorganisation – (FAO), dass der Nutztiersek-
tor einer der Hauptstressfaktoren für viele Ökosysteme und
für die Erde als Ganzes sei. Weltweit sei er eine der größten Quellen von Treibhausgasen sowie eine der grundlegenden Ursachen für den Verlust der Artenvielfalt und in Indus-
trie- und Schwellenländern womöglich der Hauptgrund für
die Wasserverschmutzung. Auf der anderen Seite fordert die
FAO in ihrem aktuellen Bericht *World Livestock 2011 – Live-*

stock in Food Security, dass aufgrund der steigenden Nachfrage nach Fleisch und anderen tierischen Produkten die intensive Tierproduktion noch verstärkt werden müsse – nur müsse sie eben nachhaltiger sein. Geht's noch? Jeden Tag einen Sonntagsbraten für alle, oder was? Warum nicht gleich dazu noch mehr Tiefseeölbohrungen und Kohlekraftwerke für den steigenden Energiebedarf fordern? Wie wäre es mal mit einem sparsameren Verbrauch von Ressourcen? Glücklicherweise halten auch viele andere nichts von einer weiteren Intensivierung der Landwirtschaft und gehen dagegen auf die Straße.

Kuhprotest

Als Kuh wird man ignoriert. Ich jedenfalls, als ich als Kuh in den 41er steige, auf dem Weg zum Hauptbahnhof. Die aus Papptellern gebastelte Maske drückt meine Nase platt, im Fleece-Fellkostüm einer Schwarzbunten ist es hier im Bus ziemlich warm. Außerdem bin ich nervös, so als Kuh in der Stadt. Durch die Augenlöcher beobachte ich die anderen Fahrgäste. Keiner sagt was, noch nicht mal der Busfahrer hat mein Aussehen kommentiert. Nur einer gerade zugestiegenen jungen Frau huscht ein Lächeln über das Gesicht, als sie mir gegenüber Platz nimmt. Aha, jetzt fotografiert doch ein älteres Ehepaar, das weiter hinten im Bus sitzt, die Kuh. Zwei kugelige Frauen neben mir haben ein Plakat dabei: »Gegen Gen-Schweine«. Ich bin offenbar nicht allein auf dem Weg zur Demo des Aktionsbündnisses »Meine Landwirtschaft« gegen

Erde, Wasser, Feuer, Luft

Massentierhaltung, Agrarfabriken, Gentechnik und Dioxin im Essen. Endlich Hauptbahnhof.

Auf der Demo ist die Kuh gleich voll integriert. Kinder freuen sich besonders über die Kuh. Kameraleute und Fotografen sind ganz wild auf Aufnahmen, und dem NDR gibt die Kuh sogar ein Interview. Am Ende der Demo ist die Kuh auf etlichen Handyfotos, meist zusammen mit jungen Frauen. Veganer sind mit verschiedenen Gruppierungen hier vertreten. Ich stelle fest, dass ich inzwischen viele kenne, sogar ein paar Gesichter von Tierbefreiern aus Thüringen erkenne ich wieder. Bin ich jetzt schon auf dem Weg zum Aktivisten? Mit der Fahne einer Tierrechtsorganisation im Huf grüßt die Kuh herzlich die hier frei laufenden Rinder, Schweine, Hühner und Kaninchen. Sogar zwei Hunde tragen künstliche Kuhfelle – oder sind es Zwergkühe mit Hundemasken?

Um an die Spitze der Demo zu gelangen, eilt die Kuh abseits des Zuges am gegenüberliegenden Spreeufer entlang. Eine Passantin grüßt mit Alaaf. »Frei, sozial und national«, skandiert eine Gruppe schwarz Gekleideter und eilt, eine Fahne mit dem Berliner Stadtwappen schwenkend, weg von der Demo Richtung Parlament. Die Polizei hinterher. Sind das Sympathisanten der braunen Ökologen, die sich mancherorts ansiedeln, um dort ein »artgerechtes« Dasein zu führen? Oder waren es gar vegane Neonazis? Es soll ja selbst das geben. Na ja, auch Hitler ernährte sich weitgehend veget-arisch. Kein Polizist will der Kuh über die Ernährungsweise der inzwischen nach links (!) abgedrängten und festgehaltenen Freisozialnationalisten eine Auskunft

Kuhprotest

erteilen. Das auf der Demo vertretene Bündnis reicht zwar von Biolandwirten und Imkern über Verdi, die ÖDP und Greenpeace bis zu Tierbefreiern, aber Neonazis will wohl keiner dabeihaben, egal wie öko, tierlieb oder vegan sie sind. Ansonsten bleibt alles ganz friedlich, selbst vor McDonald's wird nur gewinkt (und nicht gewunken). Die Scheiben zweier FDP-Büros an der Strecke werden mit Ökoaufklebern dekoriert. »KEIN GOTT STAAT FLEISCH SALAT«, fordert ein Plakat. Kein Salat? Demonstriert hier auch ein Frutarier mit, der weder Blatt- noch Wurzelgemüse isst, weil die Pflanze dabei stirbt? Vermutlich fehlt aber nur ein Bindestrich hin zum Fleisch.

Der Mann mit dem mobilen Bratwurststand am Bahnhof Friedrichstraße darf der Kuh leider nicht mal eben schnell die Tofuwürste braten, die sie von einem Mitdemonstranten geschenkt bekommen hat. Das Deutsche Lebensmittelrecht erlaubt das Vermischen von Grillgut angeblich nicht. Wie gut, dass bei unseren Lebensmitteln alles so gut geregelt ist, denkt die Kuh. Bratwurst gibt es auch am Brandenburger Tor, ein großer Stand, ganz offiziell als Teil der Veranstaltung, zwischen veganem Eintopf und den Ständen von Tierschutzpartei und Tierversuchsgegnern. Am Tresen steht: »Wann hatten Sie zum letzten Mal Schwein?«

Erde, Wasser, Feuer, Luft

*... und für eine andere Landwirtschaft
(Quelle: Silja Kallsen, www.albert-schweitzer-stiftung.de)*

Die Kuh, die lacht nicht nur

»Die größten Klimaschweine sind die Rinder«, habe ich mal geschrieben, als ich noch im Klimaschutz arbeitete. In den vergangenen Jahren habe ich mich immer wieder intensiv mit den Klimagasen befasst, die hinter unseren Lebensmitteln stecken. Als persönliche Konsequenz daraus habe ich Butter von meinem Speiseplan verbannt. Butter fand ich zwar lecker, aber sie ist nicht gerade gesund und vor allem ein Lebensmittel mit einer äußerst schlechten Klimabilanz. Hinter einem 250-Gramm-Päckchen stecken quasi Emissionen von rund 6 Kilo CO_2, in etwa so viel wie hinter 2 Litern Diesel oder 30 Kilometern Autofahrt. Bei einem jährlichen Pro-Kopf-Verbrauch von 6 Kilo macht Butter immerhin ein Siebtel der Lebensmittel-Treibhausgase einer durchschnittlichen Ernährung aus. Da ich die letzten Jahre praktisch kein Fleisch gegessen habe, dürfte bei mir die Butter deutlich mehr ins Gewicht (auch ins körperliche) gefallen sein. Das Problem bei der Butter ist die Menge an Milch, die man dafür benötigt – und das berühmt-berüchtigte Problem bei der Milch ist das Methan, das hinten und vorne aus der Kuh kommt. Methan ist als besonders schädliches Treibhausgas verrufen (laut Umweltbundesamt ist es über einen Zeitraum von 100 Jahren gerechnet 21-mal wirksamer als CO_2). Eine westliche Milchkuh produziert mit etwa 120 Kilo Methan im Jahr das Tausendfache eines Menschen. Die Verdauungsgase machten 2004 nach Angaben der Deutschen Bank Research mit 1800 Millionen Tonnen CO_2-Äquivalenten über 14 Prozent der Treibhausgase der Landwirtschaft aus. (Um die Auswirkung verschiedener

Erde, Wasser, Feuer, Luft

Treibhausgase auf das Klima besser vergleichen zu können, rechnet man sie in eine entsprechende Menge an CO_2 um. Man spricht dann von CO_2-Äquivalenten.)

Viele Kühe machen Mühe

Zurück zu den Klimaschweinen: Rindfleisch ist in Deutschland trotz schlechter Klimabilanz nicht der entscheidende Treibhausgas-Faktor bei der Ernährung. Mit der BSE-Krise (Höhepunkt in Deutschland in den Jahren 2000 bis 2001) ist der Verzehr pro Kopf seit 1995 um 3 Kilo auf 8,5 Kilo im Jahr 2010 gesunken. Schweinefleisch schneidet pro Kilo klimamäßig weniger schlecht ab, gegessen wird davon hierzulande jedoch mehr als das Vierfache. Daher trägt Schweinefleisch beim Durchschnittsdeutschen deutlich mehr zur Klimabilanz der Ernährung bei. Milchprodukte schlagen bei ihm noch mehr zu Buche als Schweinefleisch, vor allem wegen des Käse- und Butterverbrauchs. Die ernährungsbedingten Emissionen der Treibhausgase CO_2, Methan und Lachgas (Distickstoffmonoxid) sind erheblich: Das Umweltbundesamt geht in Deutschland pro Person und Jahr von der Klimawirkung von 1,5 Tonnen CO_2 aus, ein bedeutender Anteil der Klimabelastung durch private Haushalte. Das Ökoinstitut hat ausgerechnet, dass die Ernährung 20 Prozent der Klimabilanz der EU ausmacht. Allein die Produktion tierischer Lebensmittel ist nach Angaben der Gemeinsamen Forschungsstelle der Europäischen Kommission für 13 Prozent der EU-Klimabilanz verantwortlich. Hierbei sind die Landnutzungsänderungen wie etwa das Trockenlegen von Mooren, der Umbruch von Grünflächen und das Abholzen von Wäldern, das überwiegend im außereuropäischen Ausland geschieht, mit einbezogen. Die Deutsche Bank Research, eine von der Deutschen Bank AG abhängige Forschungseinrichtung und somit nicht gerade der Umwelthysterie verdächtig, weist der Landwirtschaft aktuell 25 Prozent der weltweiten Treibhausgas-Emissionen zu, wenn man die Entwaldung zu landwirtschaftlichen Zwecken mit einrechnet. Die Viehhaltung verursacht laut Welternährungsorganisation (FAO) weltweit 18 Prozent der Treibhausgas-Emissionen, mehr als der gesamte Transportsektor einschließlich Schiffen und Flugzeugen.

CO_2-Zählerei

Über die genauen Zahlen der Klimabilanzen einzelner Lebensmittelgruppen kann man trefflich streiten. Da bestehen zum Teil erhebliche Unterschiede, je nach Mess- und Produktionsmethoden und den gewählten »Systemgrenzen«, also dem, was man alles in der Berechnung mit berücksichtigt, etwa Landnutzungsänderungen, die Dünger- und Pestizidproduktion oder den Überseetransport der Futtermittel. Unstrittig ist jedoch, dass pflanzliche Lebensmittel meist die bessere Wahl für das Klima sind. Wer als Veganer nicht fortwährend Flugmangos, baumgereifte Bananen oder die vegane Tiefkühlpizza aus den USA kauft, hinterlässt also ziemlich sicher einen kleineren CO_2-Fußab-

Erde, Wasser, Feuer, Luft

druck als ein durchschnittlicher Vegetarier oder Allesesser. Ein rein auf Treibhausgase optimierter Speiseplan enthielte vermutlich nur sehr wenige tierische Produkte, müsste aber nicht unbedingt völlig pflanzlich sein. Mir ist es nie in den Sinn gekommen, allein aus Klimaschutzgründen vollständig auf Fisch, Milch, Käse und Eier zu verzichten. Noch immer ernähre ich mich keineswegs nur regional-saisonal mit winterlichem Wurzelgemüse, und ich fahre gelegentlich auch noch mit dem Auto. Ausschließlich auf die Klimagase zu schauen, erfasst einfach nicht die komplette Tragweite der Nahrungsmittelproduktion, egal ob es sich dabei um Pflanzliches oder Tierisches handelt.

Treibhausgas-Bilanzen von Lebensmitteln

Die Berechnung der Treibhausgas-Bilanz einzelner Produkte ist methodisch schwierig und umstritten, auch wenn es inzwischen internationale Standards dafür gibt. Für die Berechnung müssen viele vereinfachende Annahmen gemacht werden. Bei ganzen Produktgruppen wie etwa »Tomaten« oder »Rindfleisch« ist das umso komplizierter, gerade wenn sich die einzelnen Bilanzen je nach Herkunft oder Produktionsart deutlich unterscheiden. Bei Milchprodukten gilt oft der Fettgehalt als entscheidendes Kriterium dafür, wie viel Klimagase einem Produkt angelastet werden. Trotz der Schwierigkeiten sind die Bilanzen einzelner Lebensmittel bei Umweltverbänden und in den Medien populär.

CO₂-Zählerei

Aufgrund der unterschiedlichen Berechnungsmethoden sind genaue Vergleiche zwischen den Lebensmitteln nur begrenzt möglich. Dennoch kann man verallgemeinern, dass in aller Regel die deutlichsten Unterschiede zwischen Lebensmitteln pflanzlichen und tierischen Ursprungs bestehen. Da neben CO_2 die Klimagase Methan und Lachgas in der Landwirtschaft eine große Rolle spielen können, gibt man zum Vergleich der Klimawirkung zwischen den einzelnen Lebensmitteln ihre Bilanzen in CO_2-Äquivalenten an (1 Kilo CO_2-Äquivalent entspricht der Klimawirkung von 1 Kilo CO_2).

Einen kurzweiligen Überblick und einen spielerischen Zugang zum Thema Klimabilanz erhält man im Internet unter *www.konsumcheck.de*.

Lebensmittel	CO_2-Äquivalente in kg je kg Lebensmittel	Weitere Angaben zum Produkt
Fleisch, Fisch und Fleischerzeugnisse		
Rindfleisch	13,5	konventionell erzeugt
Schweinefleisch	3,4	konventionell erzeugt
Geflügelfleisch	3,7	konventionell erzeugt
Schinken	4,7	konventionell erzeugt
Wurst	4,0	konventionell erzeugt
Süßwasserfisch	4,5	Filet, konventionell in Aquakultur erzeugt, Tiefkühlware

Erde, Wasser, Feuer, Luft

Kabeljau	3,2	Filet, Wildfang, Tiefkühlware
Garnelen (Shrimps)	10,5	Tiefkühlware
Eier, Milch und Milchprodukte		
Eier	1,9	aus Bodenhaltung
Milch	0,9	konventionell erzeugt
Butter	23,8	konventionell erzeugt
Sahne	7,6	konventionell erzeugt
Käse	8,5	konventionell erzeugt
Joghurt	1,2	konventionell erzeugt
Quark, Frischkäse	1,9	konventionell erzeugt
Pflanzliche Fleischalternativen		
Tofu	1,1	konventionell erzeugt
Seitanfleisch (Weizen-protein)	1,2	konventionell erzeugtes Fertigprodukt
Sojafleisch	0,8	Feuchtmasse aus konventionell erzeugtem Granulat
Obst und Gemüse		
Erdbeeren	0,6	aus Südeuropa, Vorsaison
Äpfel	0,6	konventionell erzeugt
Tomaten	2,2	konventionell erzeugt, außerhalb der Saison
Gurken	0,2	konventionell erzeugt
Kohlrabi	0,2	konventionell erzeugt
Kopfsalat	0,2	konventionell erzeugt

Karotten	0,1	konventionell erzeugt
Kartoffeln	0,2	konventionell erzeugt
Pflanzliche Fette		
Margarine	0,8	konventionell erzeugt
Pflanzenöl	1,0	konventionell erzeugt
Fertigprodukte		
Pizza	1,2	konventionell erzeugte Tiefkühlware
Pommes frites	5,7	konventionell erzeugte Tiefkühlware
Kartoffelpüree	3,7	konventionell erzeugte Trockenware

Die Angaben stammen aus: Umweltbundesamt / Öko-Institut 2006; Öko-Institut 2007; Lindenthal et al. 2009; StMUGV 2007 (Fallstudie); LCA Food Database 2009; Ziegler et al. 2003 u. 2009; defra 2009; Foster et al. 2006; PCF-Pilotprojekt 2009; SERI – Sustainable Europe Research Institute 2011

Wurstgeil

Seit 1970 ist der weltweite Fleischverbrauch um mehr als das Dreifache gestiegen. In Deutschland und den anderen Industrieländern stieg im selben Zeitraum der jährliche Pro-Kopf-Verbrauch von 65 auf fast 90 Kilo (die tatsächliche Verzehrmenge ohne Knochen und Haushaltsverluste und ohne die Anteile für Tierfutter liegt darunter). In den Entwicklungsländern stieg der Verbrauch von 11 auf etwa 30 Kilo pro Jahr. Aufgrund des Bevölkerungswachstums hat sich in den Ent-

Erde, Wasser, Feuer, Luft

wicklungsländern der absolute Verbrauch sogar mehr als ver-
fünffacht. Die Inder liegen trotz Wohlstandswachstum noch
immer unter vorbildlichen 5 Kilo pro Kopf, dort leben viele
Millionen Menschen vegetarisch, wenn auch aufgrund von
Armut meist unfreiwillig. In China hingegen verbraucht inzwischen jeder Einwohner im Schnitt bereits über 50 Kilo pro
Jahr, das ist mehr als doppelt so viel wie noch vor 20 Jahren.
Insgesamt also kein Wunder, dass die FAO vor nahezu einer
Verdoppelung der jährlichen globalen Fleischproduktion von
gegenwärtig 250 auf insgesamt 465 Millionen Tonnen und einer Zunahme der Milchproduktion von 580 auf 1043 Millio-
nen Tonnen bis 2050 warnt.

Planet der Rinder

Inzwischen gibt es weltweit 1,4 Milliarden Rinder. Das sind
doppelt so viele wie vor 50 Jahren. Damals lebten die meisten
von ihnen auf Weideland, weil Rinder dank ihrer Wiederkäu-
ermägen hervorragend Gras verwerten. Die Graslandschaften
und »Graser« wie etwa die nordamerikanischen Bisons haben
sich lange in Abhängigkeit voneinander entwickelt. Ohne die
großen pflanzenfressenden Säugetiere, die auch Baumschöss-
linge fressen, würden Steppen, Savannen und anderes Grasland teilweise mit Büschen und Bäumen zuwachsen. Anders
als in Wäldern speichert im Dauergrünland der Boden viel
mehr Kohlenstoff aus dem CO_2 der Atmosphäre als der ober-
flächliche Bewuchs. Wenn Rinder oder andere Wiederkäuer
nicht zu dicht gedrängt leben, geben sie dem Boden wertvolle

Planet der Rinder

Nährstoffe zurück, ohne ihn zu überdüngen. Und sie tragen, wenn auch sehr langsam, zur Bildung des wertvollen Humus bei, der wiederum große Mengen CO_2 dauerhaft bindet und damit aus der Atmosphäre entfernt. Eine nachhaltige Weidewirtschaft könnte daher sogar die Atmosphäre entlasten. Wie Axel Don vom Johann Heinrich von Thünen-Institut herausgefunden hat, bindet die Aufforstung von Grünland nicht mehr Kohlenstoff aus dem CO_2, als wenn ein Acker in Grünland umgewandelt wird. Der Grund: Der zu einem Gutteil in der Laub- und Nadelschicht eines jungen Waldes gespeicherte Kohlenstoff ist anfällig für Störungen wie Waldbrände und kann dadurch wieder als CO_2 in die Atmosphäre entweichen.

Auch die Umstellung auf ökologische Landwirtschaft fördert die Humusbildung und kann der Atmosphäre CO_2 entziehen. Ohnehin verursacht der Ökolandbau trotz geringerer Erträge weniger Treibhausgase pro Kilo erzeugtem Lebensmittel. Allerdings zweifeln Experten, unter anderem aus dem Umweltbundesamt, daran, dass sich landwirtschaftliche Böden zur langfristigen Speicherung von CO_2 aus der Atmosphäre eignen. Entscheidend ist hingegen der Schutz der bestehenden Humusschichten.

Erde, Wasser, Feuer, Luft

Weideglück

Weltweit gibt es, gerade in trockenen Klimazonen, viele Grasland-Flächen, die sich nicht für den Ackerbau, sondern nur für eine Haltung von Rindern oder anderen Grasern eignen. Allerdings sind dort die Produktionskapazitäten gering und weitgehend ausgeschöpft. Wo sich Tiere von Pflanzen wie Gräsern ernährten, die sich nicht zur menschlichen Ernährung eigneten, könne Tierhaltung einen wichtigen Beitrag zur landwirtschaftlichen Produktion sowie zum Lebensmittelangebot leisten und durch den Humusaufbau und den Phosphoreintrag in den Boden (also die Einbringung von Phosphor durch Exkremente) sogar nachhaltig sein, schreibt Anita Idel, Tierärztin und Autorin des Weltagrarberichtes. Ihr Buch *Die Kuh ist kein Klima-Killer!* handelt von den Chancen einer nachhaltigen Rinderhaltung. Zunächst hielt ich das Buch für einen Versuch der Fleisch- und Milchindustrie, die eigenen Auswirkungen auf den Klimawandel kleinzureden. Das ist es aber ganz und gar nicht. Idel zeigt, dass die ökologischen Probleme der Rinderhaltung durch die herkömmliche Haltung und Fütterung entstehen. Als »Klimaschweine« würde ich Rinder deshalb inzwischen nicht mehr pauschal verurteilen, es ist die industrielle Landwirtschaft, die sie dazu macht.

Grünland in Deutschland

Ein Teil des deutschen Grünlandes, also der landwirtschaftlich genutzten Wiesen und Weiden, eignet sich aufgrund der Bodenbeschaffenheit oder Hanglage nicht als Ackerland. Wegen der landschaftlichen und ökologischen Bedeutung verbietet Baden-Württemberg bereits jetzt den Grünlandumbruch, bevor in ein paar Jahren das Grünland EU-weit besser geschützt werden soll. Bisher wird Grünland noch oft in Ackerland umgewandelt, vor allem um Mais für Agrosprit und Biogasanlagen anzubauen. Das ist jedoch im Endeffekt meist sogar ungünstiger für das Klima, weil durch diese Landnutzungsänderung Humus im Boden verloren geht und das darin gebundene CO_2 entweicht. Wird aus einer Wiese ein Acker, geht nach Ergebnissen des Johann Heinrich von Thünen-Instituts im Schnitt ein Drittel des Humus verloren.

Ich frage mich, wie viele Rinder man in Deutschland wohl nachhaltig auf der Weide halten könnte. Hierzulande gibt es derweil noch 5 Millionen Hektar Dauergrünland sowie 12 Millionen Hektar Ackerland. Beides zusammen entspricht ungefähr der Hälfte Deutschlands. Als Richtwert für eine nachhaltige Beweidung ohne Überdüngung durch Gülle kann man in Deutschland von 1 Hektar Grünland pro Großvieheinheit ausgehen, auf manchen Flächen dürften es mehr, auf manchen weniger Großvieheinheiten sein. Die Einheit entspricht einem ausgewachsenen 500-Kilo-Rind. Bei 5 Millionen Hektar Grünland könnte theoretisch etwa die gleiche Zahl an Rindern für Fleisch und Milch nachhaltig gehalten werden. Will man die Zahl der gut 1,5 Millionen deutschen Schafe (ein

Erde, Wasser, Feuer, Luft

Schaf entspricht 0,1 Großvieheinheiten) nicht verringern, die in aller Regel auf Grünland leben, und nicht sämtliches Grünland mit Kühen vollstellen, wären entsprechend weniger Weiderinder nachhaltig »haltbar«. Eine Verringerung der Rinderzahl von derzeit 12,5 Millionen auf etwa ein Drittel erscheint mir daher, grob geschätzt, der realistische Maximalwert für eine potenziell nachhaltige Weiderinderhaltung zu sein. Die Menge an erzeugtem Rindfleisch und Milch würde sich nochmals deutlich verringern, weil die verbreiteten Hochleistungsrassen unter anderem deshalb so viel pro Jahr liefern, weil sie Kraftfutter fressen und nicht allein von Gras, Klee und Stroh leben. Ziegen und Schafe benötigen deutlich weniger Platz als Rinder. Sie könnten sogar in bewaldeten Gebieten gut leben. Mit ihnen ließe sich am nachhaltigsten Fleisch und Milch herstellen.

Die aktuelle Grünlandnutzung ist allerdings nicht immer nachhaltig. Zum Teil wird das Grünland intensiv und in Monokultur mit schnell wachsendem Gras bewirtschaftet, das bedeutet, man düngt es mit energieaufwendig hergestelltem Mineraldünger und Gülle, um mehr Gras für die Tierfütterung ernten zu können. Und auf etlichen Weiden stehen zu viele Tiere, sodass der Boden zu viel der guten Nährstoffe abbekommt oder diese schlecht verteilt sind.

»Land Grabbing«

Platz für die Rinderhaltung haben sich einige Länder mit rabiaten Methoden verschafft. Seit Jahrzehnten entwaldet man riesige Areale, um neue Flächen für Weiden und Futterpflan-

»Land Grabbing«

zen zu schaffen. Mindestens 70 Prozent des bisher zerstörten Amazonas-Regenwaldes nutzt man als Viehweiden, einen weiteren Teil für den Futtermittelanbau. Das ist dann natürlich alles andere als nachhaltig. Auch die Pampa in Argentinien wird umgebrochen, um Kraftfutter für Rinder anzubauen. Mithilfe von Mineraldünger baut man längst riesige Mengen an proteinreichem Futter für Nutztiere in intensiver Tierhaltung an. Der Weltagrarbericht kritisiert, dass an Nutztiere Soja, Raps, Mais, Weizen und anderes Getreide von Ackerflächen verfüttert wird, das somit der direkten Lebensmittelproduktion verloren geht. Und weil gerade die Länder mit dem hohen Fleischkonsum häufig nicht über ausreichende Flächen verfügen, müssen sie die Futtermittel wie Soja, Raps, Mais und andere Getreide einführen. Die EU importiert bereits vier Fünftel ihrer Proteinfuttermittel. Sie vereinnahmt damit für ihre Fleischproduktion nicht nur Proteine, sondern auch 35 Millionen Hektar landwirtschaftliche Nutzflächen in anderen Ländern, 20 Millionen nur für Soja. Ein Drittel der weltweiten Ackerflächen dient bereits der Futtermittelproduktion. Da die Flächen mit guten Böden stark abnehmen und ihr Wert künftig erheblich steigen wird, sichern sich inzwischen große Firmen oder andere Länder ganze Landstriche für den künftigen Anbau von Lebens- und Futtermitteln.

Bei der für das Jahr 2050 erwarteten Anzahl von 9 Milliarden Menschen weltweit liegt die pro Person global verfügbare landwirtschaftliche Nutzfläche voraussichtlich bei 0,2 Hektar. Das sind 2000 Quadratmeter oder 40 mal 50 Meter. Derzeit beansprucht jeder Deutsche durch seine Ernährungsgewohn-

Erde, Wasser, Feuer, Luft

heiten im Durchschnitt umgerechnet 0,25 Hektar landwirtschaftlicher Nutzfläche, Deutschland selbst deckt davon nur 0,2 Hektar ab. Der Rest muss sozusagen »importiert« werden. Allein für den Sojaanbau sind es 2,8 Millionen Hektar Fläche aus Übersee, für jeden Deutschen rund 340 Quadratmeter. Über 60 Prozent der innerdeutschen landwirtschaftlichen Fläche dienen der Produktion tierischer Lebensmittel, pflanzliche benötigen nur die Hälfte davon. Ein kleiner, wenn auch wachsender Anteil dient dem Anbau von Energiepflanzen.

Soja, so nein

Nicht nur für Weideflächen, auch für den Sojaanbau werden kräftig artenreiche Regenwälder und Savannen zerstört, meist mittels Brandrodung – und das, obwohl der Boden für die Landwirtschaft nicht geeignet ist. Man vernichtet nicht nur unwiederbringlich wertvolle Lebensräume für Tiere und Pflanzen, sondern enteignet und vertreibt auch Ureinwohner und Kleinbauern, besonders in Brasilien, Argentinien und Paraguay. Obwohl die brasilianischen Kleinbauern nur 2 bis 3 Prozent der landwirtschaftlichen Nutzfläche bewirtschaften, tragen sie mit 70 Prozent zur Ernährungssicherung der Bevölkerung bei. Würden auf mehr Flächen Lebens- statt Futtermittel angebaut, wären die Preise für Nahrungsmittel in diesen Ländern wesentlich günstiger. In Argentinien müssen sogar Nahrungsmittel importiert werden, weil man dort nicht mehr genug für den Eigenbedarf anbaut. Schutzgebiete werden von großen Konzernen oftmals nicht beachtet, die Land-

Soja, so nein

schaft für neue Plantagen zerstückelt. 700 000 Hektar Wald gehen jährlich für neue Sojaanbauflächen drauf. Ich erspare mir hier einen Vergleich mit Fußballfeldern. Experten befürchten, dass in 20 Jahren 40 Prozent des Amazonas-Regenwaldes zerstört und weitere 20 Prozent geschädigt sein werden. Nach der Ernte des Tropenholzes wird der Rest der Pflanzen verbrannt. Die Asche dient als Dünger für den Boden, weil der Boden des Regenwaldes kaum Nährstoffe enthält. Ist der Wald einmal gerodet, werden Nährstoffe und Boden allerdings schnell weggespült und lagern sich in den Gewässern ab. Dort verändern und schädigen sie das empfindliche Ökosystem. Die nährstoffarmen Böden werden für einen ertragreichen Anbau gedüngt, obwohl die eigentlich anspruchslose Sojapflanze als Hülsenfrucht (Leguminose) selbst Stickstoff in den Boden bringt. Auch setzt man in den Monokulturen Pestizide ein, die Böden, Flüsse und Grundwasser zusätzlich belasten. Die inzwischen mehrheitlich gentechnisch veränderten Sojapflanzen sind robust gegenüber Unkrautvernichtungsmitteln und vereinfachen somit deren Einsatz. Saatgut und Pestizid verkaufen die cleveren Hersteller gleich im Doppelpack. Die am meisten verbreitete gentechnisch veränderte Pflanze ist die Sojabohne RoundupReady® des US-Konzerns Monsanto. Sie überlebt als einzige Pflanze den Einsatz des dazugehörigen »Totalherbizids« Roundup®. Das Mittel schädigt nicht nur das Gemüse, sondern auch die Gesundheit von benachbarten Kleinbauern und Landarbeitern. Häufig kommt es hier zu Fehlbildungen bei Neugeborenen, Krebs und Todesfällen, klagen Umweltverbände. Viele Menschen sehen sich zum Abwandern in die Städte gezwungen.

Erde, Wasser, Feuer, Luft

Es geht nicht um die Sojawurst

Was wird aus der Sojabohne? 80 Prozent der Sojabohnen werden zu Sojaschrot und Sojamehl weiterverarbeitet, knapp 20 Prozent zu Öl. Weltweit steigt die Produktion von Sojaöl deutlich an. International war es lange das Speiseöl Nummer eins. Als solches ist Sojaöl in Deutschland zwar weniger verbreitet, es findet sich hierzulande aber in diversen Speisefetten, und es liefert Lezithin zur Verwendung in etlichen industriell hergestellten Lebensmitteln. Zunehmend wird es auch für Agrosprit wie »Biodiesel« eingesetzt. Nur das berüchtigte, weil bisher so gut wie nie nachhaltig produzierte Palmöl hat das Sojaöl seit 2005 auf den zweiten Platz der Weltölproduktion verdrängen können. Abgesehen vom Öl spielt Soja trotz steigender Nachfrage nach Sojamilch und Tofu für die direkte Ernährung von Menschen mengenmäßig kaum eine Rolle. Nur 2 Prozent des Sojamehls dienen als Backzutat und Fleisch- und Milchalternativen, 98 Prozent werden für Nutztierfutter verwendet. Der Vorwurf, dass Vegetarier mit ihren Tofuwienern den Regenwald schädigen, erscheint mir daher haltlos. Das »böse« Soja aus den Riesenplantagen in Übersee ist zudem häufig gentechnisch verändert. In den USA und Argentinien wächst nahezu ausschließlich Gensoja, in Brasilien zumindest zu drei Vierteln. Auch Tiere in Deutschland fressen es. Die Kennzeichnungspflicht für Futtermittel gilt ab einem Anteil von 0,9 Prozent. Lebensmittel, die gentechnisch veränderte Organismen oberhalb der Nachweisgrenze von 0,1 Prozent enthalten, müssen entsprechend gekennzeichnet sein. Auf welche Produktgruppen oder Inhaltsstoffe das in Deutschland zutrifft, erfährt man auf der Internetseite *transgen.de*. Das Fleisch, die Milch und die Eier von Tieren, die mit genetisch veränderten Futtermitteln gefüttert wurden, müssen bislang jedoch noch nicht gekennzeichnet werden.

Verfechter der Tierfütterung mit Soja behaupten, dass die Futterzusätze Sojaschrot und Sojamehl nur Nebenprodukte der Sojaölherstellung für den Menschen seien. Dem widerspricht das US-amerikanische Landwirtschaftsministerium (USDA). Trotz der enormen Produktionsmengen ist Sojaöl laut USDA mittlerweile das Nebenprodukt der Proteinfutterherstellung aus der Bohne. Sie ist die weltweit größte Proteinfutterquelle für Tiere. Sojamehl hat demnach mit 50 bis 75 Prozent den größeren Anteil am Wert der Bohnen. Anders als die Preise für andere Ölpflanzen wie Ölpalmen und Raps reagieren die Sojapreise daher auch weniger direkt auf eine veränderte Nachfrage nach Ölen und Fetten. Der enorme Boom der Bohne hängt somit vor allem mit der weltweit gestiegenen Nachfrage nach Fleisch und Milch und damit nach dem proteinreichen Tierfutter aus der Sojabohne zusammen.

Trog oder Teller?

Mastbullen in der Intensivhaltung bekommen neben Soja vor allem Maissilage sowie Getreide zu fressen. Auch die intensiv gehaltenen Milchkühe fressen reichlich Sojaschrot und Getreide. Bereits mehr als ein Drittel des weltweit geernteten Getreides landet in den Mägen von Nutztieren. In Deutsch-

Erde, Wasser, Feuer, Luft

land sind es 60 Prozent. Industrieschweine bekommen bereits zwei Drittel Getreide als Futter. Industrienationen verwenden pro Kopf und Jahr 700 Kilo Getreide für Fleisch, Eier und Milchprodukte. Für Brot, Nudeln und Getränke sind es nur 300 Kilo. Nutztiere sind somit zu erheblichen Nahrungskonkurrenten des Menschen geworden. Die »Veredelung« oder genauer Verschwendung, aus pflanzlichen tierische Kalorien zu erzeugen, ist unterschiedlich ineffizient. Während Rinder das für den Menschen unverdauliche Gras gut verwerten können, sind sie bei Soja und Getreide ausgesprochen schlechte Futterverwerter. Für 1 Kalorie Rindfleisch sind daher je nach Quelle von 7 bis über 10 Pflanzenkalorien erforderlich. Für 1 Kalorie Schweinefleisch, Milch, Eier und Zuchtfisch sind es 3 oder mehr und für Geflügelfleisch noch 2 bis 3. Das vergleichsweise bessere Verhältnis bei Geflügel ist eine Folge der superschnell wachsenden Qualzuchten. Andere Quellen kommen zu deutlich schlechteren Umwandlungsraten bei tierischen Lebensmitteln, also höheren »Veredelungsverlusten«. Das Umweltprogramm der Vereinten Nationen (UNEP) rechnet für jede auf dem Acker erzeugte Kalorie bei der Umwandlung in tierische Lebensmittel mit einem Verlust von mehr als einem Viertel, für 1 tierische Kalorie sind demnach über 4 Pflanzenkalorien nötig. Laut FAO könnten die Kalorien, die bei der »Veredelung« verloren gehen, theoretisch 3,5 Milliarden Menschen ernähren.

Realistisch gesehen lassen sich auf der Erde Lebensmittel für 12 Milliarden Menschen erwirtschaften, rein theoretisch sogar noch ein Vielfaches davon. Dazu müsste man das Ackerland der Erde von derzeit 1,5 auf 3,2 Milliarden Hektar ausdehnen. Das hinzugewonnene Ackerland wäre aber zum einen wenig produktiv – mehr als zwei Drittel der theoretisch nutzbaren Landfläche sind Böden von geringer Qualität oder in schlecht nutzbaren Hanglagen –, zum anderen ginge der Ausbau von Ackerland zu Lasten von Grünland sowie schützenswerten Wäldern und Mooren. Die Umwandlung von Wäldern in Äcker oder Weiden verursacht Verluste an oberirdischer Biomasse und kann zu einem erheblichen Abbau von Humus beitragen, wodurch bis dahin in Bäumen und Boden gespeichertes CO_2 in die Atmosphäre gelangt. Die Folgen des Klimawandels und die anderer Umweltprobleme wie Nährstoffverluste und Erosion, die zunehmende Besiedlung und der Verlust an Süßwasser durch Gletscherschmelze, Versalzung und Grundwasserabsenkung sorgen dafür, dass die nutzbaren Acker- und Weideflächen immer weniger werden. Die Bodenfruchtbarkeit nimmt zudem durch Humusverluste stark ab. Jährlich gehen weltweit etwa 20 Millionen Hektar an landwirtschaftlicher Nutzfläche verloren. Infolgedessen muss für die ständige Steigerung der Erträge ein immer größerer Aufwand betrieben werden, während die verfügbaren Ressourcen schrumpfen.

Stickstoffe

Kraftfutter wie Soja und Getreide wird von Rindern sehr viel schlechter verdaut als Gras. Werden sie damit gefüttert, haben sie öfter Blähungen, produzieren mehr Methan und scheiden größere Mengen unverdauter Nährstoffe aus, was

Erde, Wasser, Feuer, Luft

die Überdüngung fördert. Da die Böden in Deutschland wie auch anderswo oft schon enorm viel Stickstoffdünger enthalten, stellen die riesigen Mengen Gülle eher ein großes Entsorgungsproblem als wertvolle Nährstoffe für den Boden dar.

Stickstoffdünger herzustellen erfordert viel Energie, was die Atmosphäre mit Treibhausgasen belastet. Noch gravierender ist die Wirkung des Stickstoffs im Boden. Dort bildet sich daraus Lachgas (Distickstoffmonoxid), ein hochwirksames Treibhausgas (310-mal so wirksam wie CO_2), das sich lange in der Atmosphäre hält. Die Lachgasemissionen stammen zum weitaus größten Teil aus der Landwirtschaft, vor allem aus der Düngung mit stickstoffhaltigem Kunstdünger, Gülle und Mist. Sie verursachten 2004 gut 17 Prozent der Treibhausgase der Landwirtschaft. Aus deren Um- und Abbauprodukten entstehen weitere stickstoffhaltige Stoffe wie Nitrat und Ammoniak, die ebenfalls das Klima sowie die Umwelt schädigen. In vielen Klimaberechnungen zu den Folgen der Landwirtschaft sind diese Effekte noch nicht berücksichtigt.

Je mehr man die Böden düngt und je mehr sie durch den Einsatz schwerer Landmaschinen verdichtet werden, desto mehr Lachgas bildet sich. Die Düngung riesiger Mais- und Sojamonokulturen in den USA, die auch europäische Nutztiere füttern, sowie die Bodenverdichtung mit riesigen Landmaschinen führen dazu, dass Lachgas dort innerhalb der Landwirtschaft den größten Teil zur Klimaerwärmung beiträgt. Auch die Böden selbst werden durch die Intensivierung stark geschädigt. Die verdichtete und an Bodenorganismen durch Düngung sowie Pestizide verarmte Erde kann Wasser schlechter aufnehmen. Fehlt dann noch eine ganzjährige

Stickstoffe

Pflanzendecke, kann ein einzelner starker Regen die Boden-bildung von 30 bis 40 Jahren wegschwemmen. Auch das häu-fige Pflügen führt zu einem Abbau des Humus.

Nur 17 Prozent des Stickstoffdüngers nutzen die Pflan-zen zum Wachsen. Der Rest belastet in Form von Nitrat oder Ammoniak Luft, Boden und Wasser. Die Umweltschutzorga-nisation Robin Wood beklagt die Folgen der hohen Ammo-niakbelastung, die in Europa zu 95 Prozent aus der Landwirt-schaft stammt, größtenteils aus der Gülle und dem Stallmist der Tierproduktion. Aus den 1980er-Jahren kennen viele noch die Angstbegriffe »Saurer Regen« und »Waldsterben«. Ich war überrascht zu lesen, dass es diese Probleme in Deutschland immer noch gibt, auch wenn der Hauptverursacher hier nicht mehr die industriellen Schwefelgase sind, sondern die Ammo-niakausdünstungen, die mit dem Regen in den Boden gelan-gen. Die Folgen sind ähnlich, die Böden übersäuern und brin-gen mit dem im Ammoniak in großen Mengen enthaltenen Stickstoff das Nährstoffgefüge durcheinander. Der Wald stirbt zwar nicht, wie man damals befürchtete, aber die Schäden ha-ben teilweise sogar zugenommen, verstärkt noch durch den Klimawandel. Zwei Drittel der deutschen Waldbäume sind geschädigt, bei Laubbäumen sind es sogar 80 Prozent. Pflan-zen mit entzückenden Namen wie Frühlings-Kuhschelle, Nor-discher Augentrost, Sumpf-Knabenkraut, Rosmarin-Seidel-bast stehen nebst 80 weiteren Pflanzenarten sowie etlichen Moosen, Flechten und Pilzen aufgrund der Stickstoff-Über-düngung auf der Roten Liste der bedrohten Arten.

Erde, Wasser, Feuer, Luft

Wasserschäden

Die Artenvielfalt in Gewässern ist ebenfalls bedroht, weil der übermäßige Nährstoffeintrag Blau- und Grünalgen sprießen lässt, die den Gewässern zu viel Sauerstoff entziehen, Fischsterben auslösen können und zudem Giftstoffe produzieren, die auch für Menschen gefährlich sind.

Die in der industriellen Tierhaltung anfallende Gülle landet mit allem, was an Antibiotika und Krankheitserregern darin ist, in zu großen Mengen auf den Feldern, auch wenn die Düngeverordnung festlegt, wann und wo wie viel Dünger aufgebracht werden darf. Das Grundwasser, aus dem in Deutschland drei Viertel des Trinkwassers stammen, ist oft erheblich mit Nitraten belastet. Bei der Hälfte der deutschen Trinkwasser-Messstellen fällt die Belastung deutlich zu hoch aus, bei 15 Prozent so hoch, dass das Wasser nicht ohne Weiteres als Trinkwasser genutzt werden kann. Im Nutztierland Niedersachsen ist der Grenzwert bereits bei 20 Prozent der Messstellen überschritten. Bisweilen muss dann Wasser aus anderen Gegenden herangeschafft werden. Die Kosten für das »Fernwasser« trägt der Verbraucher, nicht der Verursacher.

Das Problem bei der Wassernutzung in der Landwirtschaft ist vor allem die Verschmutzung. Sie macht große Mengen an sauberem Wasser erforderlich, um das verschmutzte Wasser ausreichend zu verdünnen, damit es wieder nutzbar wird. Aber auch der direkte Wasserverbrauch, wie für künstliche Bewässerung, ist in der Landwirtschaft erheblich. Das »verbrauchte« Wasser geht im Wasserkreislauf zwischen Gewässern, Atmosphäre und Böden zwar nicht grundsätzlich ver-

274

loren, steht aber vor Ort erst einmal nicht mehr zur Verfügung. Problematisch ist das vor allem dann, wenn in der Region nicht viel sauberes Wasser für andere Zwecke zur Verfügung steht. So leiten viele Fischzuchten in Asien das mit Unmengen an Kot, Pestiziden und Medikamenten verschmutzte Wasser aus den Zuchtteichen ungereinigt in die Flüsse, die für die arme Bevölkerung die wichtigste Trinkwasserquelle darstellen. Die sozialen und ökologischen Folgen des Wasserverbrauchs hängen daher mit der Verfügbarkeit von Wasser in einer Region und deren Bedarf zusammen. Das »Land Grabbing« von Investoren und von asiatischen Ländern verschärft das Problem. Die Flächen, die sie in den fruchtbaren tropischen Regionen aufkaufen, werden teilweise bewässert. So kann es passieren, dass der ansässigen Bevölkerung der Zugang zum Wasser deutlich erschwert wird.

Wasser sparen

Ein großer Teil des Wasserverbrauchs der Deutschen spielt sich im Ausland ab, nicht etwa im Urlaub auf Malle, sondern dadurch, dass Deutschland wasserintensive Agrarprodukte importiert. 20 Prozent der weltweiten Ackerfläche werden künstlich bewässert. Diese Flächen liefern 40 Prozent der weltweiten Nahrungsmittel. 70 bis 85 Prozent des verfügbaren Wassers benötigt die Landwirtschaft, beispielsweise zur Bewässerung von Blumenfarmen, Kaffeeplantagen oder Baumwollfeldern. Wenn in bestimmten Gebieten die Wasserressourcen erschöpft sind, ist laut FAO fast immer Land-

Erde, Wasser, Feuer, Luft

wirtschaft die Ursache. Besonders durch die Viehhaltung, die schon jetzt erheblich zum Wasserverbrauch beiträgt, befürchtet man einen enormen Anstieg des Wasserverbrauchs. Professor Arjen Hoekstra, der wissenschaftliche Direktor des Water Footprint Network, empfiehlt daher denjenigen, die gerne Wasser sparen möchten, eher auf ihre Ernährung zu schauen als auf den direkten Verbrauch in Küche, Bad und Garten. Weidetiere können ein Viertel ihres Wasserbedarfs durch Gras decken, Getreide und Kraftfutter enthalten höchstens halb so viel Feuchtigkeit. Den Großteil des Wasserverbrauchs in der Tierproduktion verursacht aber nicht der Durst der Tiere, sondern die Bewässerung ihrer Futterpflanzen. Das sind nach Angaben der FAO 15 Prozent des weltweiten Wasserverbrauchs. Hinzu kommt das Wasser für die Kühlung und Hygiene in der industriellen Haltung und auch für die Schlachtung der Tiere – man erinnere sich etwa an das Brühbad der Schweine.

Wie viel Wasser Fleisch tatsächlich verbraucht, lässt sich aufgrund der unterschiedlichen Zusammensetzung des Futters nur schwer abschätzen. Unbestritten ist, dass tierische Produkte meist mehr Wasser pro Kilo und pro Kalorie verbrauchen als pflanzliche. Als Ausnahmen gelten Kaffee, Kakao und Baumwolle. Die Hälfte des in der Tierproduktion verbrauchten Wassers geht auf das Konto von Rindfleisch und Milchprodukten. Selbst auf die erzeugten Kalorien oder Proteine gerechnet, schneidet Rindfleisch äußerst schlecht ab. Die berüchtigten 15 000 oder mehr Liter Wasser, die für 1 Kilo Rindfleisch erforderlich sind, werden fast ausschließlich für die Bewässerung der Futterpflanzen verwendet.

Über Überfischung

Am 20. April ist in Deutschland »Fish dependance day«, der »Fischabhängigkeitstag«. Ab diesem von Umwelt- und Entwicklungsverbänden errechneten Kalendertag gibt es für das laufende Jahr in Deutschland rein rechnerisch nur noch Fisch von auswärts, weil die heimischen Fanggründe nicht mehr als die bis zu diesem Zeitpunkt konsumierte Menge hergeben. Im küstenlosen Österreich fällt dieser Tag gar auf den 15. Januar. Für ganz Europa ist aktuell am 2. Juli »Fischabhängigkeitstag«, seit einiger Zeit verschiebt sich das Datum immer mehr nach vorne. Seit Anfang der 1990er-Jahre sind die Fangerträge um 25 Prozent gesunken. Mittlerweile importiert die EU mehr Fische, als sie selbst anlandet. Kein Wunder, wenn laut EU-Kommission drei Viertel der europäischen Bestände überfischt sind, 82 Prozent im Mittelmeer und 63 Prozent im Atlantik. Greenpeace spricht gar von 88 Prozent Überfischung in Europa. Die Bestände wachsen also nicht so schnell nach, wie die Fische weggefangen werden.

Die EU hat mit 85 000 Schiffen die drittgrößte Fischereiflotte der Welt, ausgerüstet mit Hightech und riesigen Fangapparaten. Sie gilt als überdimensioniert – da sind sich Experten und EU-Kommission einig. Die Kontrollen, bei denen überprüft wird, was wo und in welchen Mengen gefangen wird, sind dagegen lax. Der Europäische Rechnungshof kritisierte schon 2007, dass das System, Fangquoten festzulegen, nicht ausreichend angewendet werde und Verstöße kaum verfolgt oder bestraft würden. Die bestehenden Regeln werden aus politischen Gründen oft nicht eingehalten. Die

277

Erde, Wasser, Feuer, Luft

Überfischung führt dazu, dass zunehmend jüngere und – da diese kleiner sind – auch mehr Tiere gefangen werden müssen, um auf das gleiche Fanggewicht zu kommen. Da viele Fische so getötet werden, bevor sie sich fortpflanzen können, kann der Bestand ganz zusammenbrechen – mit üblen Folgen auch für die Fischer. Der Tod der Fische ist oftmals auch der Tod der Fischerei. So ist die kanadische Kabeljau-Fischerei vor Neufundland von einem Tag auf den nächsten zusammengebrochen und hat sich trotz des Fangverbots für Kabeljau seit 1993 nicht wieder erholt. Auch über 20 Prozent der europäischen Fischbestände sind vermutlich biologisch nicht mehr in der Lage, sich zu erholen. Als Konsequenz hat die Europäische Union 2002 den Fischfang vor europäischen Küsten wegen Überfischung stark begrenzt. Dennoch lagen die Fangquoten des EU-Rates bisher im Schnitt um gut ein Drittel über dem Rat von Wissenschaftlern. Beifänge und illegale Fischerei sind dabei noch nicht einmal berücksichtigt. Zumindest Deutschland orientiert sich aktuell an wissenschaftlich empfohlenen Fangquoten.

Eine gute Nachricht unter vielen schlechten: Fischbestände können sich, wenn man rechtzeitig handelt, relativ schnell erholen. Als es vom Ostseedorsch oder Kabeljau aufgrund des Fischfangs nur noch kleine Exemplare gab, sodass sie in der Ostsee sogar vom Jäger des Herings zu seiner Beute wurden, sorgte ein Regierungswechsel in Polen dafür, dass die Fangquoten eingehalten wurden (und werden). Inzwischen hat sich der Bestand wieder verdreifacht. Und seit am Horn von Afrika aufgrund der Piratenangriffe die großen Fang-

Über Überfischung

schiffe wegbleiben, nimmt die Zahl der Fische dort wieder deutlich zu. Auch während der beiden Weltkriege hatten sich die europäischen Bestände erholt, allerdings nicht aufgrund von vernünftiger Fischereipolitik. Die Fischer waren aufgrund der »unvernünftigen« Außenpolitik lieber an Land geblieben.

Welche Folgen der Klimawandel für die Fischwelt haben wird, ist bislang kaum abzusehen. Einige Arten wandern ab, weil es ihnen zu warm wird, oder sie wachsen nicht mehr so schnell. Die Versauerung der Ozeane durch das aufgenommene CO_2 bereitet vielen Kleinstlebewesen große Probleme, dadurch wird die ganze Nahrungskette in Mitleidenschaft gezogen. Aber die Erderwärmung bietet für manche Regionen auch Vorteile. In der Barentssee am nördlichen Polarkreis beispielsweise nimmt die Zahl der Kabeljaue stark zu.

Trotz immer modernerer Fangmethoden und der Ausbeutung von bisher nicht befischten Gebieten stagnieren die weltweiten Fangerträge bei 90 Millionen Tonnen – eine Folge des alles andere als nachhaltigen Vorgehens. Gehen die Bestände von »Zielfischarten« zurück, erhöht man zunächst den Energie- und Kosteneinsatz für deren weitere Ausbeutung, oft unter Inkaufnahme großer ökologischen Schäden, weil etwa mehr Beifang anfällt oder viele Jungfische getötet werden. Ist eine Fischerei dann irgendwann nicht mehr rentabel, verlagert man den Fang in andere Regionen oder auf andere Arten. Laut jüngstem FAO-Weltfischereibericht von 2010 wird über die Hälfte der weltweiten Bestände maximal genutzt. 28 Prozent sind überfischt und 3 Prozent komplett geplündert.

Erde, Wasser, Feuer, Luft

Auswärts Essen holen

Europa hat den größten Markt der Welt für Fischereiprodukte, und die Nachfrage wächst. Nicht nur die Importe steigen, die aktuell für europäische Gewässer sinnvolle Begrenzung der Fischerei verlagert das Problem in außereuropäische Fanggebiete. Die mit EU-Geldern modernisierten und neu gebauten Schiffe holen etwa vor der westafrikanischen Atlantikküste tonnenweise Fisch aus dem Meer. Der eigenen Fischindustrie sichert die EU ihre benötigten Fangmengen durch sogenannte Fischerei-Partnerschaftsabkommen mit Drittländern. Sie zahlt den afrikanischen Ländern Geld dafür, dass sie dort im großen Umfang fischen darf. Laut Vertragstext sind das Fische, die die heimischen Fischer nicht fangen wollen oder können. Insbesondere Garnelen und teurere Fischwaren holen sich die Europäer, aber auch Hering, Makrele und Sardinen. Die Fanggenehmigungen werden meist sehr kostengünstig und deutlich unter dem Wert der Fische erworben. Die Kontrollen zur Einhaltung der Fangquoten sind zudem unzureichend.

Chinese Take Away

Nach Angaben des Umweltprogramms der Vereinten Nationen UNEP landen vor Westafrika derzeit bis zu 90 Prozent des Fischfangs an Bord nicht einheimischer Schiffe. Auch die Chinesen sind vor Westafrika mit von der Partie, sie leisten den afrikanischen Regierungen dafür noch nicht einmal Kom-

Chinese Take Away

pensationszahlungen. Auf schwimmenden Industrieinseln wird der fangfrische Fisch gleich verarbeitet. Der Fang der Chinesen landet auch auf den Tellern Europas: 2009 importierte Europa chinesische Fischprodukte im Wert von über 1 Milliarde Euro, doppelt so viel wie 2002. Selbst in der besonders fischreichen Region vor Westafrika reichen die Fische daher inzwischen nur noch für die Reichen. Für die heimischen Fischer und einen Großteil der Bevölkerung Mauretaniens, Guineas oder des Senegals bleibt nicht mehr viel übrig, und sie sehen auch von den Geldern der Europäer kaum etwas. Viele Fischer verlieren ihre Arbeit und ihr Einkommen. Da Fische bis weit ins Landesinnere hinein gehandelt werden, beschneidet man zudem die traditionelle Proteinquelle etlicher Menschen. Der Empfehlung der Deutschen Gesellschaft für Ernährung, jeder solle zweimal wöchentlich Fisch essen, sei unter Aspekten der Nachhaltigkeit nicht nachzukommen, urteilt Stig Tanzmann, Agrar-Experte des Evangelischen Entwicklungsdienstes EED. »Bei Fisch sollten wir sehr, sehr vorsichtig sein, gerade weil wir in Gewässern südlicher Länder fischen, wo es noch Proteinmangel und Hunger gibt. Diesen Fisch dürfen wir nicht beanspruchen.« Fisch ist Tanzmanns Einschätzung nach eher etwas, das man sich einmal im Monat, nicht einmal die Woche gönnen sollte.

Nicht nur in fremden Gewässern wird gefischt, auch in tieferen Meeresregionen. Das ist deswegen problematisch, weil man über die Biologie der dort lebenden Arten nur wenig weiß, außer dass viele von ihnen, wie etwa der Rotbarsch, sich nur sehr langsam fortpflanzen und wachsen.

Erde, Wasser, Feuer, Luft

Ökologisch korrekt?

Die mit dem MSC-Logo (Marine Stewardship Council) für nachhaltigen Wildfang ausgezeichneten Fischereien nehmen stark zu. Inzwischen sind schon 11 Prozent aller Fischereien der Welt damit zertifiziert. Die Fischer profitieren von höheren Preisen und möglicherweise einer besseren Schonung der von ihnen genutzten Ressourcen. Doch gibt es immer wieder Kritik an der Vergabepraxis des Logos. Professor Gerd Hubold, der Generalsekretär des Internationalen Rates zur Erforschung der Meere (ICES), wundert sich beispielsweise, dass der Schwarze Seehecht aus der Antarktis trotz seiner (als Tiefseefisch) sehr langsamen Fortpflanzung mit dem Logo ausgezeichnet wurde. Auch bestimmte, weil schonender fangende Schleppnetzfischereien dürfen sich mit dem blau-weißen Fisch des MSC schmücken. Fischfan und Journalist Paul Greenberg zweifelt in seinem Buch *Vier Fische* ebenfalls an der Nachhaltigkeit mancher MSC-Fischereien. So gerieten der vom MSC ausgezeichneten Seelachsfischerei Alaskas, der größten Wildfischindustrie der USA, vor ein paar Jahren 120 000 Königslachse als Beifang in die Netze. Sie mussten als nicht zugelassener Fang vom Gesetz her ins Meer zurückgeworfen werden, obwohl sie bereits tot waren. Ein Drittel dieser Wanderfische war vermutlich auf dem Weg zum Yukon gewesen, einem der größten Ströme Nordamerikas, um dort in die Laichgebiete zu gelangen. In den Jahren 2008 und 2009 kamen fast keine Königslachse mehr im Yukon an, und die ansässigen Yupik-Indianer waren von Hunger bedroht.

Möglicherweise ist die maximale jährliche Fangmenge an

Fisch schon eine Weile überschritten, der »peak fish« also schon erreicht. Sollte nicht das Ende unsinniger Subventionen und eine nachhaltige Fischereipolitik für eine Erholung der weltweiten Bestände sorgen, wird es vielleicht der Mangel an Öl sein. Wenn die maximal mögliche Ölfördermenge in den nächsten Jahren oder Jahrzehnten zurückgeht und der »peak oil« überschritten ist, dürfte auch die industrialisierte Hochseefischerei deutlich abnehmen, weil dann der Wildfang immer teurer werden wird. Anders als Öl gehören Fische wenigstens zu den »nachwachsenden Rohstoffen«, sodass sich einige Restbestände irgendwann werden erholen können.

Aqua-Unkultur

Lachs und Forelle sind in Europa und den USA die häufigsten Zuchtfische. Für 2012 wird bei der Zuchtlachsproduktion ein Wachstum um fast 15 Prozent auf 1,8 Millionen Tonnen erwartet. Man ist geneigt, zu glauben, dass dank des Zuchtlachses der Druck auf die Wildbestände abnimmt. Dem ist leider nicht so, weil der Zuchtlachs zugleich die Nachfrage nach Wildlachs befördert, obschon Wildlachs ungleich teurer und frisch oder geräuchert nur saisonal verfügbar ist. Der Atlantik-Wildlachs gilt als bedroht. Von ihm dürfen nur noch 5000 Tonnen im Jahr gefangen werden. Beim Pazifik-Wildlachs sind es 800 000 Tonnen. Doch auch bei ihm sind an vielen Orten die Bestände stark zurückgegangen. In 40 Prozent der US-amerikanischen Flüsse ist er ausgestorben.

Produkte wie Fjordlachs, Graved Lachs oder Echter Wild-

Erde, Wasser, Feuer, Luft

wasserlachs sind werbewirksame Namen für Zuchtlachs. Je effizienter die Lachszucht wird, desto billiger wird Zuchtlachs auf den Weltmarkt geschmissen. Um die Einbußen beim Preis auszugleichen, muss noch mehr produziert werden. Und das geht so: Zuchtlachse hält man üblicherweise in schwimmenden ringförmigen Netzen an Meeresküsten, wo die Tiere ständig mit kaltem frischem Wasser versorgt sind. Wenn die wirklich geeigneten Plätze rar werden, weicht man auf Plätze aus, an denen das Wasser weniger gut zirkuliert oder Wanderwege von Wildlachsen in der Nähe sind. Wie in der Massentierhaltung an Land verenden in den Anlagen mit bis zu 100 000 oder mehr Tieren aufgrund der Enge ebenfalls Tausende durch Krankheiten oder gar Sauerstoffmangel. Die Probleme, die in jeder industriellen Tierzucht auftreten, tauchen bei vielen Fischzuchten in direktem Kontakt zur natürlichen Umgebung auf. Futterreste, Chemikalien, Antibiotika und Unmengen Kot aus den Gehegen verschlechtern die Wasserqualität. Krankheiten oder Parasiten wie Fischläuse können auf wildlebende Lachse übertragen werden. Da Zuchtlachse zudem zu Millionen aus den Gehegen in die Freiheit entwischen, könnten sie wilde Lachspopulationen verdrängen. Na, dann gibt es halt wilden Zuchtlachs, könnte man meinen. Tatsächlich stockt man sogar Wildbestände aktiv mit Zuchtlachsen auf, mit unklaren Folgen für die genetische Entwicklung der Lachspopulationen. Jeder dritte in Alaska gefangene »Wildlachs« stammt bereits aus Züchtungen. Die genetisch an Zuchtwünsche optimierten Tiere besitzen gegenüber den Wildlachsen möglicherweise Vorteile wie ein schnelleres Wachstum. Mittelfristig könnten sie sich jedoch als ungeeignet für ein Leben in Freiheit erweisen und sich weniger erfolgreich fortpflanzen, weil sie beispielsweise schlechter mit starken Strömungen zurechtkommen oder keine extremen Temperaturschwankungen ertragen.

Futter bei die Fische

Die Aquakultur der Lachse, dieser eigentlich zwischen Meer und Flüssen wandernden Raubfische, ist in hohem Maße von Fischmehl abhängig, das vor allem aus »Futterfischen« wie Sardinen oder Anchovis sowie aus kleinen Krebsen und Tintenfischen gemahlen wird. Auch der für die Nahrungskette so wichtige Krillkrebs gehört dazu. Für 1 Kilo Lachsfleisch benötigt man ein Mehrfaches an Futterfisch. Ein auf effiziente Futterverwertung gezüchteter Lachs braucht etwa 3 Kilo Wildfisch, ist der Lachs nicht optimiert, ist es gar das Doppelte. Thunfische benötigen für 1 Kilo Fleisch in der Mast sogar bis zu 20 Kilo Futterfisch.

Nur zu einem geringen Teil (knapp ein Viertel) stammt das Fischmehl aus den Abfällen der Fischerei, überwiegend fängt man dafür Wildfische. Die deutsche und dänische sogenannte Gammelfischerei ist bei der Fischmehlproduktion mit Sandaalen (mit zwei a!), Sprotten, Heringen oder Jungfischen dabei. Der unappetitliche Name Gammelfischerei rührt von der Praxis her, die Fische ungekühlt an Land zu bringen, bevor sie dann zu Tierfutter weiterverarbeitet werden. Vor allem die peruanische und chilenische Anchovis- bzw. Sardellenfischerei liefert schier unglaubliche Mengen des Fischfut-

Erde, Wasser, Feuer, Luft

ters. Allein von dieser Fischart landen 30 Millionen Tonnen, ein Drittel des offiziell gefangenen Wildfisches, in den Mägen von Lachsen, Forellen, Shrimps und anderen Zuchtfischen und Meerestieren. Sogar Landnutztiere fressen bisweilen davon. Und ich verkneife mir meine einst heiß geliebte Sardellenpaste (60 Gramm!)... Die an unsere Zuchtfische verfütterten Fische stehen der lokalen Bevölkerung entsprechend nicht mehr zur Verfügung. Außerdem leben viele Meeresvögel genau von jenen »Futterfischen«, die für die Verarbeitung zu Fischmehl und Fischöl gefangen werden, und Meeressäuger wie Robben, Delfine und Wale sowie größere Fische sind ebenfalls auf sie angewiesen. Forscher der Universität Aberdeen in Schottland versuchen daher mithilfe der Gentechnik, aus den fischfressenden Lachsen und Kabeljauen Pflanzenfresser zu machen, um sie mit Getreide füttern zu können. Die Nachhaltigkeit dieses Weges erscheint mir äußerst fragwürdig. Um Menschen zu Pflanzenfressern zu machen, braucht man glücklicherweise keine Gentechnik.

Wie bei Soja ist es auch hier wieder Südamerika, das die größten Mengen an Nutztierfutter produziert, und wen wundert es, dass auch Soja, natürlich ebenfalls gentechnisch verändert, schon an Zuchtfische verfüttert wird. Zum abgeholzten Regenwald bietet die Fischzuchtindustrie ebenfalls ein Pendant: die Mangrovenwälder. In Asien und Lateinamerika rodet man diese für den Küstenschutz und auch ökologisch wichtigen Wälder, um Teiche für Shrimps-Kulturen anzulegen.

Ökoshrimps und Biokarpfen

Wildfische erhält man nie mit Biolabel, wohl aber Zuchtfische und -garnelen. Aber selbst die ökologisch zertifizierten Aquakulturen können nicht alle ökologischen Probleme der Aquakulturen vermeiden: Zuchtfische können auch dort entweichen, und für die fleischfressenden Arten ist auch in den Ökokulturen bislang Fischmehl vonnöten. Das Fischmehl muss zwar aus Fischereiabfällen oder nachhaltiger Fischerei stammen, diese Quellen sind aber weder unbegrenzt noch immer mit Gewissheit nachhaltig zu nennen. Überraschenderweise sind fertig filetierte Fische die nachhaltigere Variante, weil der Rest zumindest theoretisch wieder in die Fischproduktion gelangen kann und nicht bloß Ratten und Katzen aus der Nachbarschaft zum Kompost lockt.

Die einzigen effizient in Aquakultur zu produzierenden Zuchtfische sind Allesfresser, die mit geringen Proteinmengen auskommen, wie Karpfen, Tilapia und Pangasius sowie Muscheln. Damit sie schneller wachsen, erhalten zumindest die konventionell gehaltenen Fische oft ebenfalls Fischmehl. Dafür fischt man, etwa in der Pangasiuszucht, oft durch illegale Piratenfischerei die gesamte Artenvielfalt aus den umliegenden Gewässern weg – in diesem Fall dem Fluss Mekong in Vietnam.

Erde, Wasser, Feuer, Luft

Hungerleider

Auf einer Tagung über Hunger Hunger zu haben, ist schon merkwürdig. Und das, obwohl genug zu essen für alle da ist. So weit die Gemeinsamkeit mit der Welternährungssituation. Anders als bei den meisten Hungernden liegt es bei mir nicht am Geld, das Buffet ist umsonst, nur leider erweist sich hier bis auf wenige kalte klitzekleine Frühlingsrollen nichts als vegan. Noch nicht mal »Deko-Obst« kann ich entdecken. Zugegeben – ein Luxusproblem, zumal ich weiß, dass ich abends wieder genug zu essen bekommen werde. Dennoch macht das nagende Gefühl im Bauch das Thema des Tages plastischer.

Der Welthunger-Index 2011 der Welthungerhilfe bezeichnet die Hungersituation in 26 Ländern als »sehr ernst« oder »gravierend«. Alle diese Länder liegen in Afrika südlich der Sahara und in Südasien. Auch wenn sich die Situation in den meisten Gebieten in den letzten Jahrzehnten verbessert hat, ist sie für zig Millionen Menschen in vielen Ländern noch immer katastrophal. Der Index berechnet sich zudem nur aus Daten der vergangenen Jahre und bildet nicht die aktuelle Situation ab, wie etwa die Hungersnot am Horn von Afrika. Für die Jahre 2006 bis 2008 ging die FAO von 850 Millionen Unterernährten weltweit aus. Wegen des Bevölkerungswachstums hat die absolute Zahl der Betroffenen zugenommen, obwohl der Anteil der Hungernden an der Weltbevölkerung abgenommen hat. In den Schwellenländern Indien und China leben trotz des gigantischen Wirtschaftswachstums die meisten Hungernden. 80 Prozent der Unterernährten wohnen auf

Ursachenforschung

dem Land. Man könnte es zynisch als Ironie des Schicksals auffassen, dass die meisten Unterernährten als Kleinbauern, Landarbeiter und Fischer in der Lebensmittelproduktion arbeiten oder gearbeitet haben. Allein für Grundnahrungsmittel müssen arme Haushalte in Entwicklungsländern 60 bis 70 Prozent ihres Einkommens ausgeben. In der EU geben die Haushalte im Durchschnitt 13 Prozent für Nahrungsmittel und alkoholfreie Getränke aus, am wenigsten (9 Prozent) in Luxemburg und am meisten in Rumänien (29 Prozent). Die Deutschen waren 2010 mit 11 Prozent dabei.

Unglücklicherweise wird in vielen Industrie- und Schwellenländern, auch in Deutschland, zu viel energiereiche Nahrung produziert, gekauft und gegessen. Die Weltgesundheitsorganisation (WHO) spricht von einer globalen Adipositas-, also Fettleibigkeits-Epidemie. Sie schätzt, dass 2008 weltweit rund 1,5 Milliarden Erwachsene übergewichtig waren. Davon waren 200 Millionen Männer und fast 300 Millionen Frauen fettleibig. 2010 waren über 40 Millionen Kinder unter fünf Jahren übergewichtig.

Ursachenforschung

Vom Hunger sind noch immer besonders Kinder bedroht. Viele Schäden in den ersten Lebensjahren können später nicht mehr ausgeglichen werden. Schätzungsweise sterben jährlich über 2 Millionen Kinder an den Folgen der Unterernährung. Im Jahr 2009 gab es über 1 Milliarde unterernährte Menschen. Dabei werden eindeutig mehr Lebensmittel pro-

Erde, Wasser, Feuer, Luft

duziert, als benötigt würden, um die Welt zu ernähren, bestätigt mir Agrarfachmann Stig Tanzmann vom Evangelischen Entwicklungsdienst (EED). »Die reine Produktionsmenge ist aber eine Verkürzung der Debatte. Sie wird von den Befürwortern der Gentechnik und Intensivierung in der Landwirtschaft immer wieder hervorgeholt, die sagen, wir müssen noch mehr produzieren«, sagt Tanzmann. Dabei hat die schlechte Versorgung in vielen Ländern andere Ursachen, etwa eine mangelnde Logistik für die Verteilung und Lagerung der Nahrungsmittel. Oder die Tatsache, dass an manchen Orten zu wenig und dafür an anderen Orten zu viel hergestellt wird. Es gibt Schätzungen, dass in Europa 30 Prozent der Lebensmittel vor dem Konsum weggeworfen werden, nicht nur in den Haushalten, sondern bereits auf den Feldern.

Die Mehrheit der Unterernährten ist derweil schlicht zu arm, um überhaupt Lebensmittel bezahlen zu können. Soja, Mais und andere Getreidesorten würden daher selbst dann nicht als Nahrung für Menschen angeboten, wenn die Nachfrage nach Futtermitteln geringer wäre, glaubt zumindest Henning Steinfeld, Mitautor des FAO-Berichts *Lifestock's Long Shadow*. Die für die Futtermittel wegfallenden Mengen würden seiner Ansicht nach dann vermutlich gar nicht erst angebaut. Daher sollte vor allem die Kaufkraft der Armen verbessert werden, möglichst parallel zur gesteigerten Produktivität durch biologische Landwirtschaft – ohne Abhängigkeit von Kunstdünger, Pestiziden und Hybridsamen. Dann gäbe es mehr lokal produzierte Nahrungsmittel und zugleich ein Einkommen für die Menschen, mit dem sie sich diese auch kaufen könnten.

Ursachenforschung

Dennoch drängt sich der Verdacht auf, dass die steigende Nachfrage nach Fleisch und Milch in den Industrieländern die Grundnahrungsmittel in armen Ländern verteuert, weil beträchtliche Mengen Getreide in den Futtertrögen von Tieren landen. Ein Argument von Tierzuchtlobbyisten lautet, das in Deutschland verfütterte Getreide sei nicht für den menschlichen Verzehr geeignet. Dem widerspricht Tanzmann vom EED: »Das ist oft Weizen, der nicht die allerbeste Backqualität hat, aber man könnte ihn ohne Weiteres essen. Außerdem könnte man auf der gleichen Fläche auch Backweizen, Roggen, Gemüse oder Obst anbauen.« Damit würde man weniger Fläche im Ausland beanspruchen und so auch die negativen Folgen für die dortige Umwelt und Bevölkerung verringern. »Die Nachfrage nach Getreide für Futtermittel ist zumindest einer der Faktoren, die zu einer Preissteigerung auf dem Weltmarkt führen«, glaubt auch Tanzmann. »Je mehr Tiere gefüttert werden, desto wahrscheinlicher steigen die Preise in einem gewissen Rahmen oder können sich oben halten.« Betroffen seien davon vor allem Menschen in Ländern, die Getreide auf dem Weltmarkt kauften, um daraus Grundnahrungsmittel herzustellen. Für weltweit immerhin 200 Millionen unterernährte Menschen in Städten würden Grundnahrungsmittel unter anderem dadurch teurer. In Westafrika seien die Weizenpreise zu hoch, sodass die Länder große Probleme hätten, ihre Bevölkerung mit günstigem Brot zu versorgen, berichtet Tanzmann. Er hält es für dringend erforderlich, dass diese Länder ihre eigene Getreideproduktion wieder in Gang setzen, um selbst Grundnahrungsmittel zu produzieren. Die heimische Produktion von Hirse,

Erde, Wasser, Feuer, Luft

die dem in diesen Regionen nicht gedeihenden Weizen auch in der Nährstoffzusammensetzung überlegen sei, wäre lange Zeit nicht mehr rentabel gewesen. Der Grund: Getreide sei in den vergangenen 30 Jahren auf dem Weltmarkt extrem billig gewesen, unter anderem wegen der Exportsubventionen für Weizen aus der EU Ende der 1980er-Jahre und Anfang der 1990er-Jahre. Mittlerweile seien diese Subventionen abgeschafft und für die EU-Bauern aufgrund der hohen Weizenpreise auch nicht mehr notwendig.

Import – Export

Inzwischen fordern sogar Landwirtschaftsministerium und Bauernverband öffentlichkeitswirksam, alle Exportsubventionen abzustellen. Der subventionierte Export von Lebensmitteln drängt inländische Produzenten in anderen Ländern häufig aus dem Markt und die Länder selbst in die langfristige Abhängigkeit von Importen. Doch die gleiche Wirkung erzielt man inzwischen allein durch inländische Subventionen, wie die von großen Mast- und Schlachtanlagen. »Wenn man jetzt die Vorschläge der EU-Kommission und der deutschen Politik zur Agrarreform hört, ist das Ziel der Weltmarkt und der Export von Lebensmitteln«, sagt Tanzmann, »und weil die Landwirte zum Teil auf die Subventionen angewiesen sind, haben sie ihre Betriebe in Richtung Export umgestaltet.« So wächst die deutsche Fleischindustrie vor allem bei Schwein und Geflügel, wobei der Zuwachs nahezu allein für den Export bestimmt ist – der Selbstversorgungsgrad für Rind und

Import – Export

Schwein in Deutschland liegt bereits weit über 100 Prozent, bei Geflügel und Milch knapp darüber. Die Deutschen sind beim Fleisch aber ziemlich wählerisch und essen besonders gern die guten Stücke. Selbst wenn man nur bestimmte Teile des Fleischs isst, muss dafür das ganze Tier »drum herum« produziert werden. Gerade bei Geflügel, von dem überwiegend das helle, zarte Brustfleisch gegessen wird, exportiert man die Reste zu Niedrigstpreisen nach Afrika, in die Länder, die ihre Märkte aufgrund der für sie ungünstigen internationalen Handelsabkommen nicht schützen können. Dort ruinieren die Importe die lokale Viehhaltung und aufgrund der schlechten Kühlmöglichkeiten auch gleich noch die Gesundheit der Konsumenten. Ähnliches geschieht durch das Milchpulver aus der deutschen Überproduktion. Hier sorgt unsauberes Trinkwasser für die gesundheitlichen Probleme und die Billigpreise für den Ruin der verbliebenen Milchbauern vor Ort. Dabei bräuchte man gerade in diesen Ländern die Tierhaltung für eine ökologische Kreislaufwirtschaft, in der das Vieh den Dünger für den Anbau von Pflanzen zur Ernährung von Tieren und Menschen liefert. Gänzlich unökologisch ist der Kreislauf der europäischen Landwirtschaft: Aus den importierten Ressourcen anderer Länder produziert sie Überschüsse, die sie dann »veredelt« wieder exportiert. Viele Bauern in den Entwicklungsländern müssen dadurch aufgeben und ziehen in die Elendsviertel der Großstädte oder versuchen, in die Industrieländer zu gelangen.

Tanzmann empfiehlt Konsumenten in Deutschland daher, bevorzugt saisonal und regional einzukaufen, um Flächen für den Gemüseanbau in anderen Ländern zu sparen,

Erde, Wasser, Feuer, Luft

und bei Südfrüchten, Schokolade und Kaffee auf fair gehandelte Produkte zu achten. Auch das helfe den Menschen in den Entwicklungsländern. Vor allem aber rät er dazu, weniger Fleisch zu essen. Und wenn es Fleisch geben sollte, dann aus dem ökologischen Landbau, wo die Stoffkreisläufe geschlossen sind, keine Überschüsse produziert werden und kein Soja aus Südamerika zur Fütterung importiert wird.

Askäse

Was die Umsetzung der öko-sozialen Empfehlungen von Stig Tanzmann angeht, bin ich schon auf einem guten Weg. Durch meinen völligen Verzicht auf Milch und Käse vom Tier kann ich ökologisch sogar noch mehr punkten.

Ökologisch nicht gerade vorbildlich gestaltet sich hingegen mein erster Kontakt mit veganem Käse. Es passiert mir eigentlich nie, dass ich Lebensmittel wieder ausspucke, weil ich sie einfach nicht runterbekomme. Eben war es so weit. Mein erster Versuch mit veganem Käse, genauer gesagt, veganem Gouda aus Soja oder so, importiert aus Schottland. Jungen Gouda mochte ich schon zu Vorveganzeiten nicht besonders. Aber die vegane Goudavariante ist sicher das schlechteste Argument für eine vegane Ernährung. Und ich dachte, ich hätte jetzt dem Spruch »Vegan? Dann darfst du ja auch keinen Käse mehr essen!« etwas entgegenzusetzen. Auch mein zeitgleich erworbener milchfreier »Cheddar« teilt das Schicksal des Pseudo-Holländers. Meine Tochter dagegen probiert von beiden klaglos. Ich bringe es dennoch nicht fertig, ihr diese

Askäse

Unkäse zu überlassen. Ihnen ergeht es wie jährlich 80 Kilo Lebensmitteln des Durchschnittsdeutschen: Sie wandern – ganz unökologisch – in die Tonne.

Ich habe die Hoffnung, dass die veganen Käse keine perfide Strategie der Milchindustrie sind, um die Leute auf die Schwächen veganer Ernährung hinzuweisen, sondern dass die Hersteller lediglich erst am Anfang ihrer Rezeptentwicklung stehen. Tofuwürste waren vor einigen Jahren auch nur mit viel gutem Willen genießbar. Das hat sich glücklicherweise komplett geändert. Vielleicht habe ich auch nur noch nicht den richtigen Analogkäse für mich gefunden. Die in Verruf geratenen industriellen Analogkäse, die auf Billigpizzas und Käsestangen landen, sind nicht frei von tierischen Inhaltsstoffen, auch wenn sie mit echtem Käse wohl so wenig zu tun haben wie meine veganen Wannabes. Bis für Münsterkäse, Gorgonzola und Manchego pflanzliche Alternativen auf dem Markt sind, werde ich mich sicher noch lange gedulden müssen. Abschied von der internationalen und geschmacklichen Vielfalt an »verschimmelter Milch« habe ich vor Kurzem auf meiner letzten Käserallye genommen, die ich bislang traditionell am Geburtstag meiner Freundin M. veranstaltet habe. Da ich fortan niemanden mehr zum Käseverzehr anstiften will, behalte ich die Spielregeln für mich. Vorerst wird es jedenfalls keine pflanzliche Variante dieser Rallye geben.

Risiken und Nebenwirkungen

Dicksein, Darmkrebs, Diabetes

Isst du kein Fleisch, dann fehlt dir was.

CMA, Centrale Marketing-Gesellschaft
der deutschen Agrarwirtschaft, die wegen
Verfassungswidrigkeit ihrer Finanzierung
am 5. März 2009 aufgelöst wurde

Mein Patenkind lässt sich die saftigen Fleischbrocken im Gulasch sichtlich schmecken, doch mir erscheint das gesundheitlich ernsthaft bedenklich. Grund der Sorge ist das Buch *Die »China Study« und ihre verblüffenden Konsequenzen für die Lebensführung* des renommierten Biochemikers Colin T. Campbell, eines emeritierten Professors der amerikanischen Cornell-Universität. Schon geringe Mengen an tierischen Proteinen können nach Ansicht von Campbell die Risiken für etliche chronische Volksleiden wie Krebs, Herz-Kreislauf-Erkrankungen, Diabetes, Osteoporose, Autoimmunerkrankungen und Alzheimer erhöhen. Hier eine Kostprobe seiner Ergebnisse aus Tierversuchen: »Kasein, das 87 Prozent des in der Kuhmilch enthaltenen Proteins ausmacht, förderte alle Stadien des Krebswachstums ... Die gefahrlosen Proteine waren pflanzlichen Ursprungs, zum Beispiel aus Weizen und Soja.«

Risiken und Nebenwirkungen

Eine rein pflanzliche Ernährung könne helfen, die meisten Zivilisationskrankheiten zu vermeiden und sogar den Zustand bereits Erkrankter verbessern, behauptet Campbell. Vollwertige Pflanzenkost sei daher die beste Art der Ernährung. So was ist natürlich Wasser auf den Mühlen des Veganers. Ich finde das Buch beim Lesen durchaus überzeugend, zumal es offenbar Ergebnisse aus etlichen internationalen Forschungsarbeiten berücksichtigt und Campbell mit all seinen Tierversuchen keineswegs den Eindruck vermittelt, ein Tierrechtler und damit befangen zu sein. Er habe, wie er selbst schreibt, nicht mit einer vorgefassten Meinung philosophischer Art begonnen, etwa um die Vorteile einer pflanzlichen Ernährung zu beweisen, sondern »als fleischliebender Milchbauer im Privatleben und etablierter Wissenschaftler im Berufsleben«. Er habe früher, als er Nahrungsmittelbiochemie unterrichtete, die Ansichten von Vegetariern sogar kritisiert. Warum seine Thesen von den gesundheitlichen Segnungen einer rein pflanzlichen Ernährung bislang so wenig Gehör finden, kann Campbell ebenfalls überzeugend erklären, ganz ohne Verschwörungstheorien. Anschaulich dokumentiert er dazu die mangelnde Aufgeschlossenheit und die wirtschaftlichen Interessenkonflikte einflussreicher Wissenschaftler, Interpretationsfehler bei viel beachteten Studien sowie die effektive Lobby- und Öffentlichkeitsarbeit der Pharma- und Ernährungsindustrie. Kurzzeitig bekomme ich das Gefühl, mit Campbells Argumenten jeden ignoranten Fleischesser verunsichern zu können. Misstrauisch macht mich letztlich nur genau die Eindeutigkeit und Radikalität seiner Schlussfolgerungen, so eindeutig fielen meine bisherigen Recherchen zu

Risiken und Nebenwirkungen

Ernährungsstudien nicht aus. Doch die Suche nach fundierter Kritik an dem Buch gestaltet sich schwieriger als gedacht. Eine kritische Stellungnahme der Weston A. Price-Stiftung, von deren Website mich eine Familie unter dem Slogan »Sie sind glücklich, weil sie Butter essen« anlächelt, erscheint mir zweifelhaft. Gleiches Misstrauen weckt die Buchkritik auf einer Website, die das Cholesterin rehabilitieren möchte. Eine Beschäftigung mit objektiveren Urteilen ist dringend geboten. Ich werde schließlich fündig. Selbst dem Veganismus zugetane Wissenschaftler, die sich intensiv mit der wissenschaftlichen Beweislage zur veganen Ernährung auseinandergesetzt haben, kritisieren das Buch *Die »China Study«* heftig: So stütze Campbell seine Warnungen vor tierischen Proteinen auf Untersuchungsmethoden, die in der Wissenschaft als schwach oder vorläufig und nur zur Hypothesenbildung geeignet gelten, nämlich Tierversuche und geografische Korrelationen, also Vergleiche zwischen Bevölkerungsgruppen. Auf Basis der China-Study-Daten kommen andere Auswertungen zu abweichenden oder Campbells Thesen gar widersprechenden Schlüssen. So sind einige Kritiker der Meinung, dass sich zwischen den in Industrieländern verbreiteten Volkskrankheiten und Todesraten und der Menge an verzehrten tierischen Proteinen bei den untersuchten Bevölkerungsgruppen zumindest kein eindeutiger Zusammenhang zeige, wie Campbell es behaupte.

Krebsexperten

Ich bin enttäuscht, froh nur, dass ich mit Campbells Thesen noch nicht hausieren gegangen bin. Was sagen dagegen wissenschaftlich etablierte Veröffentlichungen, die etwa unterschiedliche Merkmale innerhalb von Bevölkerungsgruppen einer Region vergleichen? Zum Thema Krebs und Ernährung werde ich beim World Cancer Research Fund (WCRF) fündig. Das weltweite Netzwerk wertet in seinem zweiten Report sämtliche bedeutsamen Forschungsergebnisse aus, um daraus unter anderem Ernährungsempfehlungen zu erstellen, die das Krebsrisiko senken sollen. Der Anspruch der Expertengruppe kann kaum größer sein: Sie will *den* maßgeblichen globalen Bericht zum Thema Ernährung und Krebs veröffentlichen. Dabei geht sie sehr streng vor, Ergebnisse aus Tierexperimenten werden (aus wissenschaftlichen Gründen!) bei der Bewertung nicht berücksichtigt. Einzelstudien allein haben keinen Einfluss auf ihre Empfehlungen, denn keine einzelne Studie kann beweisen, dass ein einzelner Faktor die einzige Ursache für eine Erkrankung ist oder den absoluten Schutz bietet. Das gilt gerade für eine Erkrankung wie Krebs, die auf komplexen Abläufen und Ursachen beruht. Krankheitsursachen lassen sich laut WCRF nur dann zuverlässig beurteilen, wenn man unterschiedliche, methodisch saubere epidemiologische und experimentelle Studien nutzt.

Mich erstaunt, dass Krebs laut WCRF weitgehend als vermeidbar gilt – immerhin ist unter den nicht ansteckenden Krankheiten Krebs weltweit die zweithäufigste Todesursache nach Herz-Kreislauf-Erkrankungen. Erblich bedingte Krebs-

Risiken und Nebenwirkungen

fälle seien selten, heißt es beim WCRF, was man unter anderem daher weiß, dass Einwanderer überwiegend an den in ihrer neuen Umgebung verbreiteten Krebsarten erkranken. Auch Radioaktivität, Lebensmittelzusatzstoffe, Arzneimittel und Umweltverschmutzungen seien seltener Auslöser, als viele annehmen. Den Einfluss der Ernährung auf die Entstehung von Krebs halten die Experten dagegen für sehr bedeutsam. Das Risiko, daran zu erkranken, lasse sich demnach mit einer entsprechenden Ernährungsweise deutlich senken.

Wie steht es nun mit dem Fleisch? In den WCRF-Empfehlungen heißt es: »Eine umfassende Betrachtung der Daten zeigt, dass die meisten Kostformen, die gegen Krebserkrankungen schützen, überwiegend aus pflanzlicher Nahrung bestehen.« Denn nur pflanzliche Lebensmittel enthalten die bekanntermaßen wichtigen Ballaststoffe. Trotz des unschönen Namens sind diese Bestandteile pflanzlicher Nahrungsmittel offenbar von großem gesundheitlichem Nutzen. Zu Zeiten der Namensgebung kannte man diesen Nutzen noch nicht und wusste nur, dass die Ballaststoffe von menschlichen Verdauungsenzymen nicht abgebaut werden, daher »Ballast«. Die meisten Ballaststoffe sind Mehrfachzucker, also Kohlenhydrate. Hierzulande am meisten »gegessen« werden Zellulose, Hemizellulose und Pektin. Pflanzen nutzen sie als Gerüst-, Füll- oder Schutzmaterial. Neben Ballaststoffen ist in pflanzlicher Nahrung eine Vielzahl sogenannter sekundärer Pflanzenstoffe enthalten, die Schutz vor allerlei Erkrankungen, darunter auch Krebs, bieten. Das sieht auch Professor Heiner Boeing so. Ich habe mich mit dem Ernährungsepidemiologen auf einen Kaffee verabredet. Boeing ist Vizepräsi-

Krebsexperten

dent der Deutschen Gesellschaft für Ernährung (DGE) und leitet am Deutschen Institut für Ernährungsforschung (DIfE) in Potsdam eines der Zentren der europäischen Langzeitstudie EPIC – ein wahrlich episches Projekt. In der Studie wird nach Zusammenhängen zwischen Ernährung, Krebs und anderen chronischen Erkrankungen wie Diabetes gesucht. In zehn Ländern sind mehr als eine halbe Million Erwachsene beteiligt. Die Potsdamer haben über 27 000 Teilnehmer im Visier. Boeing will herausfinden, welche Ernährungskomponenten bei welchen Krankheitsbildern welche Effekte haben. »Wir haben uns einzelne Lebensmittelgruppen angeguckt, Obst und Gemüse, Ballaststoffe, und in der Regel findet man, dass pflanzlich zusammengesetzte Lebensmittelgruppen bestimmte Risiken senken«, sagt Boeing. Diese Risikominderung betreffe vieles und reiche von Adipositas, also Fettleibigkeit, bis zu Krebserkrankungen. »Es geht natürlich darum, Faktoren zu finden, die nicht das Risiko für eine einzelne Erkrankung verändern, sondern für viele Erkrankungen, sodass es für den Einzelnen auch Sinn macht, sich umzustellen.« Aus Boeings Sicht gibt es nicht viele Lebensstilfaktoren, die uns so sehr prägen wie die Ernährung. Großen Einfluss hätten daneben noch körperliche Bewegung, das Körpergewicht und das Rauchen. Zwar sei das Leben auch bei gesündester Lebensweise nicht beliebig verlängerbar, trotzdem könne man beeinflussen, wie es ein Ende nehme und wann. »Wenn man Leute vergleicht, die nur günstige oder nur ungünstige Faktoren haben, dann sind das schon Lebenszeitunterschiede von 13, 14, 15 Jahren«, so Boeing. Doch vermutlich sei das für 30-Jährige völlig irrelevant, glaubt Boeing, obwohl die Entscheidung, wie

Risiken und Nebenwirkungen

man sich ernähre, wichtig für das gesamte weitere Leben sei – und gerade für die Lebenssituation im hohen Alter bzw. die Frage, ob man dieses Alter überhaupt erreicht. Eine Garantie für ein gesundes langes Leben gebe es natürlich für niemanden. Die Unterschiede seien nur statistisch, dafür aber offenbar beträchtlich. Boeing räumt allerdings ein, dass die Ernährung nicht in allen Facetten oder Details eine direkte Auswirkung auf bestimmte Erkrankungen habe. »Wenn wir jetzt hier einen Kaffee trinken, ist das völlig egal. Wir können davon keine Effekte erwarten.«

Krebs und Waage

Neben der Art der Lebensmittel spielt für die Erkrankungsrisiken auch eine geradezu gewichtige Rolle, wie viel wir davon essen. Ab einem Alter von 40 Jahren verringert Fettleibigkeit die Lebenserwartung statistisch gesehen um ganze sieben Jahre, das schafft man sonst nur mit 20 Zigaretten am Tag. Laut der Deutschen Gesellschaft für Ernährung deuten neue Studien an, dass Übergewicht mit viel mehr Krebsformen als bislang vermutet im Zusammenhang stehen könnte. Verantwortlich hierfür ist möglicherweise das sogenannte metabolische Syndrom, eine dauerhafte Schieflage des Stoffwechsels, wenn etwa Blutfette und Blutzucker ständig erhöht sind. Das steigert zudem das Risiko für Diabetes und Herz-Kreislauf-Erkrankungen. Vor allem aber die Erkrankungsrisiken für die in Deutschland häufigsten Tumorarten lassen sich durch Ernährung, Bewegung und Körpergewicht beeinflussen. Nach Einschätzung vieler Experten können wir das Risiko, an bestimmten Krebsarten zu erkranken, erheblich verringern, wenn wir Übergewicht und besonders Fettleibigkeit vermeiden.

Krebsfleisch

Zurück zum Fleisch, denn ich will ja eigentlich wissen, ob und wie viel Fleisch auf dem Teller schädlich ist. Die Experten vom WCRF räumen in ihren Empfehlungen ein, dass Fleisch eine wertvolle Nährstoffquelle sein könne, zum Beispiel für Protein, Eisen, Zink und Vitamin B_{12}. Fleisch kann indessen auch recht energiedicht sein. Insbesondere rotes Fleisch, hierzu zählt das Fleisch von domestizierten Rindern, Schweinen und Schafen, kann viel tierisches Fett enthalten, zu Übergewicht beitragen und damit das Risiko für chronische Krankheiten erhöhen. Viel spektakulärer jedoch ist, dass die Experten rotes sowie verarbeitetes Fleisch als »überzeugende« oder »wahrscheinliche« Ursache für Darmkrebs einstufen, der in Deutschland immerhin die zweithäufigste Todesursache innerhalb der Krebserkrankungen darstellt. Daher empfehlen sie Fleischessern, ihren Verzehr auf 500 Gramm pro Woche zu begrenzen und möglichst kein verarbeitetes Fleisch zu essen, also alles zu vermeiden, was durch Räuchern, Salzen oder chemische Konservierungsmittel haltbar gemacht wurde. Darunter fällt üblicherweise Wurst und Fleisch in verarbeiteten Produkten.

Risiken und Nebenwirkungen

Als Veganer bei Freunden zum Grillen: gute Miene zum bösen Spiel

Ein halbes Kilo Fleisch die Woche – ist das viel? Der Deutsche Fleischer-Verband ermittelt einen jährlichen Pro-Kopf-Verzehr (Babys und Vegetarier eingeschlossen) von etwas über 60 Kilogramm. Vom gelegentlich für Deutschland angegebenen Verbrauch von knapp 90 Kilo Fleisch pro Kopf werden für die Verzehrmenge noch Knochenanteile, »Hau- und Schwundverluste«, Haushaltsverluste und Anteile für Tierfutter abgezogen. Aber auch bei 60 Kilo sind das im Schnitt knapp 1,2 Kilo pro Woche, und davon besteht die Hälfte aus verarbeiteten Fleischprodukten wie Schinken und vor allem Wurst, Wurst, Wurst. Die deutsche Gesellschaft ist spitze im Wurstverzehr. Die Deutsche Gesellschaft für Ernährung rät dagegen, den Verzehr von Fleisch und Wurstwaren auf 300 bis 600 Gramm pro Woche zu begrenzen. Für Frauen gelten eher 300 Gramm, da ihr Energiebedarf meist geringer ist.

Wurst im eigenen Darm

Je mehr rotes Fleisch man isst, desto größer das Darmkrebsrisiko. Das Deutsche Institut für Ernährungsforschung hat in seinen Untersuchungen herausgefunden, dass sich das Darmkrebsrisiko mit jeder 100-Gramm-Portion am Tag um jeweils 50 Prozent erhöht. Das Risiko von Menschen, die täglich 200 Gramm rotes Fleisch essen, ist somit schon doppelt so hoch wie das Risiko derjenigen, die keines essen. Mit jeder 100-Gramm-Portion Wurst am Tag (das entspricht etwa anderthalb »Wienerle«) steigt das Risiko für Darmkrebs jeweils gar um 70 Prozent. Ist Fleisch also richtig gefährlich? Um bes-

Risiken und Nebenwirkungen

ser beurteilen zu können, wie »riskant« die tägliche Wurst wirklich ist, hilft es, sich das absolute Erkrankungsrisiko für Darmkrebs anzusehen. 8 von 100 Männern in Deutschland erkranken statistisch gesehen an Darmkrebs, bei den Frauen sind es 7. Moderate Fleischesser haben daher über den Daumen gepeilt ein 5-prozentiges Risiko, wer viel rotes Fleisch und Würstchen isst, eher ein 10-prozentiges, das entspricht immerhin dem Lungenkrebsrisiko eines 70-jährigen Rauchers. (Für alle Krebsarten zusammen ist das Erkrankungsrisiko in Deutschland laut Robert Koch-Institut übrigens erheblich höher, bei Männern sind es 47 Prozent, bei Frauen 38.) Für Darmkrebs fasst der WCRF die relative Risikoerhöhung aus mehreren Studien auf etwa 30 Prozent je 100-Gramm-Portion roten Fleisches am Tag zusammen, bei Wurstwaren und Ähnlichem kommen sie auf etwa 40 Prozent. Je nach Studie findet man also unterschiedliche Zahlen darüber, um wie viel Prozent der Fleischverzehr das Darmkrebsrisiko erhöht. Eigentlich kein Wunder, ist die Erhebung von Daten bei Ernährungsstudien doch immer schwierig, weil man sich oftmals nur auf die Angaben der Teilnehmer verlassen kann. Zudem ist es wichtig, so viele Faktoren wie möglich zu berücksichtigen, die das Ergebnis beeinflussen könnten, wie etwa Nikotinkonsum, Bewegung und sonstige Ernährungsgewohnheiten. Am aussagekräftigsten sind daher Metaanalysen wie die des WCRF. (Metaanalysen werten systematisch viele Veröffentlichungen aus. Besonders geeignet sind sogenannte prospektive Kohortenstudien. Hierbei werden wie bei der EPIC-Studie der Potsdamer große Gruppen rekrutiert und in Untergruppen eingeteilt, die sich in dem zu untersuchenden Merkmal unterscheiden zum Beispiel Viel-Fleisch-Esser, Wenig-Fleisch-Esser und Vegetarier. Dann wird ihr Gesundheitsstatus über einen langen Zeitraum, also über viele Jahre hinweg beobachtet. Somit lassen sich die unterschiedlichen Erkrankungs- oder Sterberisiken ermitteln.)

Fleisch, Herz und Zucker

Die Folgen des üppigen Fleischverzehrs können sich nicht nur am Bauch und im Darm zeigen. In ihrem Ernährungsbericht stuft die Deutsche Gesellschaft für Ernährung ein erhöhtes Risiko für Brust-, Magen- und Speiseröhrenkrebs durch rotes Fleisch und Fleischwaren als »möglich« ein, der WCRF hält allerdings die Hinweise auf einen Zusammenhang mit anderen Krebsarten als Darmkrebs bislang für nicht ausreichend.

Wie auch immer, ein reichlicher Fleisch- und Wurstverzehr steigert zumindest nicht nur das Risiko für Darmkrebs, sondern geht auch ans Herz und begünstigt Herzinfarkt und Schlaganfall. Herz-Kreislauf-Erkrankungen sind in Deutschland und in anderen Industrieländern *die* Totmacher schlechthin. Hierzulande waren sie laut Robert Koch-Institut im Jahr 2008 für 42 Prozent der Todesfälle verantwortlich. Schon bei Kindern und Jugendlichen können sich in großen Blutgefäßen Ablagerungen von Cholesterin und tierischen Fetten sowie der Beginn von Arteriosklerose zeigen, die später zu Herzinfarkt und Schlaganfall führen kann. Unabhängig von anderen Risikofaktoren für Herz-Kreislauf-Erkrankungen, die ebenfalls durch den Fleischverzehr begünstigt werden,

Risiken und Nebenwirkungen

wie etwa Übergewicht und Diabetes, erhöht Fleisch auch direkt das Risiko für Herz-Kreislauf-Erkrankungen. Hierzu noch ein bisschen Zahlenhuberei:

Eine große US-amerikanische Studie des National Institutes of Health (NIH) mit über einer halben Million Teilnehmern, von denen 71 000 im Beobachtungszeitraum starben, konnte zeigen, dass die Lebenserwartung mit der Verzehrmenge an rotem und verarbeitetem Fleisch abnimmt. Von der Gruppe mit dem höchsten Konsum (»Vielverzehrer«) starben im Beobachtungszeitraum von zehn Jahren immerhin rund ein Drittel mehr als von der Gruppe, die am wenigsten rotes Fleisch aß. Neben dem Krebsrisiko stieg mit der Fleischmenge vor allem das Risiko für Herz-Kreislauf-Erkrankungen. Männer, die zwischen 1600 bis 2200 Gramm Fleisch pro Woche aßen, hatten gegenüber den »Wenigverzehrern« ein um 25 Prozent erhöhtes Risiko, an Herz-Kreislauf-Erkrankungen zu sterben. Die weiblichen Viel-Fleisch-Esser mit wöchentlichen 1400 bis 1800 Gramm hatten gar ein um 50 Prozent gesteigertes Risiko.

Eine Fall-Kontroll-Studie (CORA-Studie) an bereits am Herzen erkrankten Frauen zeigte, dass sich mit jeder täglichen 100-Gramm-Portion Fleisch- und Wurstwaren das Risiko für einen akuten Herzinfarkt oder die Entwicklung einer Herz-Kreislauf-Erkrankung sogar um 150 Prozent erhöhte. Die Vegetarierstudie des Deutschen Krebsforschungszentrums wies beim regelmäßigen Verzehr von Fleisch und Fleischprodukten ebenfalls eine mengenabhängige Risikoerhöhung für die koronare Herzkrankheit nach.

Eine weitere weltweite Plage ist die Zuckerkrankheit oder

Fleisch, Herz und Zucker

Diabetes. Auf die Ernährung zu achten, lohnt sich besonders, um Diabetes zu vermeiden, denn etwa ein Drittel aller Deutschen erkrankt daran. Auch hier spielt der Fleischverzehr eine nicht unbedeutende Rolle. Bei Studienteilnehmern, die mindestens einmal in der Woche Fleisch und Fisch aßen, wurde gegenüber denen, die seltener oder nie Fisch und Fleisch aßen, ein um knapp 30 Prozent erhöhtes Risiko für Diabetes nachgewiesen. Verarbeitete Produkte wie Wurst erwiesen sich hier wiederum als noch problematischer.

Der Verzehr von rotem Fleisch kann zudem zu einer Erhöhung des Blutdrucks beitragen. Studienteilnehmer, die täglich mehr als drei Portionen Fleisch, Fisch und Eier zu sich nahmen, zeigten gegenüber denen, die nur eine Portion aßen, ein um zwei Drittel erhöhtes Risiko für leichten Bluthochdruck.

Erkrankungsrisiken durch hohen Fleischkonsum

Das Risiko für folgende Erkrankungen steigt nachweislich mit einem erhöhten Verzehr tierischer Lebensmittel (vor allem Fleisch und Wurst) oder sinkt mit einem erhöhten Verzehr pflanzlicher Lebensmittel:

- Arteriosklerose
- Bluthochdruck
- Diabetes mellitus Typ 2
- Gicht
- Grauer Star
- Harnsäuresteine

Risiken und Nebenwirkungen

- **Herz-Kreislauf-Erkrankungen**
Koronare Herzkrankheit (Durchblutungsstörungen der Herz-kranzgefäße) und in der Folge Angina pectoris, Herzinsuf-fizienz, Herzrhythmusstörungen, Herzinfarkt und plötzlicher Herztod, außerdem periphere arterielle Verschlusskrankheit, Schlaganfall
- **Krebs**
besonders Dickdarmkrebs, in geringerem Maße Lungen-, Magen-, Brust- und Prostatakrebs
- **Rheumatoide Arthritis**
- **Übergewicht**

Quelle: Dr. oec. troph. Markus H. Keller, Institut für alterna-tive und nachhaltige Ernährung

Die Verdächtigen

Unter Verdacht stehen einige Inhaltsstoffe des Fleischs, doch wie risikoreich sie tatsächlich sind, ist noch nicht wirklich geklärt. Verschiedene Wissenschaftler bieten verschiedene Thesen an, wie Fleisch und Wurst Darmkrebs begünstigen können. Einer der unter Verdacht stehenden Inhaltsstoffe ist beispielsweise Häm-Eisen, das im roten Fleisch reichlicher als in Geflügel vorhanden ist. Es kann im Körper die Bildung krebserregender Stoffe, sogenannte N-Nitroso-Verbindungen, fördern, auch als Nitrosamine bekannt. Das Häm-Eisen bildet

Die Verdächtigen

daneben freie Radikale, die Zellen und Erbsubstanz schädigen können. Mehrere Studien konnten einen Zusammenhang zwischen Häm-Eisen und dem Risiko von Herz-Kreislauf-Erkrankungen belegen, womöglich, weil es das LDL-Cholesterin ungünstig beeinflusst. (Wer's noch nicht weiß: Nur das LDL-Cholesterin im Blut ist böse und steigert das Risiko von Herz- und Gefäßerkrankungen, das HDL-Cholesterin schützt sogar davor. Einen guten Schutz bietet daher ein niedriger LDL/HDL-Quotient, der unter 3,0 liegt.) Ob auch pflanzliche Lebensmittel, die Eisen (Nicht-Häm-Eisen) enthalten, das Risiko für Darmkrebs erhöhen können, ist laut WCRF noch nicht hinreichend nachgewiesen. Das Diabetesrisiko durch Fleischverzehr könnte mit den gesättigten Fettsäuren in Verbindung stehen, aber auch Nitrosamine und das Häm-Eisen stehen hier im Verdacht.

Eine Rolle spielt offenbar auch die Zubereitung: Tropft beim so beliebten Grillen Fett, Fleischsaft oder Marinade in die Glut oder brät man Fleisch in der Pfanne zu scharf an, kann ein bläulicher Rauch entstehen, der Stoffe mit dem wohlklingenden Namen polyzyklische aromatische Kohlenwasserstoffe enthält. Diese jedem Öko-Test-Leser unter dem Kürzel PAK bekannten Stoffe gelten, eingeatmet oder als Ablagerung mitgegessen, als krebserregend. PAK gibt es auch im Tabakrauch, sie sind hauptverantwortlich für dessen Schädlichkeit. Ebenfalls im Tabakrauch und in zu lange und bei zu großer Hitze gebratenem oder gegrilltem Fleisch enthalten sind krebserregende heterozyklische Amine. Besonders die verbrannten Stellen enthalten viel davon – die finden ja manche besonders lecker.

Weitere Inhaltsstoffe im Fleisch, die Ungemach erzeugen

311

Risiken und Nebenwirkungen

können, sind das Cholesterin und gesättigte Fette, die wiederum die Konzentration des schädlichen LDL-Cholesterins erhöhen, sowie Purine. Letztere können bei Menschen mit einer Stoffwechselstörung zu Gicht führen. Das Risiko für Gicht steigt mit dem Verzehr von Fleisch, Meerestieren und Wurst.

Die Ohren der Wurstbären haben bereits begonnen, sich aufzurollen, doch meine Tochter will noch eine zweite Scheibe von der Bärchenwurst. Wir sind zu Besuch bei ihrer westfälischen Oma. Nicht wirklich überraschend, dass die Oma von Gicht geplagt ist, beherrschen doch seit Jahrzehnten ganz klar Fleisch und Wurst den Speiseplan – zu Mittag gibt's natürlich immer Kartoffeln dazu. Den großmütterlichen Rat, auch in Berlin »Aufschnitt« fürs Kind aufzutischen, überhören wir. Bärchenwurst darf es bei den seltenen Omabesuchen aber bislang weiterhin essen.

Wir können auch anders

Von Mängeln, Milch und Veganismus

Unsere Nahrungsmittel sollen Heil-,
unsere Heilmittel Nahrungsmittel sein.

Hippokrates, altgriechischer Arzt
(um 460 bis um 377 v. Chr.)

»Wir nehmen einfach nicht mehr ab.« Ganz offen spricht das
Paar, das man neudeutsch als Best Ager bezeichnen würde,
über seine Motivation, an den veganen Schnupperwochen
teilzunehmen. Die beiden Sonnenstudio-Besitzer und -Nut-
zer haben im Radio vom Angebot der Schnupperwochen des
Tierrechtsbündnisses Berlin-Vegan gehört und sich von Bran-
denburg aus in die Räumlichkeiten einer Berliner Bildungs-
einrichtung aufgemacht. Hier und an anderen Orten lernen
gut 20 Menschen im Alter von unter 20 bis über 70 an zwei
Wochenenden veganes Leben und Essen kennen und, hurra,
sogar ganz erstaunlich leckeren Käse ohne Kuh. Den gibt es
im Begrüßungspaket. Björn Moschinski, der vegane Koch,
mit dem wir veganes Gulasch und weitere Gerichte zubereiten werden, muss die Erwartungen des Paares dämpfen – er
selbst habe erst einmal zugenommen, als er Veganer wurde.
Das halte ich jedoch für die Ausnahme, sowohl aus meiner ei-

Wir können auch anders

genen Erfahrung heraus als auch durch Berichte anderer Veganer. Statistische Untersuchungen legen ebenfalls nahe, dass es kaum Veganer mit Übergewicht gibt. Obwohl ich mich mit dem Essen überhaupt nicht zurückhalte, habe ich schon mehrere Kilo abgenommen, denn auch die Gelegenheiten haben abgenommen, in denen man mal eben zwischendurch ungesundes Zeug essen könnte. Mir fällt es außerdem viel leichter, das Süßwarenangebot zu ignorieren, seit ich alles, bei dem Vollmilch, Butterreinfett, Süßmolken- und Eipulver sowie Milchzucker als Inhaltsstoffe auf dem Etikett stehen, von meinem Speiseplan gestrichen habe. Während der Schnupperwochen lernen wir bei einer Einkaufstour, dass Milchsäure in Produkten tierischen wie pflanzlichen Ursprungs sein kann und der Hinweis »Kann Spuren von Milch und Ei enthalten« nur der Absicherung gegen etwaige Klagen von Allergikern dient. Die mit diesem Zusatz gekennzeichneten Produkte können durchaus vegan sein. Eine weitere Erkenntnis besteht darin, dass es nahezu alles Süße auch in veganer Form gibt: Eis, Gummibärchen, Kekse, Schokolade, Nuss-Nugat-Creme, Kuchen und Torten, einiges sogar in ganz normalen Geschäften. Wer möchte, kann also wohl doch dick bleiben oder werden, auch wenn er sich vegan ernährt. Ansonsten ist die oft geringere Energiedichte pflanzlicher Lebensmittel gerade bei Übergewicht vorteilhaft. Natürlich ernähre ich mich nicht vegan, um abzunehmen, aber es ist für mich ein höchst willkommener Nebeneffekt. Bei allen guten Gründen, keine tierischen Lebensmittel mehr zu essen, will ich mich weiterhin vor allem gesund ernähren. Schon allein, um etwaige Vorurteile vom kränkelnden Veganer nicht zu bedienen. In der

Bei den veganen Schnupperwochen: Kochen ohne Knochen

Tat esse ich mittlerweile vermutlich deutlich gesünder als zu den noch nicht allzu lang zurückliegenden Zeiten, in denen ich reichlich Butter, salz- und fettreichen Käse sowie Eier, gerührt oder gekocht, verdrückte. Dennoch möchte ich mich nun noch genauer mit den Vor-, Nach- und Vorurteilen einer »pflanzenbasierten« Ernährung beschäftigen.

Gesunde GeNüsse

Damit es mir mit dem veganen Essen nicht fade wird, liegt es nahe, alle möglichen Lebensmittel auszuprobieren, die ich vorher höchstens sporadisch gegessen habe. Nüsse etwa

Wir können auch anders

waren etwas, das ich nur vom Nikolausteller kannte, also deutlich saisonal begrenzt. Dabei sollte eine Handvoll, etwa 30 bis 60 Gramm, jeden Tag auf dem Speiseplan stehen, bei jedem. Außer bei denen mit Nussallergie ... Nüsse sind eines der wirksamsten Lebensmittel, um Herz-Kreislauf-Erkrankungen vorzubeugen. Und obwohl sie sehr fettreich sind, machen rohe oder geröstete Nüsse offenbar nicht dick, möglicherweise gerade weil sie wenig ungünstige gesättigte und viele günstige ungesättigte Fettsäuren enthalten. Aus diesem Grund sind laut der Deutschen Gesellschaft für Ernährung (DGE) pflanzliche Fette und Öle häufig günstiger als tierische Fette und senken zudem das Risiko für Erkrankungen des Herzens und des Gefäßsystems. Die vermehrte Bildung des ungünstigen LDL-Cholesterins kann zwar auch genetisch bedingt sein, vor allem sind aber tierische Lebensmittel dafür verantwortlich. Nicht so sehr durch den direkten Anteil an Cholesterin in den Lebensmitteln, sondern durch den Anteil an gesättigten Fettsäuren. Die sind aber nur noch in deutlich geringen Mengen Teil meines Essens. Seit meinem Abschied von der Butter und einer kurzen Margarinephase nehme ich Fett inzwischen außer in Form von Nüssen hauptsächlich durch Raps-, Lein- und Olivenöl zu mir, die ernährungsphysiologisch besonders günstig sind. Und statt Fisch, Käse und Ei esse ich noch mehr Vollkorn, Gemüse und Obst. Klingt nahezu schrecklich gesund und ist es auch, befindet die DGE, denn ein erhöhter Verzehr von Vollkornprodukten, Ballaststoffen, Gemüse und Obst verringert das Risiko für viele chronische Krankheiten wie Bluthochdruck, Diabetes, Herz-Kreislauf-Erkrankungen sowie einige Arten von Krebs. Ein weite-

Gesunde GeNüsse

rer Vorteil meiner gesundheitsorientierten Lebensmittelauswahl: Ich habe öfters Heißhunger auf Gesundes wie Äpfel, Nüsse oder Gemüse. Hätte ich nicht gedacht. Hingegen schaffen es die allermeisten Deutschen, nämlich 85 Prozent, nicht, auf die empfohlene Menge von 400 Gramm Gemüse am Tag zu kommen. Entsprechend schlecht ist die Versorgung der Durchschnittsgemischtköstler mit Folsäure, die vorwiegend in Pflanzenkost enthalten ist. Sie gehört zu den Vitaminen, von denen in der Bevölkerung deutlich zu wenig aufgenommen wird. Über 80 Prozent der Menschen erreichen hier nicht die empfohlene Menge. Dabei ist die Folsäure wichtig, weil sie nicht nur das gefäßschädigende Homocystein verringert, sondern auch das Risiko für Darm- und Brustkrebs. Genügend Folsäure aufzunehmen ist vor allem in der Schwangerschaft von Bedeutung, um Schädigungen am Embryo zu vermeiden. Bei vollwertiger veganer Ernährung sollte eine überdurchschnittlich gute Versorgung mit Folsäure kein Problem sein, weil sie vor allem in Gemüse, Hülsenfrüchten und Vollkornprodukten steckt. Mit einer abwechslungsreichen pflanzlichen Ernährung können sogar Schwangere die Empfehlung von 400 Mikrogramm pro Tag erreichen.

Auch beim Vitamin C bleibt ein Drittel aller Deutschen unter den Empfehlungen. Als Obst- und Gemüseesser ist man hier ebenfalls auf der sicheren Seite. Zudem nimmt man neben dem Vitamin C reichlich weitere Antioxidantien auf, sowie Ballast- und sekundäre Pflanzenstoffe – die mit dem großen »Krankheitspräventionspotenzial«. Dagegen ist ebendieses bei tierischen Lebensmitteln gering. Viele tierische Lebensmittel schaden in den bei der Durchschnittsbevölkerung

Wir können auch anders

üblichen Verzehrmengen sogar. Nur Fisch (der fette Seefisch) senkt laut DGE das Risiko für Herzinfarkt und Schlaganfall. Rotes Fleisch und Fleischwaren steigern wie geschildert dieses Risiko, ebenso wie das Risiko für etliche weitere Erkrankungen wie Darmkrebs und Diabetes. Auch Eier erhöhen, zumindest bei täglichem Verzehr, das Risiko für Herzkrankheiten und Diabetes. Mehr als drei Eier pro Woche sollten es – einschließlich der verarbeiteten in Kuchen und Keksen – nicht sein, rät die DGE.

»Die Milch macht's« – Was eigentlich?

Milch enthält alle für den Menschen wesentlichen Aminosäuren in geeigneten Anteilen sowie die Vitamine B_2 und B_{12} und natürlich das für die Knochengesundheit wichtige Kalzium. Das war's dann aber auch schon so ziemlich mit den Vorteilen. Zwei Drittel der Fettsäuren in der Milch sind gesättigt. Mehrfach ungesättigt sind weniger als 4 Prozent. Auch vonseiten der DGE gibt es über Milch ernährungsphysiologisch nicht nur Positives zu berichten. So scheint sie, wohl dank des Kalziums, zwar das Risiko für Darmkrebs zu verringern, möglicherweise aber das für Prostatakrebs zu erhöhen. Eine mögliche Risikoerhöhung für diese bei Männern am häufigsten vorkommende Krebsart (statistisch gesehen erkrankt jeder achte Mann in Deutschland daran) durch den Verzehr von Milch und Milchprodukten kann auch der World Cancer Research Fund (WCRF) in seinem Krebsbericht nicht ausschließen. Zumindest wertet dessen wissenschaftlich differenzierte

Sicht den Zusammenhang zwischen einer Ernährungsweise mit viel Kalzium und Prostatakrebs als wahrscheinlich. Und die Hauptquellen für Kalzium sind hierzulande wiederum Milch und Milchprodukte. Offenbar wirkt sich eine hohe Kalziumaufnahme günstig auf den Darm, aber ungünstig auf die Prostata aus.

Verbreitete Intoleranz

Milch ist keineswegs ein Nahrungsmittel mit jahrhundertealter Tradition. Erst ab dem späten 19. Jahrhundert nahm der Konsum von Kuhmilch in westlichen Ländern stark zu und stieg im 20. Jahrhundert immer weiter an, als die Haltbarmachung durch Pasteurisation, die Lieferung an die Haustür und die Ansicht, Milch sei für Kinder gesund, populär und das Stillen unpopulär wurden. Bis dahin war Milch lediglich ein Ersatz für Muttermilch gewesen. Erwachsene nahmen Milch früher, wenn überhaupt, nur in geringen Mengen zu sich. Weltweit vertragen die meisten Menschen Milch schlecht oder höchstens in geringen Dosen und in fermentierter Form wie Joghurt. Die meisten Menschen sind als Erwachsene nämlich »laktoseintolerant«, das heißt, nicht in der Lage, Milchzucker (Laktose) zu verdauen, weil ihnen das dafür nötige Enzym weitgehend fehlt. (Unter Übelkeit, Schmerzen, Durchfall oder Blähungen leiden aber nicht alle Laktoseintoleranten gleichermaßen und auch nicht unbedingt schon nach einem Glas Milch.) Laktoseintoleranz beim Menschen ist also die Norm, nur in Mittel- und Nordeuropa sowie

Wir können auch anders

in den USA und Australien stellt sie eine genetische Beson-
derheit dar, von der zwischen 10 bis 30 Prozent der Bevölkerung betroffen sind. Die Fähigkeit, Laktose über das Klein-
kindalter hinaus zu verdauen, muss in Nordeuropa einen
enormen Fortpflanzungsvorteil gebracht haben, denn diese
vererbbare Fähigkeit hat sich nach Ansicht von Paläogeneti-
kern in nur 8000 Jahren ausgebreitet. In Zeiträumen der Evolution gedacht, ist das richtig rasant. Möglicherweise konnten
damit Versorgungsengpässe besser überbrückt werden.

Unter den heutigen Lebensbedingungen in den Industrieländern stelle eine vegetarische Ernährung mit einem geringen Anteil an Milchprodukten – rein ernährungsphysiologisch
betrachtet – das Ideal dar, findet Markus Keller, Ernährungswissenschaftler und Autor des erfolgreichen Fachbuches
Vegetarische Ernährung. Denn die Versorgung mit einigen
Nährstoffen ließe sich durch eine vegetarische Ernährung zumindest einfacher sicherstellen, als wenn man weder Milch
noch Eier esse. Eine Notwendigkeit für eine Ernährung mit
Milch und Eiern sieht er aber keineswegs. Wenn man einigen
simplen Regeln folge und abwechslungsreich die Vielfalt an
Gemüse, Obst, Getreide, Hülsenfrüchten, Nüssen und Samen
nutze, habe die vegane Ernährung gegenüber anderen Ernährungsweisen durchaus Vorteile. So schnitten Veganer bei einigen gesundheitsrelevanten Merkmalen wie Körpergewicht,
Blutdruck und Diabetesrisiko sogar noch besser ab als die sogenannten Ovo-Lacto-Vegetarier, die Eier und Milchprodukte
essen.

Tot sind am Ende alle

Ein bisschen gestritten wird noch darum, wer wie viel länger lebt als die Durchschnittsesser: die Selten-Fleisch-Esser, die weniger als einmal wöchentlich Fleisch essen, die Fischesser, die zwar Fisch, aber kein Fleisch essen, die Ovo-Lacto-Vegetarier oder die Veganer. Je nach Studie lebten die Vegetarier genauso lang wie oder etwas länger als die teilnehmenden Fleischesser, wobei bei den meisten Studien die teilnehmenden Fleischesser extrem wenig Fleisch aßen. Beide Gruppen hatten ein deutlich verringertes Sterberisiko gegenüber der Durchschnittsbevölkerung. Langfristig gesehen liegt bei Vegetariern wie Fleischessern das Sterberisiko natürlich bei 100 Prozent, doch innerhalb der Untersuchungszeiträume der Studien – von einigen Jahren bis Jahrzehnten – lassen sich bezüglich der Lebenserwartung schon erhebliche Unterschiede zum Durchschnittsesser ausmachen. Bisweilen betrug das Sterberisiko von Vegetariern und Selten-Fleisch-Essern im Untersuchungszeitraum nur die Hälfte verglichen mit durchschnittlichen Essern, das heißt, dass innerhalb des Beobachtungszeitraums von den vegetarischen oder extrem wenig Fleisch essenden Studienteilnehmern nur halb so viele gestorben sind wie in der Durchschnittsbevölkerung. Entscheidend für die Lebenserwartung scheint also weniger zu sein, ob man sehr wenig oder gar kein Fleisch isst, sondern ob gesunde pflanzliche Lebensmittel einen Großteil der Ernährung ausmachen. Eindeutig geht aus etlichen Studien jedenfalls hervor, dass die Lebenserwartung mit steigendem Fleischkonsum sinkt.

Wir können auch anders

Die Todesrate aufgrund von Herz-Kreislauf-Erkrankungen ist offenbar bei Vegetariern niedriger, selbst wenn man bei der statistischen Auswertung berücksichtigt, dass Vegetarier meist gesünder leben, etwa weil sie seltener rauchen und sich mehr bewegen. Die geringere Konzentration an Cholesterin im Blut ist dafür eine plausible Ursache. Vermutlich dürften Vegetarier auch länger bei guter Gesundheit sein, denn sie leiden deutlich seltener an chronischen Krankheiten. Veganer schneiden bei der Zahl der Todesfälle durch Herz-Kreislauf-Erkrankungen etwas schlechter ab als Vegetarier, ihre Zahl liegt dabei aber immer noch deutlich niedriger als die der Selten-Fleisch-Esser und wesentlich niedriger als die der Durchschnittsfleischesser. Die wahrscheinliche Ursache für den gesundheitlichen Nachteil der veganen Ernährung liegt in der bisweilen schlechteren Versorgung mit dem Vitamin B_{12}.

B_{12} – Begründete Sorgen

Die Achillesferse des Veganers ist die Versorgung mit dem Vitamin B_{12}. Es wird zwar von Darmbakterien auch ohne Zufuhr von außen im menschlichen Körper gebildet, jedoch sitzen diese Bakterien nur im Dickdarm. Dort nutzt es dem Menschen aber nichts, denn dafür müsste das B_{12} über den Dünndarm ins Blut aufgenommen werden, und der Dünndarm befindet sich ja vor dem Dickdarm. Heutzutage finden sich die für den Menschen nutzbaren Formen des unentbehrlichen Vitamins hierzulande nur noch in tierischen Lebensmitteln wie Fleisch und Milch. Auch dort stammt es letztlich von Mi-

B12 – Begründete Sorgen

kroorganismen, die etwa im Boden, auf Pflanzen, im Wasser und in Gedärmen leben. Da in den Industrieländern der Anteil an Wildkräutern in der Ernährung inzwischen gering ist und auch das Gemüse meist vollständig von Erde gereinigt wird, reicht die mitgegessene Anzahl an Mikroben nicht mehr zur B_{12}-Versorgung aus. Unter hiesigen Hygienestandards ist das Trinkwasser ebenfalls unzureichend mit Mikroorganismen »verkeimt«, was ich aus anderen Gründen ganz vernünftig finde. Die großen Menschenaffen erhalten ihr B_{12} vor allem über Insekten sowie über ungereinigte Pflanzen, Kot und Erde. Sollen sie ruhig so machen, ist aber nichts für mich.

Mit einem Mangel an B_{12} ist nicht zu spaßen. Der Körper benötigt es für die Zellteilung, besonders zur Bildung der roten Blutkörperchen, Mund- und Rachenschleimhäute sowie des Nervensystems. Während der Schwangerschaft kann ein Vitamin-B_{12}-Mangel zu Fehlbildungen an der Wirbelsäule des Embryos sowie zu anderen Komplikationen führen. Bei einigen Kindern, deren Mütter während des Stillens unter einem B_{12}-Mangel gelitten hatten, wurden Wachstums- und Entwicklungsstörungen beobachtet. Ein Teil dieser Störungen kann auch durch einen Mangel am Vitamin Folsäure hervorgerufen werden. Folsäure nehmen die meisten Veganer jedoch reichlich zu sich. Eine hohe Zufuhr an Folsäure kann allerdings B_{12}-Mangelerscheinungen überdecken. So bleibt ein B_{12}-Mangel möglicherweise verborgen, bis es zu irreversiblen Schäden kommt. Normalerweise hält ein gefüllter B_{12}-Speicher in Leber und Muskulatur bei Erwachsenen etwa drei bis fünf Jahre. Je mehr sich der Speicher leert, desto langsamer verläuft die Leerung. Ist jedoch zu wenig aktives B_{12} vorhan-

Wir können auch anders

den, kann sich das schädigende Homocystein ansammeln. Hohe Homocystein-Werte sind ein Risikofaktor für Arteriosklerose, können daher die Gefahr für einen Herzinfarkt oder Schlaganfall erhöhen und zu Geburtsschäden, Depressionen und Demenz führen.

Nicht nur Veganer, die sich unzureichend mit B_{12} versorgen, sind vom Risiko eines B_{12}-Mangels oder erhöhter Homocysteinwerte betroffen. Auch Allesesser, insbesondere ältere Menschen, können das B_{12} oft nur unzureichend aufnehmen, etwa weil die Magenschleimhaut durch eine Gastritis geschädigt ist oder der Magen zu wenig Säure produziert – da kann man noch so viel Fleisch und Milch zu sich nehmen. Entweder wird dann das B_{12} im Magen nicht mehr gelöst, oder es ist nicht mehr genug des sogenannten Intrinsic Factors vorhanden, des Proteins, das für die Aufnahme nötig ist. Die DGE gibt an, dass in Deutschland der B_{12}-Mangel der in der Allgemeinbevölkerung am häufigsten zu therapierende Vitaminmangel ist. Wer sich in einer Apotheke umschaut, wird sehen, dass es etliche B_{12}-Präparate gibt. Diese Nahrungsergänzungsmittel stammen nicht von gentechnisch veränderten Mikroorganismen und sind anders als Algen, Sauerkraut oder Bierhefe meist sichere Quellen zur Versorgung mit B_{12}. Algen hingegen liefern zum Teil nur B_{12}-ähnliche Stoffe (sogenannte Analoga) und können die Aufnahme und Nutzung des echten B_{12} sogar erschweren.

Blick ins Blut

In Anbetracht des ernst zu nehmenden Themas habe ich zu Beginn meiner veganen Ernährung erst einmal einen ausführlichen Bluttest machen lassen. Meine Cholesterin- und Blutfettwerte waren sensationell gut. Leider traf das jedoch nicht auf meinen B_{12}-Wert im Blutserum zu. Zwar lag der noch immer über dem unteren Laborgrenzwert, »der stammt aber aus den 50ern«, wie meine Hausärztin kommentierte. Mit einem Wert unter 250 Pikogramm je Milliliter lag ich bereits um 30 Prozent unter der in der »Deutschen Vegan Studie« erwähnten Grenze, die einen Mangel kennzeichnet. Okay, B_{12}-Bomben wie Kalbsleber habe ich schon in meinen omnivoren, also allessenden Zeiten verschmäht, aber selbst der von mir in den letzten Jahren reichlich gegessene Hering hat offensichtlich nichts genutzt, wobei Fettfisch eigentlich noch weitaus mehr B_{12} enthält als Fleisch und Käse. Immerhin war das herzgefährdende Homocystein als Folge einer B_{12}-Unterversorgung bei mir noch nicht erhöht.

Inzwischen weiß ich, dass eine Messung des Vitamins B_{12} im Blutserum einen Mangel sogar eher unter- als überschätzt. Denn die Messung gibt nicht zuverlässig darüber Auskunft, ob dem Körper auch genug des tatsächlich erforderlichen aktiven B_{12}, des Holo-Transcobalamins II, zur Verfügung steht, das nur einen Bruchteil des B_{12} im Körper ausmacht. Liegt im Blutserum das Vitamin B_{12} unterhalb des Grenzwertes, deutet das bereits auf einen gravierenden Mangel hin. Viel früher (und mit etwa 15 Euro ziem-

Wir können auch anders

lich günstig) lässt sich ein Mangel durch den Test des Holo-Transcobalamins II, kurz Holo-TC-Test, erkennen. Dass ich wie viele andere offenbar auch Schwierigkeiten habe, B_{12} über den Dünndarm aufzunehmen, zeigte sich erst ein paar Monate später. Täglich hatte ich brav die bei Veganern beliebten VEG1-Kautabletten als Ergänzungsmittel gefuttert. Sie enthalten mit 10 Mikrogramm pro Tablette reichlich B_{12}. Doch genutzt hat's bei mir nichts. Der Laborbefund spricht von einem verdeckten Vitamin-B_{12}-Mangel, denn ich zeige ja wenigstens noch keine Symptome.

Was nun? Die von meiner Hausärztin bevorzugten Vitaminspritzen will ich noch immer nicht. Praktischerweise gibt es beim Vegetarierbund gerade eine B_{12}-Zahnpasta in der Testphase. Drei Monate putze ich hochmotiviert mindestens zweimal täglich die Zähne mit der neuen Zahncreme. Als die Tube leer ist, gönne ich mir den nächsten Bluttest: Mein Holo-TC-Wert liegt jetzt im grünen Bereich und hat sich fast verdoppelt. Nach weiteren fünf Monaten Zähneputzens liegt mein Wert nahezu 100 Prozent über dem Grenzwert.

Blick ins Blut

Auf Nummer sicher:
Sinnvolle Tests für Vegetarier, Veganer & Co.

Wer sichergehen will, dass seine Nährstoffversorgung optimal ist, kann sich an den folgenden Test-Empfehlungen orientieren. Die Intervalle gelten, solange die Werte im Normbereich liegen. Falls ein Test einen Mangel anzeigt, sollte abhängig vom Nährstoff nach einer gewissen Behandlungsdauer erneut getestet werden, ob zum Beispiel eine verbesserte Ernährung oder die Einnahme von Nahrungsergänzungsmitteln Wirkung zeigt. Alle Werte werden durch Bluttests ermittelt, sofern nicht anders angegeben.

Nährstoff	Für wen empfohlen?	Wie oft soll getestet werden?	Wie heißen die Tests?/Was wird untersucht?
Vitamin B_{12}	besonders für Veganer und ältere Menschen	1 x pro Jahr	Holo-Transcobalamin (Holo-TC; ca. 15 Euro); am besten in Kombination mit Serum-Vitamin B_{12} (ca. 15 Euro) und Homocystein (ca. 35 Euro)
Vitamin D	für jeden, unabhängig vom Ernährungsstil; besonders für Veganer und dunkelhäutige Menschen	im Herbst, Winter und Frühjahr	25-OH-Vitamin-D_3 (Calcidiol; ca. 30 Euro)

Wir können auch anders

Eisen	für Frauen im gebärfähigen Alter, für Schwangere, Stillende; für Kinder, Jugendliche; besonders für Veganerinnen	1 x pro Jahr; während der Schwangerschaft und Stillzeit eventuell öfter	Hämoglobin (ca. 5 Euro), Ferritin (ca. 15 Euro)
Jod	für jeden, unabhängig vom Ernährungsstil	1 x pro Jahr	Jodausscheidung im Urin (ca. 50 Euro)
Vitamin B_2	für Veganer sinnvoll	1 x pro Jahr	Aktivität der EGR (Erythrozyten-Glutathion-Reduktase; ca. 7 Euro)
Zink	für Vegetarier und Veganer	1 x pro Jahr	Zink im Serum (ca. 5 Euro)
DHA (Docosahexaensäure)	eventuell für schwangere Vegetarierinnen und Veganerinnen	einmalig; bei der Einnahme von Nahrungsergänzungsmitteln sollte öfter der Erfolg kontrolliert werden	DHA im Plasma (ca. 25 Euro)
Vitamin B_6	nur bei Interesse, aber für Veganer durchaus empfehlenswert	1 x pro Jahr	Vitamin B_6 (ca. 35 Euro)
Folsäure	für Frauen mit Kinderwunsch sinnvoll; für Veggies nur bei Interesse, es zeigt klar an, ob sie genug Gemüse essen	1 x pro Jahr	Folsäure im Serum (ca. 15 Euro)

Selen	nur bei Interesse	1 x pro Jahr	Selen im Serum (ca. 25 Euro)
Quelle: Dr. oec. troph. Markus H. Keller, Institut für alternative und nachhaltige Ernährung			

Vitamin D wie Dorade

Das andere kritische »Veganer-Vitamin« ist das D, allerdings müssen hier nicht nur die Veganer aufpassen, sondern alle, auch die Viel-Fleisch-Esser. Nach Auswertung der Nationalen Verzehrsstudie II erreichen acht von zehn Männern und neun von zehn Frauen die empfohlene tägliche Vitamin-D-Zufuhr nicht. Die DGE hat bislang vor allem für Schwangerschaft und Stillzeit sowie für Kinder im ersten Lebensjahr eine Nahrungsergänzung empfohlen. Da allerdings vor allem im Winter die meisten über das Sonnenlicht oder die Nahrung nicht genug davon aufnehmen, hat die DGE kürzlich die von ihr empfohlene Aufnahmemenge vervierfacht. Ein längst überfälliger Schritt, wie viele finden.

In erster Linie ist Vitamin D für die Knochengesundheit wichtig, weil es die Kalziumaufnahme aus der Nahrung stark beeinflusst und Knochen bildende Zellen anregt. Zudem ist es wichtig für das Immunsystem und die Bauchspeicheldrüse, und es kann möglicherweise bis zu einem gewissen Teil auch vor manchen Krebsarten, Bluthochdruck, multipler Sklerose, Diabetes Typ I und chronisch entzündlichen Darmerkran-

Wir können auch anders

kungen schützen. Leider ist auch Vitamin D in bedeutenderen Mengen mal wieder nur in Seefisch vorhanden, der ja wiederum nicht in den für eine ausreichende Vitamin-D-Versorgung nötigen Mengen gegessen wird. Pilze, die Sonnenlicht abbekommen haben, enthalten ebenfalls Vitamin D, man kann sie dafür sogar künstlich mit UV-Licht bestrahlen. Aber niemand isst davon solche Mengen, dass sie den Vitamin-D-Bedarf ausreichend decken könnten. Das Solarium-Paar von den veganen Schnupperwochen bekommt vermutlich auch im Winter genug Vitamin D, denn der Mensch kann es, ähnlich wie Pilze, durch Sonnenlicht in der Haut bilden. Von Oktober bis März reicht die natürliche Sonneneinstrahlung in unseren Breiten selbst bei sonnigem Wetter nicht, weil die UV-B-Strahlen des flacher einfallenden Sonnenlichts zu stark von der Atmosphäre gefiltert werden. Im Frühjahr und Sommer genügt es, den nackten Oberkörper einige Minuten in die Sonne zu halten, um auf die empfohlene Tagesdosis zu kommen. Die Tatsache, dass dunkelhäutige Menschen auch im Sommer in unseren Breitengraden weniger Vitamin D bilden, ist möglicherweise der Grund, warum bei der Besiedlung der nördlichen Breiten Menschen mit hellerer Haut Vorteile hatten. Selbst wenn man im Sommer reichlich Sonne getankt hat, reichen die Vitamin-D-Speicher nicht unbedingt über den ganzen Winter. Daher sollten alle Menschen hierzulande Vitamin D als Nahrungsergänzung zu sich nehmen, rät Ernährungswissenschaftler Keller.

Veganer sind bei diesem Vitamin noch schlechter dran als die Durchschnittsdeutschen oder auch Vegetarier, die über Milch und Eier gewisse Mengen des Vitamins aufnehmen.

Die üblicherweise im Dunkeln gezogenen Champignons reichen als vegane Quelle leider nicht aus, und wie oben bereits erwähnt, käme man auch mit den Mengen gar nicht nach. Selbst bei angereicherten Lebensmitteln oder Nahrungsergänzungen kommen die ganz konsequenten Veganer in Schwierigkeiten, denn das wirksame Vitamin D_3 stammt oft aus tierischen Quellen wie Wollwachs von Schafen. Die Wirksamkeit des pflanzlichen Vitamins D_2 im menschlichen Körper wird von manchen Wissenschaftlern als deutlich geringer eingeschätzt. Inzwischen gibt es allerdings auch Vitamin D_3 aus Flechten, die als Mischwesen aus Pilz und Pflanze eindeutig vegan sind.

Jod – in Salz und Brot

Bei Jod denke ich sofort an die Uraltreklame für Wellensittichfutter und an besorgte Menschen, die sich damit vor Wundinfektionen und Strahlenschäden schützen wollen. Dabei spielt das Element Jod tatsächlich eine wichtige Rolle für die Gesundheit, jedoch ist die Bevölkerung in Deutschland auch hier im Allgemeinen unterversorgt und erreicht nicht die empfohlenen Mengen. Folgen eines Jodmangels können unter anderem Fehlfunktionen der Schilddrüse sein. Trotz der noch immer nicht optimalen Versorgung hätte die Situation in Europa aber keine so gravierenden Folgen wie in Entwicklungsländern, sagt Markus Keller. Der dort vorkommende chronische Jodmangel kann beispielsweise in der Schwangerschaft zu schweren Entwicklungsstörungen und einer beeinträch-

Wir können auch anders

tigten Gehirnentwicklung bei Kindern führen. Man vermutet allerdings, dass der hierzulande auftretende leichte Jodmangel die Lern- und Konzentrationsfähigkeit von Kindern
beeinträchtigen kann. Seefische sind, wenn man sie denn
isst, eine gute, aber nicht ausreichende Quelle für Jod. Bei jod-
haltigen Böden gelangt das Element auch ins Gemüse, doch
in Deutschland haben die Folgen der Eiszeit einen Großteil
des Jods aus dem Boden gewaschen. Wer zumindest Pflanzen aus unterschiedlichen Regionen isst, erhöht die Chance,
dass einige davon Jod enthalten. Das ist natürlich keine verlässliche Quelle. Weil das Tierfutter in Deutschland mit Jod
angereichert und die Ställe ebenfalls damit gereinigt werden
dürfen, konsumiert ein Vegetarier über Milch und Milchprodukte ähnliche Jodmengen wie der Allesesser. Über jodierte
Speisesalze und verarbeitete Lebensmittel sowie Brot kommt
auch der Veganer an Jod, doch aufgrund seiner tendenziell
noch größeren Unterversorgung empfiehlt sich für ihn der
gelegentliche Verzehr von Algen mit mäßigem Jodgehalt. Vor
dem Verzehr von Algen mit zu hohem Jodgehalt – ab 20 Milligramm je Kilogramm – warnt das Bundesamt für Risikobewertung (BfR) hingegen, denn zu viel Jod ist auch nicht gut.
Da die Menschen, auch die Veganer, sehr unterschiedliche
Mengen Salz zu sich nehmen, kann jodiertes Speisesalz in
manchen Fällen eher unvorteilhaft sein, je nachdem, wie viel
Jod jemand bereits durch andere Lebensmittel aufnimmt. Ob
Veganer, Vegetarier oder Fleischesser – beim Jod gilt es also
immer nach der individuellen Situation abzuwägen.

Eisen – ein Frauenproblem

Eine der nahezu klassischen Fragen an Vegetarier oder Veganer lautet: »Wo bekommst du denn dein Eisen her?« Von zu niedrigen Eisenspeichern sind vorwiegend Frauen im gebärfähigen Alter betroffen, weil sie durch die Menstruation, durch Schwangerschaft und Geburt weit mehr Eisen verlieren als Männer. Fleischesserinnen trifft es aber ebenso wie Vegetarierinnen und Veganerinnen, denn die Ernährung spielt dabei eine viel geringere Rolle als die Stärke der monatlichen Blutungen. Dennoch hat schon manche Vegetarierin einen Eisenmangel zum Anlass genommen, wieder mit dem Fleischessen anzufangen. Ein schwerer Mangel tritt bei Erwachsenen in Deutschland selten auf. Häufiger kommt es hingegen zu einem verdeckten Mangel mit unspezifischen Symptomen wie Erschöpfung und Kopfschmerzen. Auch während einer Schwangerschaft, einer längeren Krankheit oder bei größeren Blutverlusten kann ein Eisenmangel von Nachteil sein.

Eisen als Nahrungsergänzungsmittel ist dennoch nur für einen kleinen Teil der Frauen sinnvoll und sollte nur dann genommen werden, wenn tatsächlich ein Eisenmangel vorliegt. Alle Frauen im gebärfähigen Alter sollten aber unabhängig von ihrer Ernährungsweise ihren Eisenstatus testen lassen. Dazu wird das Serum-Ferritin im Blut gemessen, ein Eisen speicherndes Protein, das ein aussagekräftiges Maß für den gesamten Eisenspeicher des Organismus darstellt. Das Ferritin zeigt schon früh an, ob es an Eisen mangelt. Die Messung des Serum-Eisens hingegen zeigt einen Mangel erst, wenn der Speicher und eventuell auch die betroffene Frau schon er-

Wir können auch anders

schöpft sind. Der Serum-Eisen-Wert allein ist daher kein verlässliches Kennzeichen, er kann sogar bei leeren Speichern erhöht sein. Bei Männern ist ein Eisenmangel ziemlich selten. Bei ihnen reicht es aus, wenn sie das Serum-Ferritin alle paar Jahre einmal testen lassen.

Das tierische Häm-Eisen aus Fleisch wird zwar besser aufgenommen und anders als das pflanzliche Nicht-Häm-Eisen sogar dann, wenn die Eisenspeicher voll sind. Dies ist aber nicht unbedingt vorteilhaft, weil hohe Eisenspeicher mit Diabetes, Herzerkrankungen und Dickdarmkrebs in Verbindung gebracht werden. Besonders eisenhaltige pflanzliche Lebensmittel sind Produkte aus Vollkorngetreide, Amarant, Quinoa und Hirse, grüne Gemüse, Hülsenfrüchte, auch »Sojafleisch«, Nüsse, Samen und Trockenfrüchte wie Rosinen sowie Zuckerrübensirup. Um die Eisenaufnahme aus diesen Lebensmitteln zu verbessern, nimmt man dazu am besten Vitamin C in Form von rohem oder gegartem Gemüse, Obst oder Fruchtsäften zu sich. Vitamin C verringert zugleich den eisenaufnahmehemmenden Effekt, den Kaffee, Tannine in schwarzem und grünem Tee sowie Phytate verursachen, die wiederum in eisenreichem Vollkorngetreide und Hülsenfrüchten vorkommen. Kalzium gilt ebenfalls als aufnahmehemmend, aber hier gibt Ernährungsexperte Keller Entwarnung: »Mit der Nahrung nimmt man so große Kalziummengen gar nicht auf, als dass sie die Eisenaufnahme hemmen könnten.«

Mehr Milch = mehr Kalzium – eine Milchmädchenrechnung

Die herkömmliche Sorge ums Kalzium und damit um die Knochengesundheit gilt meist nur Veganern oder anderen Milchverweigerern, denn Milch ist in westlichen Industrieländern ja die Kalziumquelle schlechthin. Tatsächlich erreicht jedoch auch etwa die Hälfte der allesessenden und -trinkenden Deutschen nicht die von der DGE empfohlene Menge an Kalzium. Zudem ist das Risiko, an Osteoporose zu erkranken, nur bei solchen Veganern erhöht, die unterdurchschnittlich wenig Kalzium aufnehmen.

Gerade in der Kindheit und Jugend ist für den Aufbau einer hohen Knochenmineraldichte eine ausreichende Kalziumaufnahme wichtig. Da im Erwachsenenalter die Knochenmineraldichte wieder abnimmt, ist es eigentlich auch für Erwachsene wichtig, genügend Kalzium aufzunehmen, um den Abbau gering zu halten. Zu viel Kalzium wiederum ist aber auch nicht gesund. Abgesehen davon, dass eine sehr kalziumreiche Ernährung das Risiko für manche Krebsarten erhöht, verringert der reichliche Verzehr von Milchprodukten offenbar nicht das Risiko von Knochenbrüchen. Gerade in Ländern mit hohem Milchkonsum gibt es viele Fälle von Osteoporose. Milch allein kann also nicht die Lösung für eine vernünftige Kalziumversorgung sein. Die Ansicht, dass sie als Kalziumquelle unabdingbar sei, ist längst überholt, man kann sie durch andere Lebensmittel ausreichend ersetzen. Das sieht man an Ländern, in denen kaum oder keine Milch konsumiert wird, oder auch hierzulande bei den Men-

Wir können auch anders

schen, die keinerlei Milchzucker vertragen oder allergisch auf Milchprotein reagieren. Mit Kalzium angereicherte Sojamilch enthält genauso viel Kalzium wie Kuhmilch. Weitere Quellen sind insbesondere Sesam, sehr lecker als Tahin-Paste, kalziumreiches Mineralwasser (ab 150 Milligramm je Liter), Nüsse, Mandeln und Mohn, grüne Gemüse wie Brokkoli, Rucola und Fenchel, Getreide sowie Tofu, besonders, wenn dieser mit dem Gerinnungsmittel Kalziumsulfat hergestellt wurde. Die pflanzlichen Hemmstoffe, die eine Kalziumaufnahme verringern, machen sich in der Praxis nur bei einer sehr kalziumarmen Ernährung bemerkbar.

Der Körper verliert ständig Kalzium über Schweiß, Kot und Urin. Diese Verluste müssen über die Nahrung ausgeglichen werden, sonst entzieht der Körper vor allem bei Älteren den Knochen das für die Konzentration im Blut benötigte Kalzium. Eine kalziumreiche Ernährung allein reicht aber eben nicht aus, denn Kalzium ist der Nährstoff, dessen Bilanz am stärksten von anderen Faktoren beeinflusst wird. Der für die Aufnahme wichtigste Faktor ist Vitamin D. Man braucht es nicht nur, um Kalzium über den Darm aufzunehmen, sondern auch um es in den Knochen einzulagern. In den nördlicheren Breiten wird die Kalziumaufnahme durch die ungenügende Vitamin-D-Versorgung daher erschwert. Möglicherweise kann dieser Zusammenhang auch das verstärkte Auftreten von Osteoporose in diesen Ländern mit erklären.

Gewinn und Verluste

Für eine positive Kalziumbilanz im Körper ist die Ausscheidung von Kalzium noch entscheidender als die Aufnahme. Die komplexen biochemischen Abläufe des Kalziumhaushaltes erspare ich dem Leser hier. Von Bedeutung ist jedenfalls, dass die westliche Ernährungsweise mit viel (Natrium-)Salz und eine durch zu wenig Gemüse verringerte Aufnahme von Kalium (nicht Kalzium!) zu verstärktem Kalziumverlust führt. Gegen den Kalzium- und Knochenschwund helfen daher die Erhöhung der Kaliummenge, also mehr Gemüse, und weniger Natriumsalz im Essen genauso gut wie eine Erhöhung der Kalziummenge. Ein verbesserter Kalium-Natrium-Haushalt ist zudem vorteilhaft für den Blutdruck. Eine weitere Ursache für einen hohen Kalziumverlust sind zu viele tierische Proteine im Essen. Tierische Lebensmittel, die viele Proteine, aber nur wenig Kalzium enthalten – wie Fleisch, Fisch und Eier –, führen daher insgesamt zu einem deutlichen Kalziumverlust. Bei manchen Lebensmitteln gleichen sich die Kalziumaufnahme und der Verlust aus. Kuhmilch hingegen führt – auf Basis einer solchen Gewinn-und-Verlust-Rechnung – insgesamt zu einer Aufnahme von nur etwa 8 Prozent des in ihr enthaltenen Kalziums. Da Proteine aus Pflanzen üblicherweise auch mit mehr Kalium (nicht Kalzium!) verbunden sind, wirken sie sich auf die Kalziumbilanz positiver aus als tierische Proteine. Vor allem aber hilft körperliche Aktivität gegen Kalziumverlust und Knochenabbau. So viel Kalzium im Essen ist also gar nicht nötig, wenn man die anderen Faktoren wie genügend Vitamin D und Kalium sowie weniger Natriumsalz und tierische Proteine berücksichtigt.

Wir können auch anders

B₂ – Theoretische Bedenken

Das Vitamin B_2 mit dem schönen Namen Riboflavin ist in vielen tierischen und pflanzlichen Lebensmitteln enthalten. Es spielt beim Energie- und beim Fettsäurenstoffwechsel sowie in der Embryonalentwicklung eine Rolle. Da Milch und Milchprodukte in Deutschland mit einem Anteil von einem Viertel am stärksten zur B_2-Versorgung beitragen, können Veganer theoretisch schlechter versorgt sein. Wer als Veganer auf Nummer sicher gehen will, kann seinen Riboflavin-Status testen lassen und die Zufuhr gegebenenfalls mit geeigneten pflanzlichen Lebensmitteln wie Mandeln, Pilzen, Sojafleisch und Hülsenfrüchten erhöhen.

Spurenelement Zink

Zink wird im Körper zwar nur in Spuren benötigt, dafür aber für etliche Funktionen. Die Symptome eines ernährungsbedingten schweren Zinkmangels tauchen in Industrieländern gar nicht auf, dennoch gilt Zink als »potenziell kritischer Nährstoff bei vegetarischer Ernährung«. Andererseits haben Studien gezeigt, dass der Zinkstatus bei erwachsenen Allesessern, Vegetariern und Veganern in den meisten Fällen ausreichend ist. Wie bei Eisen und Kalzium beeinträchtigen manche pflanzlichen Inhaltsstoffe auch hier die Aufnahme. Dazu gehören die Tannine in Kaffee und Tee sowie Phytate in Vollkorngetreide und Hülsenfrüchten, die im Ganzen betrachtet neben Nüssen trotzdem gute Zinkquellen darstellen. Bei einem erhöhten Bedarf, zum Beispiel bei Kindern, Jugendlichen, Schwangeren, Stillenden und Älteren, ist es unabhängig von der Ernährungsweise ratsam, auf eine ausreichende Zinkzufuhr zu achten. Seinen Zinkstatus kann man sehr günstig messen lassen.

Von Alpha und Omega

Die Deutsche Gesellschaft für Ernährung (DGE) will, dass wir mehr Fisch essen. Es geht ihr neben Vitamin D und Jod besonders um bestimmte Omega-3-Fettsäuren, die Eicosapentaensäure, kurz EPA, und die Docosahexaensäure, DHA. Letztere spielte in der Gehirnevolution des Menschen eine Rolle. Omega-3-Fettsäuren verringern die Risiken, die wir durch unseren Konsum an Fleisch erhöhen. Eine optimierte Zufuhr hemmt Entzündungen, ist gut für Blutdruck und Blutgefäße, verbessert die Fließeigenschaften des Bluts, verringert erhöhte Cholesterin- und Blutfettwerte sowie das herzschädigende Homocystein. Somit senken die wunderbaren Fette das Risiko für Herz-Kreislauf-Erkrankungen. Die DGE spricht daher folgende Empfehlung aus: »Menschen aller Altersklassen sollten täglich circa 0,5 Prozent ihrer Gesamtenergie in Form von Omega-3-Fettsäuren aufnehmen.« Rechnet man das einmal um, kommt man bei Kindern ab sieben Jahren und Erwachsenen abhängig vom Energiebedarf auf Tagesmengen zwischen 1 bis 1,7 Gramm Omega-3-Fettsäuren. Kleinere Kinder brauchen entsprechend etwas weniger. Für die besonders erwünschten Omega-3-Fettsäuren EPA und DHA empfiehlt

Wir können auch anders

die DGE eine tägliche Aufnahme von zusammen 0,25 Gramm. EPA und DHA gelten bei Kindern als besonders wichtig für die Entwicklung von Gehirn und Sehvermögen. Eine ideale Quelle dafür ist Muttermilch – oder eben Fisch.

Nicht alle Fische sind gleichermaßen reich an EPA und DHA, es sind eigentlich nur die fetteren Seefische. Die asiatischen Süßwasserzuchtfische Pangasius und Tilapia enthalten nach Angaben des US-amerikanischen Landwirtschaftsministeriums weniger als 0,1 Gramm dieser Fettsäuren je 100 Gramm Fischfilet. Alaska-Seelachs, der Fischstäbchenfisch schlechthin, enthält ebenfalls lediglich zwischen 0,1 und 0,4 Gramm EPA und DHA. Für die tägliche 0,25-Gramm-Dosis EPA und DHA müsste man demnach – bei 20 Gramm Fischeinwaage eines Fischstäbchens – pro Woche bis zu 90 Fischstäbchen essen. Makrelen sind mit 2,3 Gramm EPA und DHA da deutlich gehaltvoller, nur eben nicht sonderlich beliebt. Atlantischer Zuchtlachs und Hering enthalten 1 bis 2 Gramm der wertvollen Fettsäuren. Mit rund 100 Gramm Hering pro Woche käme man rechnerisch ebenfalls auf die empfohlene Menge an EPA und DHA. Fischölkapseln, die diese Fettsäuren konzentriert enthalten, sollen laut DGE nur nach ärztlicher Anordnung eingenommen werden. Eine zu hohe Aufnahme könne schädlich sein, warnt das Bundesinstitut für Risikobewertung.

Von Omega-3-Fettsäuren kriegen Allesesser, Vegetarier und Veganer insgesamt etwa gleich viel ab. Die für den Körper essenzielle (also lebensnotwendige, aber vom Körper nicht selbst herstellbare) Omega-3-Fettsäure, die Alpha-Linolensäure (ALA), kommt reichlich in pflanzlichen Ölen und Nüssen vor. Ein Mangel an ALA ist selten, und das ist auch gut so,

Von Alpha und Omega

denn Omega-3-Fettsäuren haben, wie bereits erwähnt, viele gute Eigenschaften. Niedrige Spiegel von Omega-3-Fettsäuren werden zudem mit entzündungsbedingten Erkrankungen sowie verschiedenen neurologischen Störungen in Verbindung gebracht. Aus der Linolensäure kann der Körper die funktionell noch aktiveren Omega-3-Fettsäuren EPA und DHA herstellen, die vor allem in der Schwangerschaft und beim Stillen von großer Bedeutung für das Kind sind. Muttermilch enthält viel EPA und DHA, weil die Umwandlung aus der Linolensäure bei Schwangeren und Stillenden besonders gut funktioniert. Generell ist diese Umwandlung jedoch nur begrenzt möglich, daher kann eine zusätzliche Zufuhr an EPA und DHA direkt aus der Nahrung vorteilhaft sein. Da diese Fettsäuren aber fast ausschließlich in tierischen Lebensmitteln, vor allem im fetten Seefisch, vorkommen, nehmen Menschen, die weder Fisch noch Fleisch essen, zumindest an EPA nur geringe Mengen auf. Die Zufuhr an DHA hängt vom Eiverzehr ab. Veganer sind mit beiden Fettsäuren natürlich schlechter versorgt. »Die Frage ist aber, ob das überhaupt eine Rolle spielt«, sagt Markus Keller, »da besteht noch Forschungsbedarf.« Das Risiko von Veganern für Herz-Kreislauf-Erkrankungen könnte durch die geringere Versorgung mit EPA und DHA erhöht sein. Bei ihnen ist aber das allgemeine Risiko für Krankheiten deutlich geringer als bei Fleischessern, denn sie nehmen gar keine tierischen Fette und nur etwa halb so viel gesättigte Fettsäuren auf. So besteht etwa für Fleischesser ein viel höheres Thrombose- und Arteriosklerose-Risiko als für Vegetarier und Veganer. Veganer schmälern daher höchstens ein bisschen den gesundheitlichen Vorteil, den sie aufgrund ihrer Ernährung haben.

Wir können auch anders

EPA, DHA, ALA, LA, AA

Dass der Nutzen der langkettigen Fettsäuren EPA und DHA offenbar von dem persönlichen Risikoprofil für Herz- und Gefäßerkrankungen abhängt, ergab eine systematische Überprüfung von Studien über Fischverzehr und die Aufnahme von Omega-3-Fettsäuren: Menschen mit einem hohen Risiko für Erkrankungen der Herzkranzgefäße profitieren von einem erhöhten Fettfischkonsum. Wer nur ein geringes Risiko hat, profitiert nicht davon. Dennoch schadet es Veganern und Vegetariern nicht, die körpereigene Bildung von EPA und DHA aus der Linolensäure (ALA) zu verbessern. Einige Experten empfehlen daher, dass Vegetarier und Veganer doppelt so viel Linolensäure aufnehmen sollten wie Allesesser. Mehr Linolensäure fördert vor allem die Umwandlung von EPA in DHA. Die Umwandlung aus der Linolensäure hingegen wird besonders durch eine geringere Aufnahme des Gegenspielers der Linolensäure verbessert: der Linolsäure (LA), einer essenziellen Omega-6-Fettsäure. Sie ist nicht nur vom Namen her leicht mit der Linolensäure (ALA) zu verwechseln, sondern konkurriert auch im Körper um die gleichen Enzyme. Die Enzyme, die sonst für die Umwandlung von ALA in EPA genutzt werden, benötigt LA, um Arachidonsäure (AA) zu bilden – und zu viel Arachidonsäure im Körper ist nicht gesund. Da Veganer Omega-3- und Omega-6-Fettsäuren oft in einem ungünstigen Verhältnis aufnehmen, ist es für sie sinnvoll, statt der Omega-6-reichen Öle wie Sonnenblumen- oder Distelöl als Standardöl lieber Rapsöl zu verwenden, das einen höheren Omega-3-Anteil hat. Von Vorteil ist auch, weniger verarbeitete Lebensmittel zu essen, da diese ten-

denziell mehr Omega-6-Fettsäuren enthalten. Letzteres hat gleichzeitig den Vorteil, dass man weniger der schädlichen Transfette zu sich nimmt. Für die Zufuhr von Omega-3-Fettsäuren ist ½ bis 1 Teelöffel Leinöl oder eine Handvoll Walnüsse am Tag ausreichend. Leinöl sollte man allerdings kühl lagern und zügig verbrauchen, weil es an der Luft schädliche Oxidationsprodukte bildet. Idealerweise sollte man Omega-3- und Omega-6-Fette im Mengenverhältnis von etwa 1:3 bis 1:5 aufnehmen.

Pflanzliche Quellen für Omega-3-Fettsäuren

Alpha-Linolensäure (ALA): Besonders viel davon enthalten geschrotete Leinsamen und Leinöl, Walnüsse und Walnussöl, Hanfsamen, Hanfmehl und Hanföl, Rapsöl, Weizenkeimöl und Chia-Samen (als Lebensmittelzutat in der EU zugelassen).

In Sojabohnen und Sojaöl sowie in geringen Mengen auch in Sojaprodukten stecken ebenfalls Omega-3-Fettsäuren, gleichzeitig aber auch eine Menge Omega-6-Fettsäuren, sodass die Fettsäurezusammensetzung dieser Produkte weniger vorteilhaft ist.

In sehr geringen Mengen kommt ALA in Mohn und grünem Gemüse wie Grünkohl, Rosenkohl, Spinat, Feldsalat und Portulak vor.

Eicosapentaensäure (EPA) und/oder Docosahexaensäure (DHA): Diese Säuren sind nur in Algenöl bzw. Algenölkapseln enthalten. Bei besonderem Bedarf können die Kapseln nach Rücksprache mit dem Arzt genommen werden.

Wir können auch anders

Algen statt Aal

Die besonders wichtigen Omega-3-Fettsäuren EPA und DHA im Fisch stammen letztlich aus Algen. Die Fettsäuren reichern sich in der Nahrungskette in den größeren und fetteren Fischen an. Bei Zuchtfischen fehlen diese natürlichen Quellen für EPA und DHA oft, weshalb sie von den Betreibern der Aquakulturen manchmal über Fischöl dem Futter zugesetzt werden – nicht gerade der effizienteste Weg. Menschen brauchen den Umweg über den Fisch nicht, um an EPA und DHA zu kommen. Sie können die Fettsäuren etwa über den Verzehr von Leinöl selbst herstellen oder die Algen direkt konsumieren. Gerade bei Schwangeren kann es sich anbieten, EPA und DHA aus Algenöl zu sich zu nehmen – ausgerechnet Schwangeren und Stillenden rät das Bundesumweltministerium nämlich, auf fetten Seefisch und Erzeugnisse daraus lieber zu verzichten: Im Fett der Fische reichern sich nicht nur Omega-3-Fettsäuren an, sondern es finden sich auch vermehrt Umweltgifte wie Quecksilber, PCB und Dioxine darin.

Leichte Kost mit Schwermetallen

Nach Ansicht der Europäischen Behörde für Lebensmittelsicherheit (EFSA) ist die Quecksilberbelastung der europäischen Bevölkerung durch den Fischkonsum hoch. Das Bundesinstitut für Risikobewertung (BfR) hat die Aufnahme von Quecksilber sowie weiterer Umweltgifte oder – korrekter ausgedrückt – Umweltkontaminanten anhand der Daten

Leichte Kost mit Schwermetallen

der Nationalen Verzehrsstudie II detailliert untersucht. Zu den stärker mit Quecksilber belasteten Fischen gehören Haifisch, Buttermakrele, Aal, Steinbeißer, Schwertfisch, Heilbutt, Hecht, Seeteufel und Thunfisch. Fisch trägt deutlich mehr als alle anderen Lebensmittel zur Quecksilberbelastung bei – je nach Ernährungsgewohnheiten sind es zwischen 30 und 60 Prozent. Das im Fisch überwiegend vorkommende Methylquecksilber ist für den Organismus zudem gefährlicher als etwa elementares Quecksilber aus anderen Lebensmitteln. Dennoch kam es außer bei Hai- und Schwertfischen bislang selten zur Überschreitung der Höchstwerte.

Allerdings warnt das BfR auch vor Fischen mit niedrigerer Konzentration, etwa Forellen, wenn diese besonders häufig verzehrt werden. Sie tragen oft mehr zur Gesamtaufnahme von Quecksilber bei als selten verzehrte Fische mit hoher Belastung. Thunfisch erfüllt beide »Kriterien«, er wird recht häufig konsumiert und weist oftmals eine höhere Belastung auf. Bei Vegetariern ist die Gesamtquecksilberbelastung geringfügig niedriger als bei der Durchschnittsbevölkerung. Da sie ja laut Definition gar keinen Fisch essen, sind sie vor allem dem Methylquecksilber deutlich weniger stark ausgesetzt – theoretisch. Nach den Ergebnissen der Nationalen Verzehrsstudie II liegen Vegetarier beim Fischkonsum hingegen lediglich um 40 Prozent unter den Werten der Gesamtbevölkerung. Ich selbst war früher ja auch eher so ein halbherziger Vegetarier, ich hielt mich sogar ziemlich genau an die Empfehlungen der DGE und habe zweimal pro Woche Fisch gegessen.

Bezüglich Dioxinen und PCB (polychlorierten Biphenylen) in Lebensmitteln ist die Datenlage unsicherer. Bei den Dioxi-

Wir können auch anders

nen trägt Fisch nach Milchprodukten und Fleisch den größten Anteil zur aufgenommenen Menge bei. Dorschleber – wer isst denn so was? – und Aal sind besonders oft stark belastet, werden allerdings selten gegessen. Milchprodukte und Fleisch tragen daher trotz ihrer geringeren Verunreinigung mehr bzw. fast gleich viel zur Dioxinbelastung des Menschen bei. Vegetarier sind insgesamt auch hierbei weniger belastet.

Zur Gesamtaufnahme von PCB trägt Fisch je nach Ernährungsgewohnheiten mit 30 bis 60 Prozent bei – die gleiche Größenordnung wie bei Quecksilber. Aal, weil fett, und Zander (neben Dorschartigen, Hecht, Wels und Dornhai alias Schillerlocken), weil räuberisch und langlebig, sind am stärksten belastet. Durch die Kombination aus Belastung und Verzehrmenge trägt Fisch gefolgt von Milchprodukten und Fleisch am meisten zum Kontakt der Deutschen mit PCB bei. Anders als bei Quecksilber überschreiten bereits »Durchschnittsverzehrer« die tolerierbare tägliche oder wöchentliche Menge an Dioxinen und PCB – und zwar deutlich –, Vielverzehrer zum Teil um mehr als das Doppelte.

Heavy Metal

Das Bundesinstitut für Risikobewertung fand hinsichtlich der Aufnahme von Umweltgiften auch für Vegetarier und Veganer weniger erfreuliche Ergebnisse: Das Schwermetall Blei etwa gelangt vor allem über Getränke sowie Gemüse in den Körper und Kadmium über Gemüse und Getreide. Von daher ist es nicht verwunderlich, dass Menschen, die wie viele Vegetarier besonders viel Gemüse und Getreide essen, am stärksten mit Blei und Kadmium belastet sind. In Innereien, Muscheln, Krebsen und Tintenfischen finden sich zwar weitaus größere Mengen Kadmium, aber Gemüse und Getreide wird – auch von Allesessern – weitaus mehr gegessen. Das Schwermetall gelangt vor allem durch Industrieprozesse, aber auch über Kunstdünger auf die Felder, weswegen biologisch produzierte Getreide und Gemüse, die ohne Kunstdünger und kadmiumhaltigen Klärschlamm wachsen, weniger belastet sind. Markus Keller rät Vegetariern und Veganern zudem, die Zufuhr von Eisen, Kalzium und Zink zu optimieren, denn wenn es an diesen Nährstoffen mangle, nehme der Darm mehr Kadmium auf. Die Experten sind sich aber einig, dass trotz etwaiger Nachteile durch die vermehrte Aufnahme von Schwermetallen die gesundheitlichen Vorteile einer Ernährung mit viel Vollkorn und Gemüse überwiegen.

Unbegründete Sorgen – Proteine

Neben Eisen gehören auch die Proteine zu den klassischen Sorgenkindern, wenn es um eine ausreichende Versorgung bei Vegetariern und vor allem Veganern geht. Proteine, oder auch Eiweiße, wie sie im Eiweiß, aber noch mehr im Eigelb vorkommen, sind sehr komplexe Riesenmoleküle aus Aminosäuren, die in den Zellen von Lebewesen vielfältige Funktionen erfüllen. Proteine gehören neben Fetten und Kohlenhydraten zu den Hauptnährstoffen. Sie liefern vor allem das Material zum Aufbau und zur Aufrechterhaltung von Kör-

Wir können auch anders

persubstanz. Die Ängste, dass Veggies nicht genug Protein bekommen, rühren daher, dass Fleisch und Fisch, Eier und Milchprodukte in Industrieländern längst zu den Hauptquellen für Protein geworden sind. »Veganer sind die Einzigen, die in Menge und Relation die Hauptnährstoffe den Empfehlungen entsprechend aufnehmen«, sagt Markus Keller. »Omnivore nehmen mehr als anderthalbmal so viel Protein zu sich wie empfohlen.« Auch Claus Leitzmann, der gemeinsam mit Markus Keller das Buch *Vegetarische Ernährung* verfasst hat und seit Jahrzehnten über vegetarische Ernährung forscht, sieht hierbei klare Vorteile für die pflanzliche Ernährung. Veganer könnten sich bei der Eiweißversorgung sicher fühlen, sagt Leitzmann. Sofern die Lebensmittelauswahl nicht völlig einseitig sei, liefere eine rein pflanzliche Kost ausreichend Eiweiß. Die hierzulande übliche »Eiweißmast« mit tierischen Proteinen ist aus Leitzmanns Sicht gerade für den »bewegungsarmen Wohlstandsbürger« eher ungünstig.

Dennoch empfiehlt die DGE weiterhin unbeirrt, wöchentlich eine Portion fettarmen Seefisch zu essen, neben dem Jodgehalt vor allem deshalb, weil er eine energiearme Eiweißquelle ist. »Das ist immer dieses Eiweiß-Argument«, schimpft Markus Keller. »Es ist völlig unnötig, in Deutschland irgendein Lebensmittel aufgrund seines hohen Eiweißgehaltes zu empfehlen. Das kann man im Sudan, aber man muss das nicht bei uns tun.« In Ländern, in denen ausreichend Kalorien aufgenommen würden, würde auch genug Protein aufgenommen. Leicht verdauliches pflanzliches Protein aus Hülsenfrüchten, Sojaprodukten, Getreide, dem Weizenprotein Seitan, Nüssen und Samen sei als fettarme Quelle genauso geeignet. »Global gese-

348

hen ist die wichtigste Proteinquelle Getreide und nicht Fleisch, Fisch und Käse«, sagt Keller, »aber auch nicht die Tofuwurst und der Weizengyros.« Er esse diese Produkte bisweilen zwar selbst gern, sie schnitten ernährungsphysiologisch gesehen aber nicht alle gut ab, weil manche viel Salz und viel Fett enthielten.

Unnötiges Soja-Bashing

Keller ist der Ansicht, dass trotz etlicher Vorurteile die Sorgen um negative gesundheitliche Auswirkungen des Sojakonsums eher unbegründet seien: »Sojaprodukte im weitgehend natürlichen Zustand wie Tofu und Sojamilch haben in Asien eine lange Tradition und werden dort deutlich mehr konsumiert als hierzulande, und es gibt einige Hinweise auf positive Wirkungen.« So zeigten Bevölkerungsstudien aus Japan, dass Frauen mit einem hohen Sojaverzehr ein niedrigeres Risiko für Herzinfarkt und Schlaganfall haben. Die in Soja enthaltenen Phytoöstrogene seien jedoch isoliert in Tablettenform fragwürdig. Als inzwischen begeisterter Konsument von Tofu sowie Milch, Sahne, Joghurt und »Fleisch« aus Soja bin ich froh zu hören, dass es kein Problem darstellt, täglich Soja zu essen.

Und was ist mit den Aminosäuren?

Proteine sind aus Aminosäuren zusammengesetzt. Mindestens 9 Aminosäuren sind für den Proteinaufbau des Men-

Wir können auch anders

schen unentbehrlich. Die weiteren 11, die er benötigt, können im Körper meist ausreichend aus den anderen Aminosäuren hergestellt werden. Kritiker einer pflanzenbasierten Ernährung geben oft zu bedenken, dass die unterschiedlichen Aminosäuren beim Essen speziell kombiniert werden müssten, damit der Mensch daraus die benötigten Proteine aufbauen kann. »Die Aufwertung der Aminosäuren durch geschickte Kombination ist fast rein akademisch«, erklärt dazu Markus Keller. »Sie spielt hierzulande praktisch keine Rolle, anders als in Entwicklungsländern, wo oft nur wenige Proteinquellen zur Verfügung stehen.« Eine abwechslungsreiche Mischung aus verschiedenen Getreidearten, Hülsenfrüchten, Nüssen und Samen sei aber vorteilhaft. Gerade Hülsenfrüchte wie Erbsen, Bohnen, Linsen oder Sojaprodukte solle man als Veganer auf jeden Fall in den Speiseplan einbauen.

Markus Keller empfiehlt allen Veganern, aber auch Vegetariern, die eigene Nährstoffversorgung immer mal wieder untersuchen zu lassen. »Wenn man bei einzelnen Nährstoffen nicht im optimalen Bereich liegt, sollte man das über die Ernährung ändern, denn dafür ist sie da«, sagt Keller. Nur wenn das nicht möglich sei, solle man auf angereicherte Lebensmittel oder Nahrungsergänzungsmittel zurückgreifen.

Expertenstreit

Die DGE hat der vegetarischen Ernährung noch bis vor einigen Jahren ablehnend gegenübergestanden. Sie hat aber inzwischen erkannt, dass diese viele Vorteile bietet, und empfiehlt sie inzwischen sogar bei Kindern. Wörtlich heißt es dazu auf ihrer Website: »Entscheiden Eltern oder Kinder sich für eine ausgewogene und abwechslungsreiche ovo-lacto-vegetarische Ernährung – ohne Fleisch und Fisch, aber mit Eiern und Milchprodukten –, so kann diese als Dauerkost empfohlen werden.« Ernährungswissenschaftler Keller ist sich sicher, dass die DGE irgendwann auch ihre Meinung zur veganen Ernährung ändern wird. Die mit 72 000 Mitgliedern weltgrößte Ernährungsorganisation, die Academy of Nutrition and Dietetic, vormals unter dem Namen American Dietetic Association (ADA) bekannt, steht der veganen Ernährung schon länger viel positiver gegenüber. In dem oft zitierten Positionspapier zur vegetarischen Ernährung aus dem Jahr 2009 heißt es: »Die Amerikanische Gesellschaft der Ernährungswissenschaftler (ADA) vertritt die Position, dass angemessen geplante vegetarische Kostformen, einschließlich streng vegetarischer oder veganer Kostformen, gesundheitsförderlich und dem Nährstoffbedarf angemessen sind sowie einen gesundheitlichen Nutzen zur Vorbeugung und Behandlung bestimmter Erkrankungen haben. Gut geplante vegetarische Ernährungsweisen sind für alle Abschnitte des Lebenszyklus geeignet, einschließlich Schwangerschaft, Stillzeit, Säuglingsalter, Kindheit und Erwachsenenalter sowie für Sportler.« (Übers. d. Autors)

Wir können auch anders

So wertvoll wie ein kleines Steak?

Die Position der ADA klingt gut, aber was heißt »gut geplant« bei der Ernährung von Kindern? Als Vater will ich nicht auf Kosten der Gesundheit meiner Tochter »anständig essen«. Fischstäbchen bekommt sie zwar noch im Kindergarten, ansonsten ist das Essen dort aber vegetarisch. Das war meiner Frau und mir bei der Anmeldung damals jedoch nicht einmal wichtig gewesen. Wir waren eigentlich davon ausgegangen, dass unsere Tochter dann »wenigstens« dort Fleisch bekommt. Heute sind wir froh, dass es nicht so ist, denn inzwischen will ich meine Tochter erst gar nicht an den Geschmack von Fleisch und Wurst gewöhnen. Zu Hause besteht praktisch fast alles, was es zu essen gibt, aus Pflanzen. Um sicherzugehen, dass diese Ernährung meiner Tochter oder anderen Kindern nicht schadet, spreche ich mit Katharina Petter. Die Ernährungswissenschaftlerin beschäftigt sich besonders mit veganer Kinderernährung. Sie weist mich zunächst darauf hin, dass vegetarische Kinder generell gesünder lebten, weil sie sich durch den Fleischverzicht weniger fett ernährten als viele allesessende Kinder und daher auch viel seltener Übergewicht hätten. Allein unter gesundheitlichen Aspekten ist aus ihrer Sicht aber nichts gegen gelegentlichen Fleisch- oder Fischkonsum einzuwenden. Man könne aber selbst kleinen Kindern stattdessen pflanzliche Proteine wie etwa Sojafleisch geben. Früher hätte man dazu erst bei Kindern über einem Jahr geraten, weil die Proteine im Soja wie alle Proteine Allergien auslösen können. Inzwischen rät Petter, den Zeitpunkt davon abhängig zu machen, wie allergiegefährdet ein Kind ist, das heißt zum Beispiel davon, ob etwa beide Eltern unter Allergien leiden.

Ein weiterer Vorteil einer fleischlosen Ernährung ist die Tatsache, dass die so aufwachsenden Kinder meist viel mehr Obst und Gemüse essen als Allesesser. Nur die Hälfte der Kinder und Jugendlichen in Deutschland isst nach Angaben des Robert Koch-Instituts täglich Obst und Gemüse, und gerade einmal 3 Prozent erreichen die empfohlenen fünf Portionen pro Tag.

Schlechte Presse

Zum Teil mitverantwortlich für den unguten Ruf der veganen Kinderernährung seien schlecht informierte Veganer, die wegen Mangelerscheinungen bei ihren Kindern beim Arzt vorstellig werden, weil sie nicht auf die Vitamine B_{12} und D sowie auf nährstoffreiche Lebensmittel wie Gemüse geachtet hätten. »Auch in der wissenschaftlichen Literatur gibt es Berichte über Mangelerscheinungen bei veganen Kindern, aber da war die Ernährung grundlegend falsch«, erklärt mir Katharina Petter. »Die Medien stürzen sich auf diese seltenen Fälle, ignorieren aber den Normalfall, nämlich dass täglich Tausende von Fleischessern an ernährungsbedingten Krankheiten sterben«, kritisiert auch Markus Keller. »Es gibt zudem fast keine Studien mit vegan ernährten Kindern, sondern meist nur mit der nicht optimal zusammengesetzten makrobiotischen Ernährung. Außerdem konzentrieren sich viele immer nur auf mögliche Nährstoffmängel. Dabei werden ge-

Wir können auch anders

rade die Lebensmittel gegessen, die am meisten empfohlen werden«, so Keller. Ihn ärgert außerdem, dass mit zweierlei Maß gemessen werde: Vegane Eltern stünden viel mehr »unter Beobachtung« als omnivore Eltern. Die hätten es aber häufig viel nötiger, denke ich mir, weil sie sich kaum mit ihrer Ernährung beschäftigen. Hauptsache es schmeckt. »Da wird vielen Kindern frühzeitig eine lebenslange Fehlernährung anerzogen, denn das Essverhalten der Kinder wird bis zu einem Alter von etwa fünf Jahren weitgehend geprägt«, sagt Keller. »Danach ist es viel schwieriger, etwas zu ändern.« Katharina Petter kennt viele Beispielfamilien, die ihre Kinder von klein auf gesund und vegan ernähren. »Man sollte sich zwar vorher mal damit beschäftigt haben«, sagt sie. »Aber wenn man ein Basiswissen hat und das größtenteils anwendet, ist das eigentlich ganz unkompliziert.«

Letzte Zweifel

Ich bin noch immer etwas skeptisch wegen der doch gerade für Kinder so wichtigen Omega-3-Fettsäuren. Aber auch hier höre ich von den Ernährungswissenschaftlern Beruhigendes. »Für die Entwicklung von Gehirn und Auge ist DHA sehr wichtig«, sagt Keller. »Es ist aber nicht so, dass Veganer überhaupt keine DHA im Körper hätten, nur eben weniger. Wer auf Nummer sicher gehen will, kann ein Präparat aus Algenöl nehmen.« Dass die Omega-3-Fettsäuren EPA und DHA auch in der Muttermilch vegan lebender Frauen vorkommen, bestätigt auch Petter, weswegen das Stillen ein großer Vorteil

Letzte Zweifel

sei. Tatsächlich hat man bei Untersuchungen veganer Kinder festgestellt, dass die Level an EPA und DHA nicht so niedrig waren wie bei erwachsenen Veganern – bedingt entweder durch langes Stillen oder weil bei Kindern die körpereigene Umwandlung aus der Linolensäure möglicherweise besser funktioniert.

Selbst für meine Sorgen im fast veganen Familienalltag hat Katharina Petter ein paar Tipps: »Jedes Kind hat Phasen, in denen es beispielsweise nur Nudeln essen will. Da kann man geschickt das Gemüse in der Soße verstecken, das Kind selbst etwas zubereiten lassen oder Rohkost in Tierform ausstechen.«

Vor ein paar Tagen gab es zu Hause Sojafisch mit Meeresgeschmack aus Algen. Den mochte meine inzwischen dreijährige Tochter gern, meinte aber: »Fische kann man doch nicht essen.« Ich nutzte die Gelegenheit, ihr davon zu erzählen, dass andere Leute durchaus Fisch und andere Tiere essen, und fing an aufzuzählen: Schweine, Hühner, Puten, Kühe – bis ich irgendwann bei Krokodilen landete. »Ist doch lustig!«, sagte sie. So kann man es anscheinend auch sehen.

Die Wahl der Qual

Ein vegetarischer Metzger, Käferlarven
und Konsequenzen

> *Man muss natürlich überhaupt nicht Vegetarier*
> *sein, aber jemand, der es nicht wenigstens mal*
> *ein oder zwei Jahre probiert hat, fleischlos zu*
> *leben, ist irgendwie ein armseliger Dödel.*
>
> Max Goldt, deutscher Schriftsteller,
> in *Die Kugeln in unseren Köpfen*

Die Arbeitskleidung von Axel Schäfer ist immer noch weiß,
nur statt Wurstteig knetet der ehemalige Metzger nun als
Shiatsu- und Körpertherapeut die Rücken seiner Kunden.
Die Kunden sind auch nicht mehr dieselben wie früher. Vor
einigen Jahren beschloss der Metzger in dritter Generation
zusammen mit seiner Frau, den Mittagstisch der Metzgerei
zu vegetarisieren. Sie kochten also mittags komplett ohne
Fleisch, ohne Zusatzstoffe und ohne Fertigprodukte, boten
aber weiterhin Fleisch und Wurstwaren in der Auslage der
Metzgerei an. Einigen gefiel das. »Sie verbinden eben zwei
Welten«, hieß es von einer Kundin. Viele fanden es witzig. Andere nicht und blieben weg. »Die orthodoxen Vegetarier kamen nicht zu uns, weil noch Wurst, Frikadellen und Hähn-

Die Wahl der Qual

chenschnitzel in der Theke lagen«, sagt Schäfer. »Wir trauten uns aber nicht, das Steuer ganz rumzureißen. Und wir hatten nicht das Geld, um einen Cut zu machen, alles rauszureißen und dort, wo 70 Jahre eine Metzgerei gewesen war, ein vegetarisches Restaurant aufzumachen«, erzählt er. Also haben sie die Fleischtheke nach Ladenschluss mit Vorhängen abgehängt und abends in den Räumen der Metzgerei vegetarisches Essen angeboten – wie in einem ganz gewöhnlichen Restaurant. Eine bizarre Vorstellung. Seine Frau fand es zunehmend unangenehm, Fleisch zu verarbeiten, und auch er mochte irgendwann den Geruch an den Händen nicht mehr. So flog schließlich die Fleischtheke raus, und sie reduzierten das Wurstangebot. Daraufhin war ein Teil der Kundschaft sauer, und die Metzgerei verlor ihre alte Stammklientel. Etliche Metzgereien verschwinden auch ohne Zutun der Eigentümer von der Bildfläche. Von einigen Hundert war ihre Zahl im Raum Düsseldorf schon auf 50 geschrumpft, als Schäfer vor 20 Jahren das Geschäft von seinem Vater übernahm. Heute seien es vielleicht noch 40 Metzgereien, schätzt Schäfer. »Davon stellen noch fünf oder allerhöchstens zehn selber Wurst her«, so Schäfer. Keiner der Metzger würde mehr selbst schlachten. Alle kauften sowieso nur noch im Großhandel oder bei Kollegen ein. Ansonsten gehe alles über Discounter und Supermärkte.

Oho-Erlebnisse

Als Unternehmerkind sei ihm früh beigebracht worden zu funktionieren, Leistung zu bringen und das Fühlen einzustellen, sagt Schäfer. Mit 16 hieß es: »Was willst du werden? Du hast bis zum Monatsende Zeit, drüber nachzudenken. Wenn dir nichts Gescheites einfällt, kommst du am besten in die Firma.« Die Metzgerei seines Vaters war ein gemachtes Nest, der Laden lief und bot einen gewissen Lebensstandard. »Dass es wohl nicht die beste Entscheidung gewesen ist, habe ich erst später gemerkt«, sagt er. »Weil ich nichts mehr fühlte, hätte ich genauso gut Sand oder Beton mischen können. Ich glaube aber, dass der Metzgerberuf und der Umgang mit toten Tieren uns nicht unberührt lassen. Einmal hatte ich eine ganz kleine Kalbsleber auf dem Tisch liegen, und mir schossen die Tränen in die Augen. Oho, da scheint doch irgendwas zu sein, das dich nicht so kaltlässt, wie du immer meinst. Und irgendwann, als der Kutter mit der Wurst lief, dachte ich daran, wie viel Tod in dem Kutter läuft. Das hat dann bei mir ausgereicht, um weiter nachzudenken: Es kam die Überlegung, das, was du da machst, ist nicht das, was du tun möchtest oder solltest.« Seiner Frau machten vor allem die bei ihnen vorbeifahrenden Tiertransporte zu schaffen. Auch sie wollte das nicht länger ertragen müssen, und so haben sie nach neuen Wegen gesucht. Beide stellten ihre Ernährung um, Fleisch gab es immer weniger. »Es war bei uns immer wieder Thema, das Fühlen neu zu entdecken, noch einmal zu erlernen und sich bewusst zu machen«, sagt Schäfer. »Ich sage nicht, man darf kein Tier töten. Das muss jeder letztendlich selbst wissen.

Aber ich finde nicht gut, was mit den Tieren passiert, überhaupt, was auf dem Nahrungsmittelsektor passiert, wenn etwa Leute unter erbärmlichen Umständen die Ernte einbringen müssen, damit wir hier billig Tomaten essen können.«

Nicht nur mit der Metzgerei, auch mit dem vegetarischen Angebot ist demnächst Schluss. In die Räume der Metzgerei wird ein Spielzeugladen ziehen. Axel Schäfer und seine Frau wollen in ihrem Gästehaus darüber mit Shiatsu, Yoga und Achtsamkeitsmeditation einen anderen Lebensweg anbieten.

Schmetterlinge im Bauch

Fleischalternativen aus Soja, Weizen oder anderem begegnen viele Allesesser und selbst einige Veggies mit Skepsis. Manche wittern darin gar eine Inkonsequenz. Sie kritisieren, dass die Freunde von Tofuwurst und Seitanschnitzel etwas essen wollen, das den ehemals vertrauten Fleischprodukten optisch und geschmacklich möglichst nahekommt. Ich wundere mich über die Logik der Kritiker. Schließlich esse ich ja nicht aus ästhetischen Gründen keine Tiere mehr. Jedenfalls freue ich mich über die wachsende Qualität und Produktvielfalt und probiere gern manche – in der Tat übertrieben imitierende – Skurrilitäten aus, wie »Garnelenschwänze« und »Hühnerschenkel« zum Abnagen am Zuckerrohr-»Knochen«. Sogar Kunstfleisch aus dem Labor könnte ich mir als Alternative für mich vorstellen. Doch das gibt es derweil noch nicht zu kosten, vor allem nicht zu bezahlbaren Kosten: Der erste Burger, der dieses oder nächstes Jahr aus Stammzellen ent-

Die Wahl der Qual

stehen soll, hat in der Entwicklung eine Viertelmillion Euro verschlungen. Als weitere ernsthafte Alternative zum Fleisch werden Insekten diskutiert. Die Welternährungsorganisation (FAO) wirbt seit einiger Zeit für die hierzulande wenig beachtete Nahrungsquelle. Insekten sollen helfen, den Proteinhunger der wachsenden Weltbevölkerung zu stillen. Vor allem in Afrika, Asien und Lateinamerika essen ohnehin bereits 2,5 Milliarden Menschen etwa 1700 Arten. Viele Vertreter dieser artenreichsten Tierklasse können weitaus effizienter als die üblichen Nutztiere Biomasse in Proteine umwandeln. Sie sind zudem in etlichen Gegenden leicht verfügbar, ihre Aminosäuren entsprechen den Ernährungsempfehlungen der Weltgesundheitsorganisation (WHO), und sie enthalten kaum Cholesterin.

Im Dschungelcamp

Vegan sind Insekten definitiv nicht. Dennoch »gönne« ich mir eine Ausnahme, weil mich interessiert, ob Insekten in Deutschland eine zumindest ressourcenschonende Alternative zur Bulette werden könnten. In einem australischen Restaurant in Berlin treffe ich mich wieder mit Steffi, meiner nunmehr ehemaligen Kollegin. Kaum habe ich mich hingesetzt, erzählt sie auch schon, dass sie ihren Fleischkonsum drastisch reduzieren wird. Sie habe auch gleich einer Kollegin angekündigt, jetzt öfters vegetarisch zu essen. »Die hat mich angeguckt wie ein Auto«, sagt Steffi. Sie hat mein Kapitel über die Tierhaltung gelesen, allerdings erst vor ein paar Tagen.

Im Dschungelcamp

Entsprechend frisch ist ihr frommer Wunsch. »Man wird in ein oder zwei Monaten mal sehen, ob ich es wirklich durchgehalten habe«, schränkt sie ihr Vorhaben ein. (Ein Vierteljahr später hält sie tatsächlich noch immer durch!) Jetzt bestellt sie immerhin einen vegetarischen Wrap zum »Buschteller« mit Heuschrecken und Schwarzkäferlarven. Ein wenig »echtes« Fleisch ist allerdings auch dabei: vom Känguru und Krokodil. Das ist nichts für mich, ich bestelle den Wrap veganisiert und die Insekten einzeln, jeweils drei. Sie stammen von einem Züchter, werden lebend geliefert, im Tiefkühler getötet und dann frittiert. Zufällig läuft »Mad World«, das Lied vom Tierbefreierkongress, im Hintergrund, als ich die hübsch angerichteten Tierleichen serviert bekomme. »Ich glaube, ich

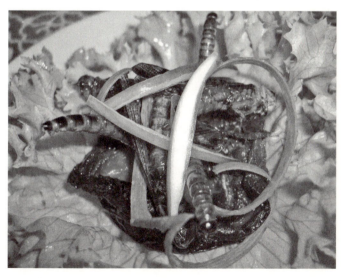

Herr Ober! In meinem Salat sind Käfer.

Die Wahl der Qual

kriege Alpträume«, lautet Steffis erste Reaktion, »das ist wie Regenwürmer essen.« Der Veganer muss erst mal vorkosten. »Die lebt doch noch«, ruft Steffi, als ich mir eine der Käferlarven näher anschaue. Tut sie natürlich nicht. Sie ist ganz kross und erinnert mich in ihrer Konsistenz an gebratene Fischflossen. Die Larven haben den im Hals leicht brennenden Geschmack von Ziegenkäse. Die Heuschrecken sind ein wenig nussig. So frittiert jedenfalls ist bei beiden Tieren der Eigengeschmack gering, die Substanz auch.

»Manchmal gibt es schon diese Momente, wo ich daran denke, was vorher war, bevor das Fleisch auf meinem Teller landete«, sagt Steffi. »Wo ich mich frage, was muss passieren, damit meine Wurst aufs Brot kommt?« Aber das sei nicht immer präsent. Sie wisse, dass vieles im Argen liege und dass sie mit ihrem Verhalten etwas beeinflussen könne, aber dennoch nicht immer danach handle. »Mit der Tierhaltung, die für mich akzeptabel wäre, lässt sich ja nur sehr wenig Fleisch herstellen. Da dürfte ich eigentlich nur einmal die Woche Fleisch essen oder sogar nur alle zwei Wochen«, sagt sie. Gern würde sie alle Fleisch- und Wurstwaren von dem schwäbischen Rinderflüsterer Maier beziehen. Außerdem wünscht sie sich ein eindeutiges und aussagekräftiges Siegel: »So was wie Fairtrade für Tiere, mit Kontrollen ohne Ausnahmen.« Der Wunsch könnte theoretisch mehrheitsfähig sein. 62 Prozent der EU-Bürger wollen laut einer Umfrage ihre Essgewohnheiten ändern und überwiegend »tierfreundliche« Produkte konsumieren. Die Toleranz der Kontrollbehörden hat Steffi beim Lesen meines Kapitels besonders aufgeregt. Und dass, wie sie sagt, »man auch Biofleisch nicht mit gutem Gewissen essen kann, es sei denn, man kennt den Hof«.

Jetzt beißt Steffi erst mal in eine Heuschrecke. Genuss sieht anders aus. »Ist ja gar nichts dran«, findet sie. »Ungewöhnlich und nicht schlecht. Bis auf das, was sich nicht zerkauen ließ … War wahrscheinlich ein Auge.« Sie sucht vergebens ihre Käferlarven unter den Salatblättern. »Vielleicht kommen sie ja gleich rausgekrabbelt.« Kommen sie nicht. Sie reklamiert: »Entschuldigung, meine Maden fehlen.« Man bringt sie in einer als Körbchen aufgeschnittenen Zitrone.

Ausnahmeregelungen

Steffi will von mir wissen, ob ich nicht Fleisch aus idealen Haltungsbedingungen essen würde, wenigstens gelegentlich, nicht regelmäßig. So wie das Fleisch von Herrn Maier, »der noch mit dem Tier gekuschelt hat, als es schon tot war. Dem es gut ging, wo man sagen würde, das war ein gutes Rinderleben«. Warum ich mir nicht mal aus vollem Genuss eine Scheibe Fleisch gönne und am nächsten Tag wieder vegan lebe. »Ich würde als Veganer einmal im Monat einen Fleischtag einlegen«, sagt sie, korrigiert sich aber gleich: »Ich würde als Vegetarier einmal im Monat einen Fleischtag einlegen. Ich würde sofort Vegetarier werden, wenn ich alles, was ich essen will, selber schlachten müsste. Dann würde ich mir vielleicht noch eine Heuschrecke rösten. Wenn sie jemand anderes für mich tot macht. Fleisch würde ich mir verkneifen, aber es würde mir fehlen.« Mir fehlt es glücklicherweise inzwischen

Die Wahl der Qual

nicht mehr. Selbst das Fleisch von Bauer Maiers Rindern will ich nicht, noch nicht einmal, wenn die Tiere tot*gestreichelt* würden. Das Fleisch der Maier-Rinder schmeckt sicher noch besser als ein Steak aus Seitan. Aber was folgt daraus? Der Verhaltensforscher Jonathan Balcombe zitiert in seinem Buch *Tierisch vergnügt* den griechischen Schriftsteller Plutarch aus dem 1. Jahrhundert n. Chr.: »Für einen Bissen Fleisch nehmen wir einer Seele die Sonne und das Licht und verkürzen ihre Lebenszeit in einer Welt, in die sie geboren wurde, um Freude zu erleben.« Auch wenn ich Ausnahmen von meinen selbst gewählten Regeln nicht schlimm finde, ich habe in den letzten Jahren genügend gemacht. Mir reicht das. Ich will und muss Fleisch, Fisch, Milch und Eier grundsätzlich nicht essen und finde es persönlich bedeutend einfacher, nicht weiter darüber nachzudenken.

»Veganismus wirst du mir nie nahebringen«, sagt Steffi. »Das ist so, als würde man sagen: Kannst du die Erde mal 1 Meter nach rechts verschieben?« Ich fand die Vorstellung früher ja genauso abwegig, sogar noch als Vegetarier. Es war, wie Kiwis mit Schale zu essen. Klingt genauso abartig, ist es aber ebenfalls nicht. Seit ich das mit der Kiwi bei jemand anderem beobachtet habe, esse ich zumindest Biokiwis nur noch ungeschält. Der Kiwimann war übrigens einer der beiden jungen Männer, die mir den Veganismus schmackhaft gemacht haben. Wenigstens scheine ich Steffi die Vorstellung einer fleischärmeren Ernährung ein Stück nähergebracht zu haben. Ein Drittel der Frauen und die Hälfte der Männer in Deutschland können sich laut einer Umfrage aus dem Jahr 2010 noch nicht einmal einen Tag ohne Fleisch und Wurst vorstellen. »Ich glaube, wenn ich fünfmal die Woche kein Fleisch mehr esse, würde ich mich schon als Vegetarier bezeichnen«, sagt Steffi. »Aber selbst wenn ich irgendwann mal komplett Vegetarier werden würde, ich würde niemals so eisern sein. Ich würde mir immer die Option auf eine Currywurst offenhalten. Das bräuchte ich fürs Wohlbefinden.«

Halbzeitvegetarier

Eine Option auf Fleisch und Fisch hat sich Katharina Rimpler offengehalten. Die Kulturwissenschaftlerin bietet im Internet mit der Aktion »Halbzeitvegetarier« (auf *halbzeitvegetarier.de*) Unterstützung für Flexitarier, also für diejenigen, die häufiger, aber nicht immer, ohne Fleisch leben wollen. Die meisten denken erst mal, Rimpler selbst würde es mit dem Essen genauso halten. Journalisten wollten sie mit einer halben Wurst ablichten oder Fleisch mit ihr zubereiten. Nur, Fleisch kann sie gar nicht zubereiten, und sie isst es auch längst nicht mehr. Mit der Option auf Fleisch und Fisch hatte sie einfach den Druck aus der Entscheidung nehmen wollen, ihre Ernährung zu ändern. Es hätte sich für sie schmerzhaft angefühlt, zu sagen, ich esse dies oder jenes ab jetzt nie, nie wieder. »Vor anderthalb Jahren habe ich noch Fisch gegessen«, erzählt sie. »Wenn mich jetzt jemand fragt, dann sage ich meistens, dass ich ab und zu noch Fisch esse, aber ich tu's gar nicht.« So hat sie sich selbst überlistet. Seit einiger Zeit ernährt sie sich »halbzeitvegan«, wie sie es konsequenterweise nennt. »Früher habe ich felsenfest behauptet, ich brauche unbedingt

Die Wahl der Qual

Joghurt, ich brauche Quark, aber jetzt merke ich, ich brauche das nicht«, sagt sie. Was sie brauche, ist die Ruhe für diesen Prozess. Natürlich gebe es gute Argumente, die sie veranlassen könnten, ab sofort auf vieles ganz zu verzichten, an das sie gewohnt sei und das sie liebe. Doch ein Ernährungswandel dürfte eher von Dauer sein, wenn jeder ihn in seinem eigenen Tempo vollziehe, glaubt sie. Da es bei ihr so gut funktioniert, den Weg langsam und nicht von heute auf morgen einzuschlagen, fühlt sie sich bestärkt, dass ihre Idee vom Halbzeitvegetarier ein guter Ansatz ist.

Halbe Sachen

Mit »Halbzeitvegetarier« bietet Rimpler den Leuten eine gute Gelegenheit, das zu tun, was sie eh schon lange tun wollten, nämlich ihren Fleischkonsum zu reduzieren. Viele melden sich auf der Internetseite gemeinsam mit Leuten an, mit denen sie viel Zeit verbringen, wie dem Partner, der besten Freundin, der Familie, der WG, oder sie bekommen über die Website Mitstreiter vermittelt. Dort können sie sich auch mit anderen Halbzeitvegetariern austauschen. »Es ist ganz gut, so etwas mit jemand anderem durchzuziehen«, sagt Rimpler. »Manche machen daraus sogar ein Konkurrenzding, dass dann der eine noch viel weniger Fleisch essen will als der andere.« Es kommen viele Rückmeldungen, besonders von begeisterten Halbzeitvegetariern: »Wir machen seit drei Wochen mit, und wir essen jetzt kaum mehr Fleisch. Wir haben nicht um die Hälfte reduziert, sondern um 80 Prozent, und

Halbe Sachen

es ist super.« Andere werden gleich ganze Vegetarier. Manche berichten von ihren inneren Hürden: »Ich kann nichts dagegen machen, die Burger schmecken mir einfach zu gut. Hat jemand einen Tipp, was man tun kann, damit sie nicht mehr schmecken?« Kritiker bezeichnen das Konzept »Weniger Fleisch« als inkonsequent und befürchten einen Fleischkonsum mit gutem Gewissen. Rimpler kann das nachvollziehen. Sie kennt von sich selbst die innere Stimme, die das Problem der Tier- und Ressourcenausbeutung als viel zu dringlich ansieht, um sich mit halben Sachen zufriedenzugeben. Und sie weiß, dass man dazu neigt, sich das eigene Verhalten schönzureden. Häufig glauben die Leute, sie wären bereits Halbzeitvegetarier, weil sie ohnehin schon wenig Fleisch essen. Denen sagt Rimpler: »Nein, Halbzeitvegetarier bist du, wenn du die Hälfte von dem isst, was du zurzeit gewohnt bist.« Für Rimpler besteht die größte Herausforderung des Projekts darin, nicht zu viel zu fordern, aber gleichzeitig zu motivieren, den Fleischkonsum wirklich zu ändern. Auf der Website steht kaum etwas über Eier- und Milchproduktion oder Biohaltung, einfach um die Leute nicht zu überfrachten. Rimpler ist sich aber sicher, dass bei vielen die Fragen von alleine kommen, wenn sie sich länger mit dem Thema Fleisch beschäftigt haben. »Halbzeitvegetarier ist ja ein Schritt in eine bestimmte Richtung. Das entwickelt sich bei vielen gedanklich weiter, und wo man ankommt, ist nicht klar.« Das ist auch von ihr so gewollt. Nicht alle, die mitmachten, müssten Vegetarier oder Veganer werden, findet Rimpler. »Manche kommen vielleicht da an. Andere bleiben bewusst bei ein-, zweimal Fleisch pro Woche. Mit der Umstellung merken viele, dass sie nicht län-

Die Wahl der Qual

ger auf der Seite derer stehen müssen, die es nicht schaffen, die eigenen Wertvorstellungen in die Realität umzusetzen – denn wenn man die Leute fragt, finden ja alle Massentierhaltung Mist.«

Einstellungssache

Die Diskrepanz zwischen einer nachhaltigen Einstellung und dem tatsächlichen Verhalten sei so alt wie die Diskussion um nachhaltiges Verhalten selbst, sagt Professor Ulf Schrader, Wirtschaftswissenschaftler vom Fachgebiet Nachhaltiger Konsum an der Technischen Universität Berlin. Ich treffe ihn, weil ich mich frage bzw. ihn fragen will, was es bringt, wenn Menschen ihre Einstellungen ändern. Ganz nutzlos sei das nicht, klärt er mich auf, obgleich Einstellungen selten unmittelbar das Verhalten bestimmten. Zumindest aber hätte eine bestimmte innere Haltung einen viel größeren Einfluss auf das Verhalten als andere Faktoren. Maßnahmen wie etwa, das Angebot nicht nachhaltiger Produkte zu reduzieren, würden von Menschen mit einer entsprechenden Grundeinstellung eher akzeptiert. Kaufentscheidend, also handlungsrelevant, seien ökologische oder andere Einstellungen aber oftmals nur dann, wenn Verfügbarkeit, Qualität und Preis des alternativen Produktes dem regulären Produkt glichen. Bloß weil jemand Massentierhaltung ablehne, dürfe man – wissenschaftlich gesehen – nicht von ihm erwarten, dass er mehr bezahle und weitere Wege oder andere Nachteile akzeptiere. »Das macht nur die kleine Ökoelite«, so Schrader. »Sie trinken Ihren Kaffee hier jetzt schwarz. Billige Kuhmilch hätten Sie bekommen, aber eben keine Sojamilch, vielleicht sogar noch aus Bioanbau.« Die echte Ökoelite hätte vermutlich ganz auf den Kaffee verzichtet, weil er Wasser verschwendet und nicht fair gehandelt ist, denke ich.

Pionierleistungen

Warum sollte ich als einzelner Konsument aber überhaupt nachhaltig handeln, wenn doch der Einfluss des Einzelnen vernachlässigbar sein dürfte, frage ich Schrader ketzerisch. »Wir müssen uns wundern, dass wir immer noch über 50 Prozent Wahlbeteiligung haben«, sagt er. »Die einzelne Wählerstimme kann auch nichts verändern. Wir tragen nur zu kollektiven Trends bei, so oder so. Das ist für mich Konsumentenverantwortung. Dass man an sich selbst den Anspruch hat, eher Teil der Lösung als Teil des Problems zu sein, zumindest wenn man sich als moralisch handelnder Konsument versteht. Dann sollte man seine Handlungsspielräume so nutzen, dass man mit den Konsequenzen einverstanden ist. Als Konsument habe ich immerhin die Möglichkeit, nicht nur alle vier Jahre mit meinem Stimmzettel abzustimmen, sondern jeden Tag an der Supermarktkasse mit meinen Geldscheinen. Das ist natürlich manchen ganz egal, aber vielen eben auch nicht, zum Glück.« Außerdem beobachten andere, was jemand mag oder tut und wie er über etwas denkt. Das ist schon vor *Facebook* und anderen sozialen Netzwerken so gewesen, jetzt aber geht es noch schneller. Dass der Mensch ein

Die Wahl der Qual

soziales Säugetier ist, bietet Chancen, selbst für die wenigen Ökopioniere, Vegetarier oder Veganer. Professor Niko Paech, ein Volkswirtschaftler, der an der Universität Oldenburg über Nachhaltigkeit forscht und selbst so ein Ökopionier ist, hat im Interview mit der *taz* Ermutigendes gesagt: Für gesellschaftlichen Wandel brauche man Pioniere, die sich nicht vor Risiken scheuten oder Angst hätten, sich lächerlich zu machen. Dann folgten die nach, die sich nach der Beobachtung der Pioniere sicher genug fühlten, es ihnen gleichzutun und so weiter. Wenige könnten somit eine soziale Dynamik lostreten, die letztlich zum Mainstream werde und die Mehrheit erreiche.

Zunächst habe das Kaufverhalten der wenigen Pioniere keinen Einfluss auf das Angebot der Märkte. »Wenn man auf ein Hähnchen zu Mittag verzichtet, bedeutet das nicht, dass kurzfristig ein Hähnchen weniger geschlachtet wird«, sagt Schrader. »Aber wenn dauerhaft eine gewisse Zahl an Menschen weniger Hähnchen kauft, werden langfristig auch weniger Hähnchen produziert. Man sieht das ja immer wieder, dass bestimmte Produkte vom Markt verschwinden, wenn Konsumenten sie seltener kaufen. Hoffentlich ist es auch irgendwann das Massentierhaltungsfleisch, das keine Käuferschaft mehr findet. Vielleicht kauft dann kaum einer mehr Fleisch, das auf die Art produziert wurde, wie das heute üblich ist.« Schrader ist mittlerweile selbst so weit, das Fleisch in der Mensa nicht mehr essen zu wollen. Zuerst waren es bei ihm ethische Überlegungen, dann kamen die Gefühle dazu. »Wenn ich die Steaks und Hähnchenschenkel in diesen Mensatrögen sehe, finde ich das inzwischen wirklich richtig eklig.«

Märkte und Minderheiten

Bis Produktion und Handel sich ändern und sichtbar weniger produzieren und anbieten würden, müssten allerdings einige Kaufentscheidungen Einzelner zusammenkommen, denn gerade im Lebensmittelmarkt gebe es eine enorme Überschussproduktion. »Man legt im Zweifelsfall lieber zu viel ins Regal, damit immer was da ist«, so Schrader, »auch wenn man weiß, man kann nicht alles verkaufen. Es ist daher auch Teil einer Nachhaltigkeitskultur, dass man die Nichtverfügbarkeit von Waren akzeptieren muss. Wenn ich nicht will, dass der Supermarkt am Ende des Tages möglicherweise 30 Prozent in den Container kippt, muss ich akzeptieren, dass ab vier Uhr nachmittags bestimmte Warengruppen nicht mehr da sind.«

Damit sich Angebote und Märkte änderten, müssten Ideen aber nicht erst im Mainstream ankommen. Es reichten deutlich unter 10 Prozent ähnlich handelnder Konsumenten, um Märkte umzukrempeln, sagt Schrader. »Je nach Bereich müssen es 6 bis 8 Prozent sein, das reicht aus, um Märkte so zu verändern, dass sie wirklich ganz anders aussehen und sich das Angebot verändert, was dann wiederum die Nachfrage verändert und so weiter. Das hat eine Eigendynamik, die dann nicht mehr zu stoppen ist.« In Berlin kann ich das anhand des nahezu paradiesischen Angebotes für Veganer tatsächlich glauben. Fast jede Woche erfahre ich von neuen, öffentlich als vegan deklarierten Angeboten in Imbissen, Restaurants oder Supermärkten, seien es Suppe und Falafel vor der Arbeitsagentur im traditionellen Berliner Arbeiterbezirk Wedding oder veganer Kaviar im Discounter, der sogar haargenau

Die Wahl der Qual

schmeckt wie der aus Seehasenrogen. Kürzlich fragte mich die Bedienung eines Imbissladens bei meiner Bestellung: »Vegetarisch oder vegan?« So weit ist es schon gekommen.

Neben der langfristigen Veränderung der Märkte, die schon wenige Pioniere anstoßen könnten, gebe es noch weitere Motive, nachhaltiger zu leben. Das, was besonders ziehe, seien Motivallianzen aus gesellschaftlichem und egoistischem Nutzen, erklärt mir Schrader. »Der individuelle Vorteil kann allein darin bestehen, sich moralischer zu fühlen oder von anderen Leuten nicht schief angeguckt zu werden. Das hängt natürlich extrem vom sozialen Umfeld ab, das bei den Menschen ja sehr verschieden ist.« Unter der Kontrolle von Kollegen und Öffentlichkeit sei es für ihn daher besonders leicht, einen Zusatznutzen aus umweltbewusstem Verhalten zu ziehen, gibt er zu. Mein eigener Zusatznutzen: Ich habe ziemlich schnell und einfach wieder mein Wohlfühlmaß erreicht – nach 15 Jahren Übergewicht.

Konsequent inkonsequent

»So ganz auf Steaks, Fisch oder Käse zu verzichten, kann ich mir nicht vorstellen.« Das ist sicher einer der am häufigsten geäußerten Sätze gegenüber Vegetariern bzw. Veganern. Ich hege den Verdacht, dass der Satz oft dazu dient, sich selbst schon an kleinen Schritten zu hindern. Bloß nicht konsequent inkonsequent sein. Warum eigentlich nicht? Es muss ja nicht jeder gleich auf alles und für immer verzichten. Neulich habe ich einen »terrestrischen Veganer«, wie er es nannte, kennen-

Konsequent inkonsequent

gelernt. Er isst nichts mehr von Landtieren, weder Milch noch Ei, aber noch Fisch. Er kommt eben von der Ostsee, der Veganer. Anstatt sich mit einem Ganz-oder-gar-nicht-Denken zu blockieren, sollten die Leute ihre Ernährungsweise eher als Einzelfallentscheidungen betrachten, findet auch Halbzeitveganerin Katharina Rimpler. Das könnte vielen helfen, überhaupt Schritte in Richtung einer nachhaltigeren oder tierfreundlicheren Ernährung zu gehen. Außerdem schütze eine entspanntere Herangehensweise vor Rückfällen. Sie kennt das gerade von Teenagern, die von heute auf morgen den Beschluss fassten, vegetarisch zu leben. Genehmigten sie sich dann mal eine Wurst, breche das neue Selbstbild zusammen, und sie würden wieder Fleisch essen. »Wenn du einmal eine Wurst isst und dich nicht darüber definiert hast, dass du nie Würste isst, dann ist das nicht schlimm. Dann kannst du damit leben und isst beim nächsten Mal halt wieder keine.«

Alltagshandeln sei sehr viel Training und Gewohnheit, hat der populäre Sozialpsychologe Harald Welzer mal gesagt. Man ändere es nicht durch eine Entscheidung, sondern durch Übung. »Halbzeitvegetarismus ist einfach üben, bis es immer leichter fällt«, sagt Rimpler, »üben, weniger Fleisch zu essen. Üben, leckere Sachen zu kochen ohne Fleisch. Üben, auf die andere Seite der Speisekarte zu gucken.«

Apropos andere Seite der Speisekarte: Nach vielen entbehrungsreichen Monaten belohne ich mich jetzt erst einmal mit einem guten Steak.

Natürlich aus Seitan.

Wie die Karnickel

Rezepte für eine grüne Woche

Nicht nur für unsere weiblichen Gäste

Überschrift des vegetarischen Angebotes
auf der Speisekarte eines westfälischen
Brauhauses

Es gibt ja längst eine Vielfalt an veganen Kochbüchern und Rezepten im Internet wie etwa auf *Rezeptefuchs.de*. Viele vegetarische oder fleischhaltige Gerichte lassen sich zudem ganz einfach veganisieren. Die folgenden Rezepte mögen als Anregung dienen. Sie lassen sich schnell und einfach zubereiten und enthalten kaum ausgefallene Zutaten. Zu Hause oder unterwegs beim Campen haben sie sich mehrfach bewährt. Wenn meine Tochter nicht gerade ihre »Nur-Nudeln-Phase« hat, isst sie alle gern.

Die genauen Mengenangaben dienen nur der Orientierung und reichen etwa für vier Personen. Als Zutaten bevorzuge ich Biolebensmittel, weil sie in der Regel nachhaltiger hergestellt sind. Gemüse und Kräuter nehme ich am liebsten frisch und nur vereinzelt als Tiefkühlware. Der Pfeffer sollte ebenfalls frisch gemahlen sein, das Salz jodhaltige Algen enthalten. Rapsöl zum Kochen sollte laut Etikett erhitzt werden dürfen.

Wie die Karnickel

Halbes Hähnchen, ganz ohne Tier

An den Stellen, an denen Beilagen genannt sind, kann man sie durch andere ersetzen. Mit Vollkornnudeln etwa hätte man mich früher jagen können. Ich habe aber festgestellt, dass – je nach Produkt – das »Vollkornhafte« sehr unterschiedlich ausfallen kann, und da sie gesünder sind als herkömmliche Nudeln, lohnt sich das Ausprobieren. Über fast jedes Essen gebe ich inzwischen sehr gern einen guten Schuss Leinöl – klar, wegen der Omega-3-Fettsäuren.

Rohkost oder Salat eignet sich zu allen Gerichten. Daher zunächst mein Rezept für eine Salatsoße, die zu vielen Salatsorten passt. Damit das Dressing nicht zu wässrig wird, sollte man den Salat nach dem Waschen schleudern oder ausschütteln.

Salatdressing

6–7 EL Raps- oder Olivenöl
2 EL Balsamessig
1 gehäufter TL Senf
1 TL Agavendicksaft oder 1 Prise Vollrohrzucker
je 1 Prise Salz und Pfeffer
1 Schuss Sojamilch oder Sojasahne (Cuisine)
1 kleine Zwiebel (nach Belieben)

6 Esslöffel Öl möglichst gleichmäßig mit den anderen Zutaten vermengen. Falls gewünscht, Zwiebel schälen und würfeln, in 1 Esslöffel Öl glasig dünsten und unterrühren.

MONTAG

Irisches Gemüserisotto

1 mittelgroße Zwiebel
250 g Karotten
250 g Fenchel, Zucchini oder anderes grünes Gemüse
2 EL Raps- oder Olivenöl
300 g Risottoreis
750 ml Gemüsebrühe (ohne Glutamat)
200 g Erbsen (Tiefkühlware)
100 ml Kokosnussmilch (oder 1 gehäufter EL Kokosnusscreme)
etwas Salz und Pfeffer
1 EL Hefeflocken (nach Belieben)

- Die Zwiebel schälen und würfeln, das restliche Gemüse in Scheiben oder Würfel schneiden.
- Das Öl in einem großen Topf erhitzen und die Zwiebelwürfel darin glasig dünsten. Erst die Karotten, dann das übrige Gemüse – bis auf die Erbsen – in den Topf geben.
- Anschließend den Reis dazugeben. Nach und nach die Gemüsebrühe in den Topf geben und unter ständigem Rühren kochen lassen, bis der Reis fast gar ist. Falls nötig, zwischendurch noch etwas Wasser zufügen.
- Erbsen und Kokosnussmilch oder -creme dazugeben und kochen, bis der Reis und die Erbsen gar sind. Mit Salz, Pfeffer und Hefeflocken abschmecken.

➤ Zubereitungszeit: etwa 40 Minuten

DIENSTAG

Japanischer Lauch nach Mutters Art
(aus dem Kapitel »Mr und Mrs Rumpsteak«)

600 g Lauch
250 g Sojahack, Fertigmasse
(oder 125 g Sojagranulat, Trockenmasse)
2 EL Raps- oder Olivenöl
1 mittelgroße Zwiebel
Salz und Pfeffer
1 gehäufter TL Paprikapulver, edelsüß
1 gestrichener TL Kümmel, gemahlen
1 gestrichener TL Muskatnuss, gemahlen
500 ml Gemüsebrühe (ohne Glutamat)
375 g Vollkornnudeln
1 Schuss Tabasco (nach Belieben)

- Den Lauch klein schneiden und waschen. (Falls Sojagranulat verwendet wird, dieses nach Herstellerangaben mit Salzwasser oder Gemüsebrühe anrühren.)
- Öl in einem großen Topf erhitzen. Zwiebel schälen, würfeln und im Öl glasig dünsten.
- Das vorbereitete Sojagranulat oder das fertige Sojahack im Topf mit den Zwiebelwürfeln anbraten und mit je 2 bis 3 Prisen Salz und Pfeffer sowie Paprika, Kümmel und Muskatnuss vermengen. Gemüsebrühe dazugeben.

- Zunächst die Nudeln, dann den Lauch in den Topf geben, gelegentlich umrühren und bei geschlossenem Deckel kochen, bis die Nudeln und der Lauch gar sind. Falls nötig, zwischendurch noch etwas Wasser zufügen. Mit Salz und Pfeffer und Tabasco abschmecken.

➤ Zubereitungszeit: etwa 40 Minuten

MITTWOCH

Westfälische Pilzpfanne mit Semmelknödeln
(aus dem Kapitel »Vegetarier sind Mörder!?«)

Pilzpfanne

2 EL Raps- oder Olivenöl
2 mittelgroße Zwiebeln
800 g Champignons, Shitake- oder andere Pilze
250 ml Sojasahne (Cuisine)
25 g italienische Kräuter oder Schnittlauch (Tiefkühlware)
etwas Salz und Pfeffer

Als Beilage: Semmelknödel (ergibt 8 Stück)

500 g trockene Brötchen, Weißbrot oder Baguette
2 EL Raps- oder Olivenöl
2 mittelgroße Zwiebeln
500 ml Sojamilch
5 gestrichene EL Sojamehl oder Speisestärke
½ Bund Petersilie, gehackt
2 gestrichene TL Salz
2–3 Prisen Muskatnuss, gemahlen

- Das Öl in einer großen Pfanne erhitzen. Zwiebeln schälen, in Streifen oder Würfel schneiden und im Öl glasig dünsten.
- Pilze in Scheiben schneiden, zu den Zwiebeln in die Pfanne geben und bei geschlossenem Deckel gar kochen. Die Sojasahne dazugeben. Die Kräuter unterrühren. Mit Salz und Pfeffer abschmecken.

- Für die Knödel Brötchen oder Brot in kleine Würfel schneiden. (Frische Brötchen oder Brot können, falls nötig, im Ofen bei 120 Grad getrocknet werden.)
- Das Öl erhitzen. Zwiebeln schälen, in feine Würfel schneiden und im Öl anbraten. Die Brotwürfel mit Sojamilch, Sojamehl oder Speisestärke, Zwiebeln, der klein gehackten Petersilie, Salz und Muskatnuss zu einem Teig kneten und Knödel daraus formen.
- Wasser mit Salz in einem großen Topf zum Kochen bringen. Die Hitze verringern, die Knödel hineingeben und im heißen Wasser 15 Minuten ziehen lassen. Vorsichtig herausheben und abtropfen lassen.

➤ Zubereitungszeit: etwa 45 Minuten

DONNERSTAG

Mangold mit Kichererbsen

750 g Mangold
2 EL Raps- oder Olivenöl
1 mittelgroße Zwiebel
250 g (Abtropfgewicht) Kichererbsen (Konserve)
1 gestrichener TL Kurkuma (Gelbwurz)
100 ml Sojasahne (Cuisine)
etwas Salz und Pfeffer
Als Beilage:
250 g roter Reis

- Den Strunk vom Mangold abschneiden, weiße und grüne Blattteile getrennt voneinander klein schneiden und waschen.
- Das Öl in einem großen Topf erhitzen. Die Zwiebel schälen, würfeln und im Öl glasig dünsten.
- Zuerst die weißen Mangold-Blattteile, etwas später die grünen Teile zu den Zwiebelwürfeln in den Topf geben und bei geschlossenem Deckel gar kochen. Falls nötig, etwas Wasser zufügen.
- Die Kichererbsen abtropfen lassen und dazugeben. Mit Kurkuma, Sojasahne, Salz und Pfeffer abschmecken.
- Den Reis nach Herstellerangaben zubereiten.

➤ Zubereitungszeit: etwa 45 Minuten

FREITAG

Kapern-Paprika

je 2 große rote und gelbe Paprika
1 mittelgroße Zwiebel
2 EL Raps- oder Olivenöl
8 TL Kapern (Konserve)
100–200 g Cashewkerne (Bruch)
250 ml Sojasahne (Cuisine)
etwas Salz und Pfeffer
Als Beilage:
500 g Vollkornnudeln

- Die Paprika waschen und klein schneiden, die Zwiebel schälen und würfeln.
- Das Öl in einem großen Topf erhitzen und die Zwiebelwürfel darin glasig dünsten. Die Paprika zu den Zwiebelwürfeln in den Topf geben und bei geschlossenem Deckel gar kochen.
- Die Kapern abtropfen lassen und zusammen mit den Cashewkernen und der Sojasahne hinzufügen. Mit Salz und Pfeffer abschmecken.
- Die Nudeln nach Herstellerangaben zubereiten.

➤ Zubereitungszeit: etwa 30 Minuten

SAMSTAG

Erbsen mit gebratenem Sesamtofu

4 EL Raps- oder Olivenöl
2 mittelgroße Zwiebeln
2 Zehen Knoblauch
2 gehäufte TL frischer Ingwer
1 gehäufter TL Koriander, gemahlen
1 gehäufter TL Kreuzkümmel (Cumin), gemahlen
1 gehäufter TL Garam Masala (indische Gewürzmischung)
1 gehäufter TL Kurkuma (Gelbwurz), gemahlen
1 gestrichener TL Chilipulver (nach Belieben)
750 g Erbsen (Tiefkühlware)
400 g stückige Tomaten (Konserve)
etwas Salz
5 gehäufte EL frischer Koriander
(oder 5 gehäufte EL frische Minze)
400 g Tofu, natur
5 EL Sojasoße
2 gehäufte EL Sesam
Als Beilage:
250 g Quinoa oder Hirse

- 2 Esslöffel Öl im Wok oder einer großen Pfanne erhitzen. Die Zwiebeln schälen und in Streifen schneiden, den Knoblauch und Ingwer ebenfalls schälen und fein schneiden. Alles zusammen im Öl anbraten.
- Die Gewürze dazugeben und kurz mit anbraten.
- Die Erbsen und Tomaten hinzufügen und bei geschlossenem Deckel kochen lassen, bis die Erbsen weich sind. Mit Salz und weiterem Garam Masala abschmecken. Den Koriander oder die Minze fein hacken und darüberstreuen.
- Den Tofu trocken tupfen, in Würfel schneiden und in einer Pfanne in 2 Esslöffeln Öl kross anbraten.
- Mit Sojasoße ablöschen, bis der Tofu ringsum eingefärbt ist. Mit Sesam bestreuen und darin wenden. Den Tofu zu den Erbsen geben.
- Die Hirse oder den Quinoa nach Herstellerangaben zubereiten.

➤ Zubereitungszeit: etwa 35 Minuten

SONNTAG

Soja-Gulasch frei nach Björn Moschinski
(aus dem Kapitel »Wir können auch anders«)

Soja-Gulasch

250 g Sojawürfel/-fleisch (Trockenmasse)
Salz und Pfeffer
50 ml Rapsöl
1 gehäufter EL Paprikapulver, edelsüß
1 gestrichener TL Muskatnuss, gemahlen
4 EL Raps- oder Olivenöl
1 mittelgroße Zwiebel
1 Zehe Knoblauch
4 mittelgroße Karotten
1 gehäufter EL Vollrohrzucker
1 gehäufter EL Tomatenmark
1 Schuss Orangensaft (nach Belieben)
500 ml Gemüsebrühe (ohne Glutamat)
2 Blätter Lorbeer
5 Kugeln Piment
1 gestrichener EL Mehl
1 Schuss Sojasahne (Cuisine)
3 Spritzer Worcestersoße
Als Beilage:
500 g Kartoffeln, festkochend
400 g Rotkraut (Tiefkühlware)

- Die Sojawürfel mit reichlich kochendem Wasser bedecken. 1 Teelöffel Salz unterrühren und 10 Minuten quellen lassen. Danach das Sojafleisch zwischen zwei Tellern oder Schneidebrettern auspressen.
- Die 50 ml Rapsöl mit 2 bis 3 Prisen Pfeffer sowie Paprikapulver und Muskatnuss verrühren, und die Sojawürfel kräftig damit vermengen.
- 2 Esslöffel Raps- oder Olivenöl in einem Topf erhitzen. Die Zwiebel schälen und in Würfel schneiden, den Knoblauch klein schneiden und beides zusammen im Öl glasig dünsten.
- Das gewürzte Sojafleisch dazugeben und scharf anbraten. Dann das Sojafleisch aus dem Topf nehmen und beiseitestellen, damit es kross bleibt.
- Für die Soße die Karotten in Würfel schneiden. 2 Esslöffel Raps- oder Olivenöl in dem Topf erhitzen. Den Vollrohrzucker darin schmelzen (Vorsicht, dass der Zucker nicht anbrennt!) und Tomatenmark dazugeben. Mit dem Orangensaft oder etwas Gemüsebrühe ablöschen.
- Die Karotten dazugeben und mit Gemüsebrühe, Lorbeer und Piment kochen lassen, bis die Karotten gar sind. Zum Eindicken etwas Mehl sieben und damit bestäuben.
- Mit der Sojasahne, der Worcestersoße, Salz und Pfeffer abschmecken. Die Sojawürfel zum Erhitzen kurz dazugeben.
- Die Kartoffeln schälen, vierteln und mit 1 Teelöffel Salz im Wasser in einem großen Topf bei geschlossenem Deckel gar kochen. Das Rotkraut erhitzen.

➤ Zubereitungszeit: etwa 60 Minuten

ZUM NACHTISCH

Mousse au Chocolat

600 ml schlagbare Sojasahne (z. B. Natumi oder Soyatoo)
3 Päckchen Sahnestandmittel
200 g dunkle Kuvertüre
2 gehäufte EL Vollrohrzucker
100 g Zartbitter- oder andere vegane Schokolade

- Die Schlagsahne gut gekühlt in eine Schüssel geben. Zusammen mit dem Sahnestandmittel mit einem Handmixer steif schlagen.
- Die dunkle Kuvertüre im Wasserbad schmelzen und unter die Sahne heben.
- Den Vollrohrzucker darunterrühren. Die Schokolade mit einem Messer klein hacken und unterheben. Die Mousse einige Zeit kalt stellen.

➤ Zubereitungszeit: etwa 30 Minuten

Nachwort

Wenn es dir wichtig ist, findest du einen Weg.
Wenn nicht, eine Entschuldigung.

Fleisch macht glücklich. Kein Fleisch auch. Was ich esse, beeinflusst jedoch nicht nur mein eigenes Wohlbefinden, sondern auch das von anderen – Menschen wie Tieren. Auch wenn ich unausweichlich auf Kosten anderer Lebewesen lebe, kann ich täglich entscheiden, wer welchen Preis dafür bezahlen muss.

Dank an

meine Familie, die mich, meine Ernährung und das Entstehen des Buches erduldet und in vielerlei Hinsicht unterstützt hat;

die Interviewpartner, deren Interviews aus konzeptionellen Gründen nicht im Buch vorkommen, mich aber inspiriert oder informiert haben: Catriona Blanke, ehemals Animals' Angels e. V.; Prof. Dr. Franz-Theo Gottwald, Schweisfurth-Stiftung; Uwe Gröber, Akademie & Zentrum für Mikronährstoffmedizin; Prof. Dr. Wulf Schiefenhövel, Max-Planck-Institut für Ornithologie; Sebastian Zösch, Vegetarierbund Deutschland e. V. (VEBU);

die Interviewpartner, die mit viel Klugem, Interessantem oder Bewegendem maßgeblich zum Inhalt des Buches beigetragen haben: Prof. Dr. Heiner Boeing, Deutsches Institut für Ernährungsforschung Potsdam-Rehbrücke (DIfE); Derk Ehlert, Senatsverwaltung für Stadtentwicklung und Umwelt Berlin; Elisabeth Emmert, Ökologischer Jagdverband e. V. (ÖJV); Jan Gerdes, Stiftung Hof Butenland, Lebenshof für Tiere; Prof. Dr. Bernhard Hörning, Hochschule für nachhaltige Entwicklung Eberswalde (FH); Stefanie Jank ; Dr. Markus Keller, Institut

Dank an

für alternative und nachhaltige Ernährung; Peter Lösch; Prof. Dr. Jörg Luy, Institut für Tierschutz und Tierverhalten der FU Berlin; Ernst Hermann Maier, Uria e. V.; Prof. Dr. Holger Martens, Institut für Veterinär-Physiologie der FU Berlin; Jan Peifer, *tierschutzbilder.de*; Katharina Petter, Vegane Gesellschaft Österreich; Katharina Rimpler, *halbzeitvegetarier.de*; Axel Schäfer, Schäfer bewusst leben, Düsseldorf; Prof. Dr. Ulf Schrader, Institut für Berufliche Bildung und Arbeitslehre der TU Berlin; Stig Tanzmann, Evangelischer Entwicklungsdienst e. V. (EED); Prof. Dr. Klaus Troeger, Max Rubner-Institut (MRI), Bundesforschungsinstitut für Ernährung und Lebensmittel;

meine engagierte und motivierende Agentin Andrea Wildgruber und die Agence Hoffman; meine anregende und kooperative Lektorin Karin Weber und den Goldmann Verlag; meine gründliche und konstruktive Redakteurin Manuela Knetsch; Gerlinde Unverzagt für die Unterstützung bei der Erstellung des Exposés; Sarah Wiener und die Sarah Wiener Stiftung;

diejenigen, die mir beim Zusammenstellen der Infokästen geholfen haben: Arianna Ferrari, Karlsruher Institut für Technologie (KIT), Institut für Technikfolgenabschätzung und Systemanalyse (ITAS); Mirjam Frizzi; Stefan Johnigk und Verena Stampe, PROVIEH – Verein gegen tierquälerische Massentierhaltung e. V.; Dr. Markus Keller, Institut für alternative und nachhaltige Ernährung; Dr. Katrin Komolka und Prof. Dr. Steffen Maak, Leibniz-Institut für Nutztierbiologie; Katharina Petter, Vegane Gesellschaft Österreich;

Dank an

meine Erstleser, Kontaktvermittler, Ideengeber und »Informanten« sowie diejenigen, die mich auf Medienbeiträge und Veranstaltungen zum Thema hingewiesen haben, allen voran Claudia Bexte sowie u. a. Bernt Andrassy; Reinhild Benning, Bund für Umwelt- und Naturschutz Deutschland e. V. (BUND); Anja Geissler; Almut Grabolle; Felix Hnat, Vegane Gesellschaft Österreich; Dr. Anita Idel, Projektmanagement Tiergesundheit & Agrobiodiversität; Stefan Johnigk, PROVIEH – Verein gegen tierquälerische Massentierhaltung e. V.; Mahi Klosterhalven, Albert Schweitzer Stiftung für unsere Mitwelt; Kirsten Loesch; Bernd Müller; Katharina Petter, Vegane Gesellschaft Österreich; Marietta Schwarz; Hendrik Thiele, PETA; meine omnivor-vegetarisch-veganen Kollegen und Ex-Kollegen von co2online; Anja Bonzheim, Elisabeth Burrer, Fiona Eichhorn, Katharina Geitner, Maike Kemper, Sebastian Zösch und meine anderen vegetarisch-veganen Kollegen und Ex-Kollegen vom VEBU;

Rouven Aschemann für die Idee und Mia Sedding für die prompte Gestaltung des Werbeflyers;

diejenigen, die mir den Einstieg ins vegane Leben und die Arbeit am Buch erleichtert haben: Steffen Weigel und sein Team vom Restaurant Viasko für wunderbares veganes Essen; Anke Knorr und Mirjam Frizzi vom Schönen Café für vegane Kuchen mit SMS-Benachrichtigungsservice; Johanna Schellenberger und das Team von der Kaffeebar für etliche Soja-Latte und die gemütlichste Arbeitsatmosphäre Berlins; Sebastian Hunold und das Team von Ron Telesky für extra vegane ka-

Dank an

nadische Pizza; Bäckerei Back-Art für vegane Torten und fairen Kaffee; das Team von Wahrhaft Nahrhaft für etliche sonnenreiche Arbeitsstunden; Carsten Halmanseder und Jöran Fliege stellvertretend für die Aktivisten von Berlin-Vegan für Schnupperwochen und Stammtische; Björn Moschinski vom Restaurant Kopps für den veganen Kochkurs; Oskar Lowe sowie viele Veganer, Vegetarier und Fleischesser, die mich inspiriert und bestärkt haben;

diejenigen, die mir auf die eine oder andere Art geholfen haben, richtige Entscheidungen zu treffen und das Projekt gut durchzustehen: M. Dietloff; L. Günther; M. Hassenkamp; B. Hubatschek; H. Stephan; S. Warning;

die Leserinnen und Leser, die dafür Verständnis haben, dass ich aufgrund meiner Bequemlichkeit sowie der besseren Lesbarkeit meist nur die männliche Form oder Bezeichnung verwendet habe (gemeint sind natürlich alle Menschen bzw. Tiere unabhängig von ihrem Geschlecht);

denjenigen, den ich bestimmt vergessen habe.

Literaturhinweise

Hier ist eine Auswahl der Quellen aufgeführt, aus denen ich Zitate, Zahlen und Fakten für das Buch entnommen habe oder die ich für die Hintergrundrecherche genutzt habe.

Mr und Mrs Rumpsteak

Joy, Melanie: *Why We Love Dogs, Eat Pigs, and Wear Cows. An Introduction to Carnism. The Belief System That Enables Us to Eat Some Animals and Not Others.* San Francisco 2010.

Mein eigen Fleisch und Wurst

Balcombe, Jonathan: *Tierisch vergnügt. Ein Verhaltensforscher entdeckt den Spaß im Tierreich.* Stuttgart 2007.

Bjerregaard, Peter; Young, T. Kue; Hegele, Robert A.: »Low Incidence of Cardiovascular Disease among the Inuit – What Is the Evidence?«, *Atherosclerosis* 166 (2003): 351-357.

Cordain, Loren; Eaton, S. Boyd; Sebastian, Anthony; Mann, Neil; Lindeberg, Staffan; Watkins, Bruce A.; O'Keefe, James H.; Brand-Miller, Janette: »Origins and Evolution of the Western Diet: Health Implications for the 21st Century«, *American Journal of Clinical Nutrition* 81/2 (2005): 341-354.

Diamond, Jared: *Der dritte Schimpanse. Evolution und Zukunft des Menschen.* Frankfurt am Main 1998.

Eaton, S. Boyd: »The Ancestral Human Diet: What Was It and Should It Be a Paradigm for Contemporary Nutrition?«, *Proceedings of the Nutrition Society* 65 (2006): 1–6.

Ewe, Thorwald: »Das hungrige Hirn«, *Bild der Wissenschaft* 7 (2009): 26ff.

Literaturhinweise

Ewe, Thorwald: »Gejagte werden Jäger«, *Bild der Wissenschaft* 7 (2009): 18ff.

Leakey, Richard: *Die ersten Spuren. Über den Ursprung des Menschen.* München 1999.

Leitzmann, Claus; Keller, Markus: *Vegetarische Ernährung.* Stuttgart 2010.

Leonard, William R.; Snodgrass, Josh J.; Robertson, Marcia. L.: »Effects of Brain Evolution on Human Nutrition and Metabolism«, *Annual Review of Nutrition* 27 (2007): 311–327.

Ströhle, Alexander; Hahn, Andreas: »Evolutionäre Ernährungswissenschaft und ›steinzeitliche‹ Ernährungsempfehlungen – Stein der alimentären Weisheit oder Stein des Anstoßes?«, *Ernährungs-Umschau* 53/ 1 (2006): 10–16.

Ströhle, Alexander; Hahn, Andreas: »Kommentar zum Beitrag: Aktuelle Ernährungsempfehlungen vor dem Hintergrund prähistorischer Ernährungsweisen«, *Ernährungs-Umschau* 50/12 (2003): 481–483.

Ströhle, Alexander; Hahn, Andreas: »Was Evolution nicht erklärt«, *Ernährungs-Umschau* 50/12 (2003): 420–425.

Ströhle, Alexander; Wolters, Maike; Hahn, Andreas: »Die Ernährung des Menschen im evolutionsmedizinischen Kontext«, *Wiener Klinische Wochenschrift* 121 (2009): 173–187.

Surbeck, Martin; Hohmann, Gottfried: »Primate Hunting by Bonobos at LuiKotale, Salonga National Park«, *Current Biology* 18/19 (2008): R906-R907.

Thivissen, Patricia: »Vegetarier – eine Spezies für sich?«, *Psychologie Heute* 6 (2011): 32–37.

Ungar, Peter S.; Grine, Frederick E.; Teaford Mark F.: »Diet in Early *Homo*: A Review of the Evidence and a New Model of Adaptive Versatility«, *Annual Review of Anthropology* 35 (2006): 209–228.

Bauernopfer

Bund gegen Missbrauch der Tiere e. V. (BMT): »Putenmast in Deutschland«, *Recht der Tiere* 4 (2009): 6–8. Download unter: *bmt-tierschutz.de*

Bund Ökologische Lebensmittelwirtschaft e. V. (BÖLW): »Zahlen Daten Fakten. Die Bio-Branche 2012«, 2012. Download unter: *boelw.de/zdf. html*

Literaturhinweise

Damme, Klaus; Bayerische Landesanstalt für Landwirtschaft: »Betriebswirtschaftlicher Vergleich verschiedener Geflügelmastverfahren in Deutschland«, 2011. Download unter: *lfl.bayern.de*

Focke, Hermann: *Die Natur schlägt zurück. Antibiotikamissbrauch in der intensiven Nutztierhaltung und Auswirkungen auf Mensch, Tier und Umwelt.* Berlin 2010.

Maier, Ernst Hermann: *Der Rinderflüsterer. Was ich von meinen Tieren lernte, wie ich für sie kämpfte und warum auch Nutztiere zufrieden leben müssen.* Stuttgart 2009.

PROVIEH – Verein gegen tierquälerische Massentierhaltung e. V.: Informationspapiere Nutztiere. Download unter: *provieh.de*

Rahmann, Gerold; Barth, Kerstin; Koopmann, Regine; Weißmann, Friedrich: »Die Ökologische Tierhaltung braucht noch viel wissenschaftliche Unterstützung«, *ForschungsReport* 2 Schwerpunkt: Innovationen für den Ökolandbau, 2010.

Statistisches Bundesamt: Land- und Forstwirtschaft, Fischerei. »Viehbestand. Fachserie 3 Reihe 4.1 – 2011«, 2012. Download unter: *destatis.de*

Statistisches Bundesamt: Land- und Forstwirtschaft, Fischerei. »Geflügel. Fachserie 3 Reihe 4.2.3 – 2011«, 2012. Download unter: *destatis.de*

Statistisches Bundesamt: Land- und Forstwirtschaft, Fischerei. »Viehbestand und tierische Erzeugung. Fachserie 3 Reihe 4 – 2010«, 2011. Download unter: *destatis.de*

Statistisches Bundesamt: »Wer produziert unsere Nahrungsmittel? Aktuelle Ergebnisse der Landwirtschaftszählung 2010«, 2011. Download unter: *destatis.de/DE/PresseService/Presse/Pressekonferenzen/ PK_Uebersicht.html*

Ist Fleischessen böse?

Balluch, Martin: *Die Kontinuität von Bewusstsein. Das naturwissenschaftliche Argument für Tierrechte.* Wien 2005.

Düwell, Marcus; Steigleder Klaus (Hrsg.): *Bioethik. Eine Einführung.* Berlin 2003.

Luy, Jörg P.: *Die Tötungsfrage in der Tierschutzethik.* Dissertation, Freie Universität Berlin 1998. Download unter: *diss.fu-berlin.de*

Literaturhinweise

Schneider, Manuel: »Dürfen wir Tiere zu Nahrungszwecken töten?«.
Download unter: *schweisfurth.de/tierschutzethik.html*

Singer, Peter: *Praktische Ethik.* Stuttgart 1994.

Schindler, Wolfgang: »Geisteswissenschaft – Wunderwaffe der agrar-
industriellen Lobby? Kritische Anmerkungen zu ›Leben mit und
von Tieren. Ethisches Bewertungsmodell zur Tierhaltung in der Landwirtschaft‹ von Roger J. Busch und Peter Kunzmann« , 2005. Download unter: *albert-schweitzer-stiftung.de/tierschutzinfos/analysen/
kritik-zur-argumentation-der-agrarlobby*

tier-im-fokus.ch (tif): »Mensch, Tier, Natur. Ethische Positionen im
Überblick«, Info-Dossier 2 (2009). Download unter: *tier-im-fokus.ch/
info-material/info-dossiers/mensch_tier_natur/*

Wolf, Ursula: *Das Tier in der Moral.* Frankfurt am Main 2004.

Wolf, Ursula (Hrsg.): *Texte zur Tierethik.* Stuttgart 2008.

Von Aal bis Zander

Brunner Singh, Jeannine; Studer, Heinzpeter; Verein fair-fish: »Können
Fische leiden? Spüren sie Schmerz?«, *fish-facts* 3 (2011): Fischleid.
Download unter: *fair-fish.ch/feedback/mehr-wissen/*

Bellebaum, Jochen; Bundesamt für Naturschutz (BfN): »Untersuchung
und Bewertung des Beifangs von Seevögeln durch die passive Mee-
resfischerei in der Ostsee«, *BfN-Skripten* 295 (2011). Download unter:
dnl-online.de

Deutsche Gesellschaft für Ernährung (DGE): »Nachhaltigkeit in der
Ernährung«, *Tagungsband zur Arbeitstagung der DGE 2011* Vol. 16
(2011).

Elwood, Robert W.: »Pain and Suffering in Invertebrates?«, *ILAR Journal*
52/2 (2011): 175-184.

Elwood, Robert W.; Appel, Mirjam: »Pain Experience in Hermit Crabs?«,
Animal Behaviour 77 (2009): 1243–1246.

Elwood, Robert W.; Barr, Stuart; Patterson, Lynsey: »Pain and Stress
in Crustaceans?«, *Applied Animal Behaviour Science* 118/3 (2009):
128-136.

Engelbrecht, Torsten; Studer, Heinzpeter; Verein fair-fish: »Sorgt Aquakultur für das Wohl der Tiere? Und hilft sie wirklich den Meeren?«,

Literaturhinweise

fish-facts 7 (2010): Fischzucht. Download unter: *fair-fish.ch/feedback/ mehr-wissen/*

European Food Safety Authority (EFSA): »General Approach to Fish Welfare and to the Concept of Sentience in Fish. Scientific Opinion of the Panel on Animal Health and Welfare«, *The EFSA Journal* 954 (2009): 1-27. Download unter: *efsa.europa.eu*

European Food Safety Authority (EFSA): »Species-specific Welfare Aspects of the Main Systems of Stunning and Killing of Farmed Atlantic Salmon. Scientific Opinion of the Panel on Animal Health and Welfare«, *The EFSA Journal* 1012 (2009): 1–77. Download unter: *efsa. europa.eu*

Food and Agriculture Organization of the United Nations (FAO), Fisheries and Aquaculture Department: »The State of World Fisheries and Aquaculture 2010«. 2010. Download unter: *fao.org*

Fisch-Informationszentrum e. V.: »Fischwirtschaft. Daten und Fakten 2011«. Download unter: *fischinfo.de*

Foer, Jonathan S.: *Eating Animals.* London 2009.

Foer, Jonathan S.: *Tiere essen.* Köln 2010.

Franken, Marcus; Kriener, Manfred: »Fischerei am Abgrund«, *zeozwei* 04 (2010): 18–27.

Mood Alison (übersetzt und ergänzt von Heinzpeter Studer); Verein fair-fish: »Auf See geht es schlimmer zu: Leid und Wohl gefangener Wildfische«, *fish-facts* 13 (2010): Leid und Wohl gefangener Wildfische. Download unter: *fair-fish.ch/feedback/mehr-wissen/*

New economics foundation; OCEAN2012: »Fish Dependence – 2012 Update. The Increasing Reliance of the EU on Fish from Elsewhere«. Download unter: *neweconomics.org/publications/fish-dependence-2012-update*

PROVIEH – Verein gegen tierquälerische Massentierhaltung e. V.: »Informationspapier Fische«. Download unter: *provieh.de*

Rose, James D.: »The Neurobehavioral Nature of Fishes and the Question of Awareness and Pain«, *Reviews in Fisheries Science* 10/1 (2002): 1-38.

Roth, Gerhard: *Wie einzigartig ist der Mensch? Die lange Evolution der Gehirne und des Geistes.* Heidelberg 2010.

Literaturhinweise

Schreckenbach, Kurt; Pietrock, Michael: »Schmerzempfinden bei Fischen: Stand der Wissenschaft«, *Schriftenreihe des Landesfischereiverbandes Baden-Württemberg e. V.* Bd. 2 (2004): 738ff.

Stamp Dawkins, Marian: *Die Entdeckung des tierischen Bewusstseins.* Reinbek 1996.

Tierschutzrecht. Tierhaltung Tiertransport Schlachttiere Versuchstiere. München 2007.

Schrot und Horn

Bundesinstitut für Risikobewertung: »Aufnahme von Umweltkontaminanten über Lebensmittel (Cadmium, Blei, Quecksilber, Dioxine und PCB). Ergebnisse des Forschungsprojektes LExUKon«, 2010. Download unter: *bfr.bund.de*

Bundesinstitut für Risikobewertung: »Bleibelastung von Wildbret durch Verwendung von Bleimunition bei der Jagd«, *Stellungnahme des BfR* Nr. 040/2011 (2010). Download unter: *bfr.bund.de*

Deutscher Jagdschutzverband: »Jahresstrecken 2010/2011«. Download unter: *jagd-online.de/datenfakten/jahresstrecken/*

Frommold, Dag: »Füchse im Fadenkreuz – Über Sinn und Unsinn der Fuchsjagd«, 2007. Download unter: *fuechse.info*

Vegetarier sind Mörder!?

Bund Ökologische Lebensmittelwirtschaft e. V. (BÖLW): »Nachgefragt: 28 Antworten zum Stand des Wissens rund um Öko-Landbau und Bio-Lebensmittel«, 2009. Download unter: *boelw.de/bioargumente.html*

Ehrlich, Maria Elisabeth: »Muttergebundene Kälberaufzucht in der ökologischen Milchviehhaltung«. Diplomarbeit, Universität Kassel 2003. Download unter: *landbauev.de/download/Muttergebundene_Kaelberaufzucht.pdf*

PROVIEH – Verein gegen tierquälerische Massentierhaltung e. V.: »Kälber – Ein Leben ohne Mutter«. Download unter: *provieh.de*

Reuter, Benjamin: »Sisyphos im Stall. Wie ein Bauer aus Niedersachsen das ethische Dilemma der Hühnerindustrie lösen will«, *DIE ZEIT* Nr. 11 (08.03.2012).

Literaturhinweise

Statistisches Bundesamt: Land- und Forstwirtschaft, Fischerei. »Geflügel Fachserie 3 Reihe 4.2.3 – 2009 und 2010«, 2010 und 2011. Download unter: *destatis.de*

Statistisches Bundesamt: »Wer produziert unsere Nahrungsmittel? Aktuelle Ergebnisse der Landwirtschaftszählung 2010«, 2011. Download unter: *destatis.de/DE/PresseService/Presse/Pressekonferenzen/PK_Uebersicht.html*

Schwein gehabt

Bundesamt für Verbraucherschutz und Lebensmittelsicherheit (BVL): »Berichte zur Lebensmittelsicherheit 2010. Zoonosen-Monitoring«, *BVL-Reporte* 6/4 (2012).

Bundesamt für Verbraucherschutz und Lebensmittelsicherheit (BVL): »Wertvolle Erkenntnisse zur Belastung von Lebensmitteln mit Zoonosenerregern«, 2012. Download unter: *bvl.bund.de*

Bundesinstitut für Risikobewertung (BfR): »Wissenschaftliche Bewertung der Ergebnisse des Resistenzmonitorings nach dem Zoonosen-Stichprobenplan 2009«, *Stellungnahme des BfR* Nr. 047 (2010). Download unter: *bfr.bund.de*

Bundesinstitut für Risikobewertung: »Zoonosen und Lebensmittelsicherheit«, Tagungsband, 2009. Download unter: *bfr.bund.de*

European Centre for Disease Prevention and Control (ECDC): »Antimicrobial Resistance. Factsheet for the General Public«. Download unter: *ecdc.europa.eu*

European Food Safety Authority (EFSA): »Assessment of the Public Health significance of methicillin resistant Staphylococcus aureus (MRSA) in animals and foods. Scientific Opinion of the Panel on Biological Hazards«, *The EFSA Journal* 993 (2009): 1–73. Download unter: *efsa.europa.eu*

Focke, Hermann: *Die Natur schlägt zurück. Antibiotikamissbrauch in der intensiven Nutztierhaltung und Auswirkungen auf Mensch, Tier und Umwelt.* Berlin 2010.

Landesamt für Natur, Umwelt und Verbraucherschutz (LANUV): »Abschlussbericht Evaluierung des Antibiotikaeinsatzes in der Hähnchenhaltung«, 14.11.2011. Download unter: *umwelt.nrw.de/verbrau cherschutz/tierhaltung/antibiotikastudie/index.php*

Literaturhinweise

Landvolkkreisverband Hannover e. V.: »Informationen & Argumente zur Geflügelhaltung«. Download unter: *lvkh.de*

Lange, Jennifer; Liebrich, Silvia: »Vollgestopft mit Antibiotika«, *Süddeutsche Zeitung* (09.09.2011).

Robert-Koch-Institut: »Bedeutung von LA-MRSA und ESBL bildenden Enterobacteriaceae bei Masttieren für den Menschen«, 2012. Download unter: *rki.de*

Robert-Koch-Institut: »Erkrankungen durch Enterohämorrhagische Escherichia coli (EHEC)«, *RKI-Ratgeber für Ärzte* (2011). Download unter: *rki.de*

Robert-Koch-Institut: »Humane Fälle mit Infektion durch Schweineinfluenzaviren«, *Epidemiologisches Bulletin* Nr. 39 (2011): 357–362. Download unter: *rki.de*

Wolfe, Nathan: *Virus. Die Wiederkehr der Seuchen*. Reinbek 2012.

World Health Organization (WHO): »Avian Influenza«, Fact sheet (2011). Download unter: *who.int*

World Health Organization (WHO): »Cumulative Number of Confirmed Human Cases for Avian Influenza A (H5N1) reported to WHO, 2003–2012«. Download unter: *who.int*

Erde, Wasser, Feuer, Luft

Ali, Salim M.: *Fisch. Profit, Umwelt und Ernährung*. Norderstedt 2010.

Ali, Salim M.: *Fleisch aus der Perspektive der Welternährung*. Norderstedt 2010.

Bischöfliches Hilfswerk MISEREOR e. V.: »Wer ernährt die Welt? Die europäische Agrarpolitik und Hunger in Entwicklungsländern«, 2011. Download unter: *misereor.de/themen/hunger-bekaempfen/downloads. html*

Deutscher Bauernverband: »Nahrungsmittel – Verbrauch und Preise«. Download unter: *situations-bericht.de*

Deutsche Welthungerhilfe e. V.: *Welthunger-Index 2011*. Download unter: *welthungerhilfe.de/whi2011.html*

Dreifuss, Stephanie; Studer, Heinzpeter; Verein fair-fish: »Fisch auf dem Tisch – wie lange noch?«, *fish-facts* 5 (2008): Überfischung. Download unter: *fair-fish.ch/feedback/mehr-wissen/*

401

Literaturhinweise

Engelbrecht, Torsten; Studer, Heinzpeter; Verein fair-fish: »Sorgt Aquakultur für das Wohl der Tiere? Und hilft sie wirklich den Meeren?«, *fish-facts* 7 (2010): Fischzucht. Download unter: *fair-fish.ch/feedback/mehr-wissen/*

Fairlie, Simon: *Meat. A Benign Extravagance*. White River Junction, Vermont 2010.

Food and Agriculture Organization of the United Nations (FAO): »Livestock's Long Shadow. Environmental Issues and Options«, 2006. Download unter: *fao.org*

Food and Agriculture Organization of the United Nations (FAO): »World Livestock 2011. Livestock in Food Security«, 2011. Download unter: *fao.org*

Food and Agriculture Organization of the United Nations (FAO), Fisheries and Aquaculture Department: »The State of World Fisheries and Aquaculture 2010«, 2010. Download unter: *fao.org*

Greenberg, Paul: *Vier Fische. Wie das Meer auf unseren Teller kommt.* Berlin 2011.

Idel, Anita: *Die Kuh ist kein Klima-Killer! Wie die Agrarindustrie die Erde verwüstet und was wir dagegen tun können.* Marburg 2010.

Landesamt für Natur, Umwelt und Verbraucherschutz Nordrhein-Westfalen (LANUV): »Grobscreening zur Typisierung von Produktgruppen im Lebensmittelbereich in Orientierung am zu erwartenden CO_2-Fußabdruck«, LANUV-Fachbericht 29 (2011). Download unter: *lanuv.nrw.de*

Leip, Adrian; Weiss, Franz; Wassenaar, Tom; Perez, Ignacio; Fellmann, Thomas; Loudjani, Philippe; Tubiello, Francesco; Grandgirard, David; Monni, Suvi; Biala, Katarzyna: »Evaluation of the Livestock Sector's Contribution to the EU Greenhouse Gas Emissions (GGELS) – Final Report«, European Commission, Joint Research Centre, 2010.

Mekonnen, Mesfin M.; Hoekstra, Arjen Y.: »A Global Assessment of the Water Footprint of Farm Animal Products«, *Ecosystems* 15 (2012): 401–415.

Piller, Tobias: »Die Kuh als Sparkasse«, *Frankfurter Allgemeine Zeitung* (05.03.2010).

Literaturhinweise

Poeplau, Christopher; Don, Axel; Vesterdal, Lars; van Wesemael, Bas; Schumacher, Jens; Gensior, Andreas: »Temporal Dynamics of Soil Organic Carbon after Land-use Change in the Temperate Zone – Carbon Response Functions as a Model Approach«, *Global Change Biology* 17/7 (2011): 2415–2427.

PROVIEH – Verein gegen tierquälerische Massentierhaltung e. V.: »Positionspapier: Massentierhaltung ist nicht nur tierquälerisch, sondern auch in hohem Maße klima- und umweltschädlich«. Download unter: *provieh.de*

Reijnders, Lucas; Soret, Sam: »Quantification of the Environmental Impact of Different Dietary Protein Choices«, *The American Journal of Clinical Nutrition* 78/ 3 (2003): 664S–668S.

ROBIN WOOD e. V.: »Der Wald stirbt an Überdosis Stickstoff...«, Pressemitteilung vom 18.03.2010. Download unter: *robinwood.de/german/wald/waldsterben/index.htm*

Van de Sand, Klemens: »Germanwatch-Trendanalyse zur globalen Ernährungssicherung 2010«, November 2010. Download unter: *germanwatch.org*

Schaffnit-Chatterjee, Claire; Deutsche Bank Research: »Minderung des Klimawandels durch Landwirtschaft. Ein ungenutztes Potenzial«, *Aktuelle Themen* 529 (2011).

Schulz, Dietrich; Umweltbundesamt (UBA): »Die Rolle der Landwirtschaft beim Klimawandel – Täter, Opfer, Wohltäter«, *local land & soil news* 24/25 (2008): S. 12–15. Download unter: *umweltbundesamt.de/landwirtschaft/emissionen/klimarelevanz.htm*

U.S. Department of Agriculture; Economic Research Service: »Soybeans and Oil Crops: Background«. Download unter: *ers.usda.gov/Briefing/SoybeansOilcrops/background.htm*

World Health Organization (WHO): »Obesity and Overweight«, *Fact sheet* No. 311 (2011). Download unter: *who.int/mediacentre/factsheets/fs311/en/*

WWF Deutschland: »Wie viel Fleisch essen wir und woher kommt das Fleisch?«, WWF Hintergrund 2011. Download unter: *wwf.de/themen-projekte/landwirtschaft/ernaehrung-konsum/fleisch/*

Zukunftsstiftung Landwirtschaft: »Wege aus der Hungerkrise. Die Er-

Literaturhinweise

kenntnisse des Weltagrarberichtes und seine Vorschläge für eine Landwirtschaft von morgen«, 2009. Download unter: *weltagrar bericht.de*

Risiken und Nebenwirkungen

Bundesinstitut für Risikobewertung (BfR): »Studie zu Fleischverzehr und Sterblichkeit«, *Stellungnahme des BfR* Nr. 023 (2009). Download unter: *bfr.bund.de*

Campbell, Colin T.; Campbell, Thomas M.: *Die »China Study« und ihre verblüffenden Konsequenzen für die Lebensführung*. Bad Kötzing 2010.

Cross, Amanda J.; Leitzmann, Michael F.; Gail, Mitchell H.; Hollenbeck, Albert R.; Schatzkin, Arthur; Sinha, Rashmi: »A Prospective Study of Red and Processed Meat Intake in Relation to Cancer Risk«, *PLoS Medicine* 4/12 (2007): e325.

Deutscher Fleischer-Verband: »Fleischverzehr«. Download unter: *fleischerhandwerk.de*

Deutsches Institut für Ernährungsforschung (DIfE): EPIC-Potsdam-Studie Pressemitteilungen. Vom DIfE herausgegebene Pressemitteilungen zu Ergebnissen der European Prospective Investigation into Cancer and Nutrition (EPIC). Download unter: *dife.de*

Deutsches Institut für Ernährungsforschung (DIfE); World Cancer Research Fund (WCRF): »Krebsprävention durch Ernährung. Forschung Daten Begründungen Empfehlungen«, 1999.

Deutsche Krebshilfe e. V.: »Gesunden Appetit!«, *Präventionsratgeber 2*: Ernährung Ausg. 4 (2005).

Leitzmann, Claus; Keller, Markus: *Vegetarische Ernährung*. Stuttgart 2010.

Robert-Koch-Institut; Gesellschaft der epidemiologischen Krebsregister in Deutschland e. V.: »Krebs in Deutschland 2005/2006. Häufigkeiten und Trends«, 7. (2010). Download unter: *rki.de/krebs*

Sinha, Rashmi; Cross, Amanda J.; Graubard, Barry I.; Leitzmann, Michael F.; Schatzkin, Arthur: »Meat Intake and Mortality. A Prospective Study of Over Half a Million People«, *Archives of Internal Medicine* 169/6 (2009): 562–571.

Literaturhinweise

World Cancer Research Fund (WCRF)/American Institute for Cancer Research (AICR): *Food, Nutrition, Physical Activity, and the Prevention of Cancer: a Global Perspective.* London 2007.

Zyriax, Birgit-Christiane; Boeing, Heiner; Windler, Eberhard: »Nutrition Is a Powerful Independent Risk Factor for Coronary Heart Disease in Women. The CORA Study: A Population-based Case-control Study«, *European Journal of Clinical Nutrition* 59/10 (2005): 1201–1207.

Wir können auch anders

American Dietetic Association: »Position of the American Dietetic Association: Vegetarian Diets«, *Journal of the American Dietetic Association* 109 (2009): 1266–1282. Download unter: *eatright.org*

Arbeitskreis Omega-3: »Bedeutung und empfehlenswerte Höhe der Zufuhr langkettiger Omega-3-Fettsäuren. Ein Konsensus-Statement des Arbeitskreises Omega-3«, *Ernährungs-Umschau* 49/3 (2002): 94–98.

Bundesinstitut für Risikobewertung: »Aufnahme von Umweltkontaminanten über Lebensmittel (Cadmium, Blei, Quecksilber, Dioxine und PCB). Ergebnisse des Forschungsprojektes LExUKon«, 2010. Download unter: *bfr.bund.de*

Chang-Claude, Jenny; Hermann, Silke; Eilber, Ursula; Steindorf, Karen: »Lifestyle Determinants and Mortality in German Vegetarians and Health-Conscious Persons: Results of a 21-Year Follow-up«, *Cancer Epidemiology, Biomarkers & Prevention* 14 (2005): 963–968.

Davis, Brenda C.; Kris-Etherton, Penny M.: »Achieving Optimal Essential Fatty Acid Status in Vegetarians: Current Knowledge and Practical Implications«, *The American Journal of Clinical Nutrition* 78 (2003): 640S–646S.

Deutsche Gesellschaft für Ernährung (DGE): »DGE-Ernährungskreis – Lebensmittelmengen«, *DGEinfo* 05 – Beratungspraxis, 2004. Download unter: *dge.de*

Deutsche Gesellschaft für Ernährung (DGE): »Kein Zweifel an der Wirkung von n-3-Fettsäuren«, *DGE-special* 02 (2006). Download unter: *dge.de*

Deutsche Gesellschaft für Ernährung (DGE): »Vegane Ernährung: Nährstoffversorgung und Gesundheitsrisiken im Säuglings- und Kindes-

Literaturhinweise

alter«, *DGEinfo* 04 (2011): Forschung, Klinik, Praxis. Download unter: *dge.de*

Glaser Claudia; Koletzko, Berthold:»Langkettige Omega-3-Fettsäuren in der Perinatalzeit: Empfehlungen zur Zufuhr«, *Aktuelle Ernährungsmedizin* 34/5 (2009): 240–245.

Hahn, Andreas; Waldmann, Annika:»Gesund mit reiner Pflanzenkost? Nutzen und Risiken einer veganen Ernährung«, *Unimagazin Hannover:* Was hält gesund? 1/2 (2004). Download unter: *uni-hannover.de*

Keller, Markus:»Cadmium-Problematik bei Vegetariern«, 2009. Download unter: *vebu.de*

Key, Timothy J.; Fraser, Gary E.; Thorogood, Margaret; Appleby, Paul N.; Beral, Valerie; Reeves, Gillian; Burr, Michael L.; Chang-Claude, Jenny; Frentzel-Beyme, Rainer; Kuzma, Jan W.; Mann, Jim; McPherson, Klim:»Mortality in vegetarians and nonvegetarians: detailed findings from a collaborative analysis of 5 prospective studies«, *The American Journal of Clinical Nutrition* 70 (1999): 516S–524S.

Leitzmann, Claus: *Vegetarismus*. München 2009.

Leitzmann, Claus; Keller, Markus: *Vegetarische Ernährung*. Stuttgart 2010.

Li, Duo:»Chemistry behind Vegetarianism«, *Journal of Agricultural and Food Chemistry* 59 (2011): 777–784.

Max Rubner-Institut – Bundesforschungsinstitut für Ernährung und Lebensmittel:»Nationale Verzehrsstudie II (NVS II). Die bundesweite Befragung zur Ernährung von Jugendlichen und Erwachsenen«, 2008. Download unter: *was-esse-ich.de*

Siebenand, Sven:»Vitamin D – Das Hormon der Streithähne«. *Pharmazeutische Zeitung online* 06 (2012). Download unter: *pharmazeutische-zeitung.de*

Singer, Peter; Wirth, Manfred:»Omega-3-Fettsäuren marinen und pflanzlichen Ursprungs: Versuch einer Bilanz«, *Ernährungsumschau* 50/8 (2003): 296–304.

Ströhle, Alexander; Wolters Maike; Hahn, Andreas:»Vitamin-B_{12}-Mangel im höheren Lebensalter. Pathogenetische Aspekte eines weit verbreiteten Problems«, *Ernährungs-Umschau* 51/3 (2004): 90–96.

Studer, Heinzpeter; Verein fair-fish:»Wie viel Fisch gibt's? Wie viel ist

Literaturhinweise

gesund? Und Omega-3?«, *fish-facts* 5 (2010): Wie viel Fisch?. Download unter: *fair-fish.ch/feedback/mehr-wissen/*

Waldmann, Annika: »Die Deutsche Vegan Studie – Vorstellung der Ergebnisse«. Download unter: *vebu.de*

Waldmann, Annika; Hahn, Andreas: »In der Diskussion: Gesundheitsrisiken durch Soja?«, *Natürlich vegetarisch* 4 (2001): 7–9. Download unter: *vebu.de*

Walsh, Stephen: *Plant Based Nutrition and Health.* East Sussex 2003.

World Cancer Research Fund (WCRF)/American Institute for Cancer Research (AICR): *Food, Nutrition, Physical Activity, and the Prevention of Cancer: a Global Perspective.* London 2007.

Die Wahl der Qual

Balcombe, Jonathan: *Tierisch vergnügt. Ein Verhaltensforscher entdeckt den Spaß im Tierreich.* Stuttgart 2007.

Food and Agriculture Organization of the United Nations (FAO): »Edible forest insects«. Download unter: *fao.org*

Unfried, Peter: »Jetzt hören Sie mit den Radieschen auf«, *taz* (21.01.2012)

Sachregister

AA 32, 342
Affen (Menschen-) 28–31
AIDS 224
ALA 340, 343
Alpha-Linolensäure (ALA) 340, 343
Alter von Schlachttieren 16 f.
Alternativen zu Eiern 204 ff.
   zu Milch 206
Aminosäuren 347, 349 f.
Anbindehaltung 83, 198
Angel und Leine 153 f.
Angler 133, 136, 140
Anthropozentrismus 126
Antibiotika 50, 59, 149, 159, 274
   – in der ökologischen Tierhaltung 245 f.
   –, Einsatz von 241–247
   –, Resistenz gegen 228–233
Aquakultur 158 ff., 286 f.
   – bei Lachsen 283
Arachidonsäure (AA) 32, 342
Arteriosklerose 38, 307, 309, 341
Australopithecus 29 f., 36

Bakterien 238 f.
   –, antibiotikaresistente
   228–233, 239

Ballaststoffe 300 f., 316
Betäubung 45, 48, 50, 68, 75,
   78–81, 85, 90 f., 107, 146,
   154–157, 244
Biobetriebe 49, 83, 94, 188 f.
Biodiesel 42,268
Biofleisch 70, 124, 363
Biogasanlagen 263
Biohaltung 46, 50, 64, 70, 85, 190
Biozentrismus 129 f.
Bleibelastung 177–180, 346 f.
Butter 199, 253, 316

Campylobacter 238 f.
Cholesterin 311 f., 316
CO_2 253 f., 257, 261 ff., 271
   – – Äquivalente 253 f., 257
   – – Bad 75, 78 f., 157
   – – Fußabdruck 255
Containern 210

Darmkrebs 303, 305–307, 310 f.,
   318, 334
DHA 31 f., 339–344
Diabetes 38, 296, 301 f., 308 f., 311,
   316, 318, 329
Dioxine 345 f.

Sachregister

Docosahexaensäure (DHA) 31 f.,
339–344
Düngung des Ackerbodens 265,
267, 272 ff.

Egalitarismus 127
–, schwacher 128
–, starker 128
EG-Öko-Verordnung 47 ff.
EHEC 222
Eicosapentaensäure (EPA)
339–344
Eier 13, 185 f., 199, 256, 258, 316,
318, 320
Alternativen 204 ff.
Legebatterien 191 f.
Öko- 188 f.
Eisen 303, 333 f. Häm- 310 f.,
334
Eiweiße 347, tierische 13
Entenmast 43 ff.
Enthornung 85
EPA 339–344
Ernährung
– als Krankheitsursache 299–
304
– der Frühmenschen 34 f.
– in der Geschichte 32 f.
– und Krebs 299
–, fleischlose 14
–, omnivore 36
–, paläolithische 26 ff., 38
–, vegane 199, 201–204, 316, 351
–, vegetarische 199, 320, 348,
351

–, vollwertige pflanzliche 297,
348
Ernährungsempfehlungen Fisch
160 f.
Escherichia coli 229, 238 ff.
ESBL 239 f.
Ethik 114 f., 117
–, anthropozentrische 103, 111
–, deskriptive 110
–, normative 110
–, pathozentrische 103
EU-Richtlinien für Hühner 58
EU-Schlachtverordnung 78

Fehlbetäubung 76, 80
Fette, pflanzliche 259, 316
Fettleibigkeit 38, 289, 302 f.
Fettsäuren, gesättigte 28
– Omega-3- 31, 339–344
– Omega-6- 31, 339–344
Fischabhängigkeitstag 277
Fische 12 f., 120 f., 129, 131, 134,
257 f., 316 f., 339 ff.
Fischfang
Beifang 149
Futterfische 285 f.
Methoden 150–154
Tötung 154–157
Wildfänge 148, 150, 154 f., 283
Zuchtfische 155–160
Fischmehl 285–287
Fleisch 25, 257
Inhaltsstoffe 310 ff.
– von exotischen Tieren 15
-verbrauch 19, 259, 305

409

Sachregister

-verzehr 307
-verzehr pro Kopf 305
-verzehr und Erkrankungsrisiken 307–310
Wild- 177
Fleischesser 12, 18, 23, 101, 176, 185, 202, 297, 306 f., 321
Flexitarier 365
Folsäure 317, 323
Fru(k)tarismus 210 f.
Fuchsjagd 171 ff.
Futtermittelfabriken 41

Gänsemast 61 f.
Geflügel 15, 257 -mast 42 f.
Gehirn (-entwicklung) 26, 31 ff., 134 f., 144, 354
Gemüse 14, 258, 316, 320
Gewissenskonflikte 24 f.
Grippe, Neue 224, 226
    Schweine- 224 f.
    Vogel- 244–228
Großhirnrinde 13, 136 f., 145
Gülle 42

Halbzeitvegetarier 365 ff.
HDL-Cholesterin 311
Hering 152, 154, 160, 340
Herz-Kreislauf-Erkrankungen 38, 296, 299, 302, 307 f., 310 f., 316, 322, 339, 341
Hierarchismus 126
    Arten- 127
    Gemeinschafts- 127
    Merkmals- 127

Holismus 129
Homo 30
    – erectus 30
    – habilis 30
    – sapiens 26, 35, 37
Homocystein 317, 324 f., 339
Hühner
    -eier 186
    -mast 41, 55 ff., 58 ff., 270
    Biomast 58 f.
    Legehennenproduktion 186 ff.
    Schlachtung 79 f.
    Zuchtprogramme 56 f.
    Zweinutzungshuhn 189
Hülsenfrüchte 267, 320
Humus 261, 271
Hunger in der Welt 288–294
Hybride 46, 188

Insekten 360–363
Inuit 36 ff.

Jäger und Sammler 36 f.
Jagd 163 ff., 166, 175
    – mit Fallen 173
    – mit Schrot 174
    Bleibelastung 177–180
    Fuchs- 171 ff.
    Jäger 164
    Wildschwein- 169 ff.
Jod 331 f., 339

Kadmium 346 f.
Kalium 337
Kalzium 318 f., 329, 335 ff.

Sachregister

Kaninchenmast 55
Kannibalismus 115 f.
Karnismus 18, 23
Käse 185, 199, 202, 256, 258, 316
– , veganer 294 f.
Kastenstand 71 f.
Kastration 48, 69
Keime im Essen 237 ff.
Kiemennetz 152
Kinder 14, 350–355
Kleingruppenhaltung 191 ff.
Klimabilanz 253, 263
Klimaschutz 256
Klimawandel 271
Kontraktualisten 109 f.
Krankheitsursachen und Ernäh-
rung 299–304
Krebs 267, 396, 299–308, 310 f.,
316–319, 329
Krebse 144 f.
Kuh-Altersheim 213–218

LA 342
Lachgas 254, 257, 272
Lachs 154, 157–169, 282–286,
340
Laktoseintoleranz 319 f.
Landnutzung für Rinderhaltung
263 ff.
Landwirtschaft, ökologische 261
Langleine 152 f.
Laufstall 83
LDL-Cholesterin 311 f., 316
Lebenserwartung 321 f.
Legehennen

-haltung 192
-produktion 186 ff.
Biohaltung 190 f.
Kleingruppenhaltung 191 ff.
Legebatterien 191 f.
Leidfrage 103
Leinöl 32, 316, 343
Linolensäure (ALA) 32, 342
Linolsäure 342

Marine Stewardship Council
(MSC) 150, 282
Meeresfrüchte 131
Methan 253 f., 271
Milch 185, 258, 318 ff., 335
-kühe 196 f., 269
-kühe und Methanproduktion
253 f.
-leistung 196 ff.
-produkte 13, 202, 258, 319
-produktion 195–198
Reis- 194
Soja- 194
MRSA 232–237
MSC 150, 282
Mutation 226, 228, 230
Muttermilch 319, 354 f.

Nachhaltigkeit 281 f., 370 f.
Neandertaler 36
Neocortex 12, 145
Nidopallium 137
Nitrat 272–274
Nozizeption 107, 135–138
Nüsse 315 f., 320, 343

Sachregister

Nützlichkeit 121 f.
Nutztiere 15 ff., 18
Nutztierhaltung 41
– verordnung für Hühner 58
    -verordnung für Schweine 67
Nutztiermast 269 f.

Obst 258, 316, 320
Öko-Bewegung 20 ff.
Öko-Siegel 73 f.
Öle, pflanzliche 259, 316
Olivenöl 316
Omega-3-Fettsäure 31, 339–344
Omega-6-Fettsäure 31, 339–344
Osteoporose 335 f.

Pandemieviren 224 f.
Pangasius 158–160, 287, 340
Pathozentrismus 126
PCB 345 f.
Person 117–121
Pflanzen, gentechnisch verän-
    derte 367 f.
Pflanzenstoffe, sekundäre 317
Pharmaindustrie 60, 245
Proteine 296, 303, 347 ff.
    –, pflanzliche 296, 348
    –, tierische 13, 348
Prüfzeichen 60, 73 f.
Putenmast 40, 46, 49 ff.

Qualzuchten 47, 59
Quecksilber 344 f.
QS-Siegel 60, 74

Raps 42 -öl 316
Regenwald 265, 267, 286
Reismilch 194
Reserveantibiotikum 233, 235,
    240, 242
Rezepte 376–388
Rinder 15, 260 f.
    artgerechte Haltung 81 f., 85–95
    Mast 82, 269 f., 271
    Milchkühe 83, 93, 253 f., 269
    Öko-Haltung 83
    Schlachtung 80 f.
Ringwadennetz 151

Salmonellen 238 f.
SARS 224
Säugetiere 12 f., 119
Schlachthof 41, 52 f., 74
Schlachtung 75–79, 80 f., 107
Schleppnetz 150 f.
Schmerzempfindung 105 ff., 117,
    120, 138 f., 145
    – bei Fischen 134 f., 140, 142
Schnäbeln 45, 50
Schweine 15, 52, 63 f.
    Biomast 66, 69 f.
    Kastration 68 f.
    -mast 64 ff.
    -produktion 62–72
    Schlachtung 75–79
    Zuchtsauen und Ferkel 70 ff.
Schwermetalle 344–347
Seefisch 36, 317, 330, 340 f., 348
Seitan (-fleisch) 258, 348, 359
Selbstbewusstsein 106 ff., 121

Sachregister

Soja 266–269, 258, 349, 359
 – als Tierfutter 268 ff.
 -anbau 266 ff.
 -drink 194
 -mehl 268 f.
 -milch 194, 349
Spaltenboden 65 ff., 83
Speziesismus 99, 111
Spiegelselbsterkennungstest 107, 120
Staphylococcus aureus 232 f.
Steinzeit 26–28, 36–38
 -ernährung 26, 38
Stickstoff 271 ff.
Stopfleber 61 f.
Stress(hormone) 45, 52, 71 f., 75, 79 f., 82, 91, 135–137, 140, 153, 156 f., 159, 190
Subventionen 292
Süßigkeiten 314

Tests, sinnvolle, für Vegetarier, Veganer und Co. 327 ff.
Thunfisch 151, 153 f., 158, 160, 285, 345
Tierärzte 54, 60, 78
Tierbefreier 207–213
Tierproduktion, ökologische 47, 190
 Einsatz von Antibiotika 245 f.
Tierrechte 103, 110 f., 113, 118, 122, 125 f., 129
Tierschutz (-gesetz) 50, 54 f., 68, 77, 93, 95, 103, 109, 146, 148, 195, 209

Tofu 22, 258, 349, 359
Tötungsfrage 102–105, 113, 115, 118 f., 176
Transport zum Schlachthof 52 f.
Treibhausgase 253 ff., 272
 Bilanz von Lebensmitteln 256–259

Überfischung 277–281
Übergewicht 310, 314, 352
Universalisierbarkeitsprobe 112
Unterschiede, moralische, zwischen Mensch und Tier 98 f., 101, 109
Utilitarismus 121

Veganer 12, 185, 297, 314, 320 ff., 330, 364
Vegetarier 12, 33, 99, 113, 123, 133, 185 f., 320 ff., 364
Verrohungsargument 109
Virusinfektionen des Menschen 224
Vitamin B12 303, 318, 322–327
Vitamin B2 318, 338
Vitamin C 26, 36, 317, 334
Vitamin D 327, 329 ff., 336, 339
Vögel 12 f., 119, 136 f.
Vollkornprodukte 316

Wasser 274
 Grund- 274
 Trink- 274 f.
 -verbrauch 275 f.

Sachregister

Weidewirtschaft 260–264
Wildbeutergesellschaften 36 ff.
Wildschweine 169 ff.
Wildtiere 15, 122, 146, 163
Winterfütterung 167 f.
Wirbellose 134, 144, 146
Wirbeltiere 13, 113, 134 f.
Wohlbefinden 119, 122, 130 f.

Wurst 13, 25, 123 f., 259 f., 303, 305 f.

Zink 303, 338 f.
Zoonosen 223 f., 238
Zukunftsvorstellung 119 ff., 129
Zweinutzungshuhn 189

Namensregister

Adams, Carol J. 128

Backster, Cleve 117
Balcombe, Jonathan 29, 364
Balluch, Martin 125 f., 128 f.
Bentham, Jeremy 99, 113
Boeing, Heiner 300 ff.

Campbell, Colin T. 296 ff.
Carruthers, Peter 106, 126
Cavalieri, Paola 128
Cohen, Carl 127

Descartes, René 105, 109 f., 117, 136
Diamond, Jared 34
Don, Axel 261

Ebner, Rupert 241, 243
Ehlert, Derk 164, 166–170, 172 f.,
    175 f., 179 f.
Emmert, Elisabeth 165–169, 171 f.,
    177, 179
Epikur 104 f., 111

Focke, Hermann 246
Foer, Jonathan Safran 132 f., 147, 220
Francione, Gary L. 128

Greenberg, Paul 282

Hare, Richard 119
Hartmann, Eduard von 111 ff.,
    115 f.
Hippokrates 313
Hörning, Bernhard 188 f., 192 f.
Hubold, Gerd 282

Idel, Anita 262

Joy, Melanie 18, 23

Kant, Immanuel 109 f., 112, 126
Kaplan, Helmut. F. 128
Keller, Markus 320, 331, 341,
    347 ff., 351, 353
Klosterhalfen, Mahi 200,

Leakey, Richard 34
Leitzmann, Claus 348
Leonard, William R. 32
Luy, Jörg 104, 106, 112, 117, 125,
    131, 145

Martens, Holger 195, 197 f.
Meyer-Abich, Klaus Michael 129

Namensregister

Midgley, Mary 127
Moschinski, Björn 313

Nelson, Leonard 116 ff., 128

Peach, Niko 370
Petter, Katharina 353
Pfeifer, Jan 40 f., 52 ff., 60 f., 70
Plutarch 364

Regan, Tom 122, 128
Rimpler, Katharina 365–368
Rose, James 136
Roth, Gerhard 137
Ryder, Richard 128

Schopenhauer, Arthur 110 f.
Schrader, Ulf 368 f., 371

Schweitzer, Albert 114 f., 129
Singer, Peter 40, 96, 98 f., 117,
   119 ff., 128
Spinoza, Baruch de 109 f.
Stamp Dawkins, Marian 142

Taylor, Paul W. 129
Thoreau, Henry David 25
Troeger, Klaus 74–78

Varner, Gary E. 127

Welzer, Harald 373
Wise, Steven M. 128
Wolf, Ursula 124 f., 129
Wolfschmidt, Matthias 245

Zösch, Sebastian 200